Christina Hölzle
Personalmanagement in Einrichtungen
der Sozialen Arbeit

Reihe Votum

Christina Hölzle

Personalmanagement in Einrichtungen der Sozialen Arbeit

Grundlagen und Instrumente

Juventa Verlag Weinheim und München 2006

Die Autorin

Christina Hölzle, Jg. 1954, Dr. phil., Diplom-Psychologin, ist Professorin für Psychologie mit dem Schwerpunkt Beratung (Einzel-, Gruppen- und Organisationsberatung) an der Fachhochschule Münster. Im weiterbildenden Master-Studiengang „Sozialmanagement" ist sie verantwortlich für den Lehrbereich „Leitung und Personalmanagem ent".

Bibliografische Information Der Deutschen Bibliothek

Die Deutsche Bibliothek verzeichnet diese Publikation in der Deutschen Nationalbibliografie; detaillierte bibliografische Daten sind im Internet über http://dnb.ddb.de abrufbar.

© 2006 Juventa Verlag Weinheim und München
Umschlaggestaltung: Atelier Warminski, 63654 Büdingen
Umschlagabbildung: August Macke: Seiltänzer, 1914
Printed in Germany

ISBN-13: 978-3-7799-1879-0
ISBN-10: 3-7799-1879-X

Inhalt

Teil A
Grundlagen des Personalmanagements

1. Einleitung

Die Qualität sozialer Dienstleistungen ist in erster Linie abhängig von den handelnden Personen, d. h. von der Kooperation der in der Regel professionellen Mitarbeiter/innen und den Klienten/Kunden. Die Qualität des Personals stellt somit die wesentliche Basis für die Qualität der Dienstleistung dar. Zunehmend wächst die Erkenntnis, dass die „Mitarbeiter/innen die wichtigste und zugleich sensibelste Einflussgröße" (Maelicke 2003 a, S. 497) für den Erfolg sozialer Organisationen darstellen. Ein professionelles Personalmanagement ist deshalb unverzichtbar, um die Ziele und Aufgaben sozialer Organisationen erfüllen zu können. Dabei stellen aktuelle Entwicklungen und Besonderheiten in der Zusammensetzung des Personals besondere Herausforderungen für das Personalmanagement in sozialen Organisationen dar:

- Demographische Verschiebungen mit abnehmender Geburtenrate und steigendem Lebensalter, zunehmende Arbeitslosigkeit, Armut und Pflegebedürftigkeit, Migration lassen den Bedarf an sozialen Versorgungsleistungen schneller anwachsen als deren Finanzierbarkeit (v. Eckardstein/Mayerhofer 2003). Daraus resultiert die Anforderung an Effizienz, Flexibilität und rasche Anpassung an neue Bedarfe.

- Gleichzeitig verstärkt sich angesichts zunehmender Budgetprobleme der meisten Wohlfahrtsstaaten die Konkurrenz um staatliche Zuschüsse, Spenden, Kundinnen und Klienten zwischen Not-for-Profit-Organisationen, staatlichen und privatwirtschaftlichen Einrichtungen (Badelt 2002). Daraus resultieren höhere Anforderungen an die professionelle Qualität und Quantität der zu erbringenden Dienstleistungen, um wettbewerbsfähig zu sein.

- Die altruistische Motivation der Mitarbeiter/innen stellt auf der einen Seite eine wichtige Basis der Leistungs- und Einsatzbereitschaft, ein hohes Gut für die Klienten und einen zentralen Erfolgsfaktor für soziale Organisationen dar. Auf der anderen Seite stellen „intrinsisch" motivierte Mitarbeiter/innen auch hohe Erwartungen an das Personalmanagement und an Leitungskräfte, die sich nicht ohne weiteres mit den steigenden Forderungen nach Effektivität und Effizienz vereinbaren lassen (Maelicke 2003 a).

- Den Leitungskräften von Einrichtungen der Sozialen Arbeit kommt in zunehmendem Maße die Aufgabe zu, sich um eine erfolgreiche strategische Positionierung auf dem jeweiligen „Markt" und um die Entwicklung und das Angebot hochwertiger Dienstleistungen zu wettbewerbsfähigen Kosten zu bemühen (v. Eckardstein/Mayerhofer, 2003). Dies erfordert nicht nur von Mitarbeiter/inne/n, sondern auch von Leitungskräften die ständige Bereitschaft zu Innovation und Qualifizierung, wobei Ressourcen, Zeit und Raum dafür bereit gestellt werden müssen.

- Schließlich verändern sich auch organisatorische Rahmenbedingungen. Rechtsformen und Trägerstrukturen verändern sich mit den entsprechenden arbeitsrechtlichen Konsequenzen für das Personal (Maelicke a.a.O.).

Da alle Dienstleistungen im Rahmen der Sozialen Arbeit als persönliche Dienstleistungen erbracht werden, und die Qualität und Quantität der Dienstleistung in hohem Maße von der Motivation und Qualifikation der Mitarbeiterinnen abhängig ist, kommt der Personalarbeit eine Schlüsselfunktion zu.

Das vorliegende Buch hat das Ziel, Personalmanagement im Kontext von Organisationsentwicklung und der Umsetzung von Organisationszielen zu beleuchten und einen Überblick zu geben über die Aufgabenbereiche und Gestaltungsinstrumente der Personalarbeit im Rahmen der Sozialen Arbeit.

Zum Aufbau des Buches

Das Buch gliedert sich in zwei Teile: In *Teil A „Grundlagen des Personalmanagements"* wird ein Überblick über die Aufgaben des Personalmanagements im Kontext des gesamten Managementprozesses gegeben, in *Teil B „Instrumente des Personalmanagements"* findet die Leserin/der Leser eine konkrete Ausgestaltung der wichtigsten Instrumente und Vorgehensweisen im Rahmen der Personalarbeit. Hier finden sich auch detaillierte Anleitungen, Checklisten und Arbeitsmaterialien.

Teil A „Grundlagen": Zu Beginn steht die Frage im Mittelpunkt, welche Aufgaben das Personalmanagement umfasst und welche Bedeutung dem Personalmanagement zur Erreichung von Unternehmenszielen sowie zur Entwicklung und Bestandssicherung einer Organisation zukommt.

Personalarbeit wird in ihrer strategischen Ausrichtung und Bedeutung im Kontext der Strategie der Organisation thematisiert und es werden verschiedene Möglichkeiten aufgezeigt, wie die Unternehmens- und Personalstrategie aufeinander bezogen werden können. Es wird davon ausgegangen, dass die Entwicklungs- und Lernfähigkeit der Organisation und ihrer Mitglieder eine wichtige Grundlage für deren Bestandssicherung und Leistungsfähigkeit darstellt. Die Verwirklichung von Chancengleichheit und die Vereinbarkeit von Familie und Beruf sind eine zentrale Voraussetzung, um diese Entwicklungsprozesse für alle beteiligten Männer und Frauen zu ermöglichen. Personalarbeit in ihrer quantitativen und qualitativen Dimension wird in diesem Verständnis selbst zu einer Strategie der Umsetzung von Organisationszielen.

Ein weiterer Abschnitt beschäftigt sich deshalb mit den Problemfeldern und Herausforderungen, die mit einer integrierten Organisations- und Personalentwicklung verbunden sind. Dabei ist dem grundsätzlichen Spannungsfeld zwischen der Ausrichtung an Unternehmenszielen und der Berücksichtigung von Mitarbeiterinteressen, -ressourcen und deren Ansprüchen an berufliche Entwicklung Rechnung zu tragen.

Aus den verschiedenen Problemfeldern werden Postulate für eine integrierte Organisations- und Personalentwicklung abgeleitet, die sowohl am (Unternehmens-)Bedarf als auch den (Mitarbeiter-)Bedürfnissen ausgerichtet wird.

Nach den grundsätzlichen Überlegungen zur Konzeption der Personalarbeit erfolgt im *dritten und vierten Kapitel* die Darstellung der operativen Aufgaben. Personalmanagement stellt ein komplexes, wechselseitig vernetztes und in die Organisationsentwicklung integriertes Maßnahmenpaket zur Personalplanung, Beschaffung, Auswahl, Einführung, Einsatzplanung, Qualifizierung/ Förderung und Freisetzung von Mitarbeiter/innen dar. In der praktischen Personalarbeit müssen die Einzelmaßnahmen eng aufeinander abgestimmt werden. Die Darstellung in diesem Buch erfolgt jedoch sequentiell, wobei jeweils die Kernaufgaben, Maßnahmen und Instrumente im Überblick dargestellt werden und an einzelnen Punkten die wechselseitigen Bezüge der Personalarbeit aufgezeigt werden.

Im *dritten Kapitel* werden die Aufgabenbereiche und Instrumente der quantitativen Personalarbeit dargestellt – Personalbedarfsplanung, Personalbeschaffung, Personaleinsatz und Personalfreisetzung. Ein wichtiges Instrument zur Umsetzung von Organisationszielen auf Personalebene bilden Stellenbeschreibungen und Anforderungsprofile. Sie bilden die Grundlage für Personalauswahl- und -entwicklungsmaßnahmen. Einer sorgfältigen, am gegenwärtigen und zukünftigen Bedarf der Organisation orientierten Personalauswahl wird dabei besondere Bedeutung beigemessen, da mit der Personalauswahl letztlich das Entwicklungspotenzial der Organisation determiniert wird. Der spätere Einsatz von Personalentwicklungsmaßnahmen kann nur auf der bereits vorhandenen Motivation und Qualifikation der Mitarbeiter/innen aufbauen und wird durch diese begrenzt. Deshalb bildet die Personalauswahl die Basis und den Rahmen für den Erfolg von Personalentwicklungsmaßnahmen. Eine optimale Passung zwischen Position und Person zu erreichen ist das Ziel der Personaleinsatzplanung. Sie kann gleichermaßen auch als Instrument der Personalentwicklung eingesetzt werden. Der letzte Abschnitt befasst sich mit der Personalfreisetzung zur Anpassung von Stellen an Bedarfe. Es werden Möglichkeiten aufgezeigt, wie durch frühzeitige Planung und Personalentwicklungsmaßnahmen Freisetzungen vorgebeugt werden kann.

Das *vierte Kapitel* widmet sich den Aufgaben der Personalentwicklung. Die Darstellung der Maßnahmen folgt einem Verständnis von Personalentwicklung, das von der Notwendigkeit kontinuierlicher Lernprozesse ausgeht. Aus der Perspektive der Mitarbeiter/innen und der Organisation ist Personalentwicklung als kontinuierlich zu organisierender Prozess zu betrachten, der mit dem Eintritt in die Organisation beginnt, sich im Rahmen verschiedener Arbeits- und Aufgabengebiete, Kooperationsformen sowie spezifischen internen und externen Qualifizierungsmaßnahmen vollzieht und mit dem Austritt aus der Organisation endet. Die Aufgabe von Personalverantwortlichen besteht darin, die Lern- und Entwicklungsprozesse der Mitarbeiter/innen mit den Zielen der Organisation zu verknüpfen, sie systematisch und kontinuierlich zu organisieren und zu evaluieren. Das Mitarbeitergespräch stellt im Rahmen einer integrierten Personal- und Organisationsentwicklung ein zentrales Instrument zur Umsetzung von Unternehmenszielen und zur Unterstützung der Entwicklung von Mitarbeiter/innen dar. Daneben wird eine Palette von Möglichkeiten aufgezeigt, wie Qualifizierungs- und Entwicklungsprozesse sowohl im Rahmen der Arbeitstätigkeit als auch durch Fort- und Weiterbildung angeregt werden können. Die Realisierung von Chancengleichheit wird als zentrale Querschnittsaufgabe auf verschiedene Handlungsfelder bezogen.

Personalmanagement erfordert von Leitungskräften und Personalverantwortlichen die Fähigkeit, Kommunikationsprozesse produktiv zu gestalten. Im *fünften Kapitel* werden deshalb grundlegende kommunikative Kompetenzen beschrieben, die für eine sachgerechte und vertrauensvolle Personalarbeit unabdingbar sind. Zwei weitere Abschnitte widmen sich der Frage, wie mit Widerständen und Konflikten, die als natürliche Begleiterscheinungen von Innovationen und Veränderungen aufgefasst werden, umgegangen werden kann. In den jeweiligen Abschnitten werden Ursachen, Erscheinungsformen und Ansätze zur Lösung und Bewältigung von Widerständen und Konflikten aufgezeigt.

Teil B: „Instrumente des Personalmanagements" stellt in Ergänzung dazu konkrete Arbeitshilfen bereit, indem methodische Schritte und Instrumente vorgestellt werden, die eine Umsetzung des Personalmanagements auf der operativen Ebene ermöglichen und erleichtern.

Die Darstellung der Vorgehensweise und Instrumente erfolgt prozessorientiert. Aus der Sicht eines/r Personalverantwortlichen beginnt die operative Personalarbeit mit der Rekrutierung von geeignetem Personal, richtet sich dann auf Maßnahmen der Integration, Führung und Entwicklung von Mitarbeiter/inne/n und beschäftigt sich schließlich mit der Frage der Beurteilung von Arbeitsergebnissen und Leistungspotenzialen. Die Ausstellung eines Zeugnisses beschließt die Beziehung zu dem/der Mitarbeiter/in.

Der Aufbau von Teil B folgt dieser „Dramaturgie" des Personalmanagements:

Das siebte Kapitel widmet sich dem Aufgabenbereich der Personalbeschaffung. Die Personalbeschaffung stellt eine wichtige Maßnahme zur Absicherung des gegenwärtigen und zukünftigen Personalbedarfes dar. Da die Qualität sozialer Dienstleistungen in hohem Maße von der Motivation und Qualifikation der Mitarbeiter/innen abhängig ist, bekommt die Beschaffung geeigneten Personals eine außerordentlich wichtige Bedeutung für die Qualitätssicherung. Es werden verschiedene Auswahlverfahren diskutiert, unter dem Aspekt, wie die Eignung der Bewerber/innen im Hinblick auf das Anforderungsprofil erfasst werden kann und eine fundierte Entscheidung zur Auswahl passender Mitarbeiter/innen getroffen werden kann. Ein eigener Abschnitt widmet sich der Erfassung von Schlüsselqualifikationen und Kompetenzen, die im Sozialbereich von zentraler Bedeutung sind.

Das achte Kapitel greift das oft vernachlässigte Thema der Einarbeitung auf. Die Bedeutung dieser ersten Personalentwicklungsmaßnahme für die Motivation und Identifikation mit der Organisation wird beleuchtet. Es werden Arbeitshilfen für die Erstellung von Einarbeitungsplänen und die Einführung von Mitarbeiter/innen vorgestellt.

Das Mitarbeitergespräch (neuntes Kapitel) stellt ein wirkungsvolles Instrument der Personalführung und -entwicklung dar, das die drei Leitungsprinzipien „Ziel- und Leistungsorientierung" „Transparenz" sowie „Partizipation" miteinander verknüpft. Da der Erfolg des Mitarbeitergespräches in hohem Maße von der Qualität der Vorbereitung und Durchführung des Instrumentes abhängt, werden die Ziele, die wesentlichen Inhalte sowie ausführliche Überlegungen zur Einführung und Durchführung von Mitarbeitergesprächen in der Organisation vermittelt. Zusätzlich werden praktische Arbeitshilfen wie Vorbereitungsbögen für Vorgesetzte und Mitarbeiter/-innen sowie Vorschläge für Gesprächs- und Zielvereinbarungsprotokolle vorgestellt.

Das zehnte Kapitel setzt sich mit dem Thema „Personalbeurteilung" auseinander. Personalbeurteilungen gehören als diagnostische Tätigkeit zu den zentralen Leitungsaufgaben. Die Bilanzierung der Leistungen ist Bestandteil des Managementprozesses und gibt dem/r Vorgesetzten Rückmeldung über die Umsetzung der Organisationsziele in den unterschiedlichen Bereichen der Organisation. Der/die Mitarbeiter/in erhält ein Feedback, inwiefern er/sie die Anforderungen und Erwartungen der Organisation erfüllt hat. Es wird dargestellt, welche Ziele mit einer Personalbeurteilung verfolgt werden, welche Schwierigkeiten mit einer Leistungsmessung verbunden sind, und welche Anforderungen an Beurteilungen zu stellen sind, wenn sie für Personalentwicklung, zur Begründung personeller Entscheidungen oder zur Entgeltfindung eingesetzt werden. Abschließend wird die Abfassung von Arbeitszeugnissen erörtert.

2. Personalmanagement und Organisationsentwicklung

In diesem Kapitel sollen die Zusammenhänge zwischen Personalmanagement und Organisationsentwicklung erörtert werden. Dazu wird zunächst eine Begriffsklärung vorgenommen und es werden die Ziele und Kernaufgaben des Personalmanagements beschrieben. Im zweiten Abschnitt werden grundsätzliche Überlegungen zur strategischen Ausrichtung eines Personalmanagementsystems angestellt. Im dritten Abschnitt werden mit der Zielperspektive einer lernenden Organisation Problemfelder und Herausforderungen diskutiert, die bewältigt werden müssen, wenn individuelles und Organisationslernen miteinander verknüpft werden sollen. Im vierten Abschnitt werden daraus Postulate für eine integrierte Personal- und Organisationsentwicklung abgeleitet.

2.1 Begriff, Ziele und Kernaufgaben des Personalmanagements

Begriffsklärung

Der Begriff Personalmanagement verweist zunächst darauf, dass das Personal den Mittelpunkt oder als „betrieblicher Produktionsfaktor" (Scholz 2000) auch das Objekt eines Managementprozesses darstellt, wobei das Aufgabenfeld sowohl personenbezogene Einzelaktivitäten wie auch die Gestaltung von Strukturen umfasst (Maelicke 2003 a).

Nach Berthel (1995) ist Personalmanagement als Bestandteil der Leitungstätigkeit aufzufassen und bezieht sich auf den „personellen Aspekt der Systemgestaltung und Prozesssteuerung. Letztere ist gleichzusetzen mit der Steuerung des Verhaltens der Mitarbeiter, erstere mit der Schaffung von Regeln und Bedingungen, nach denen zum einen die Verhaltenssteuerung gelenkt und zum anderen das Mitarbeiterverhalten direkt zu beeinflussen versucht wird" (ebd., S. 8).

Personalmanagement im Sinne von *Verhaltenssteuerung* ist gleichbedeutend mit Personalführung bzw. Mitarbeiterführung durch Vorgesetzte. Dazu gehört ebenfalls die Gestaltung von Konzepten und Systemen zur Personalführung, z. B. die Ausgestaltung von Leitungsprinzipien.

Personalmanagement im Sinne von *Systemgestaltung* meint Leitungstätigkeiten *für* das Personal, „denn die geschaffenen Systeme existieren für das

Personal insofern, als sie sich auf die Mitarbeiter selbst beziehen, indem sie deren Beschaffung, Auswahl, Entwicklung, Vergütung etc. regeln" (Berthel a.a.O, S. 8).

Ziel des Personalmanagements ist es, eine auf die Erfüllung gegenwärtiger und zukünftiger Aufgaben und Ziele der Organisation ausgerichtete, optimale Zusammensetzung des Personals zu erreichen (vgl. Neuberger 1991, Rosenstiel 1992, Schöni 2001).

Dies kann auf zwei Wegen geschehen:

- Durch die Bereitstellung von Personen mit geeigneten Fähigkeiten. Dies umfasst Aufgaben wie Personalbedarfsplanung, -auswahl, -einführung und -einsatzplanung.

- Durch die Entwicklung der vorhandenen Fähigkeiten und Qualifikationen von Einzelnen und Teams mit Hilfe von Bildungs- und Fördermaßnahmen (Personalentwicklung).

Aufgabe des Personalmanagements ist es, die Verfügbarkeit von Personal zu sichern und dafür zu sorgen, dass die Arbeitsleistung der Beschäftigten ein gewünschtes Qualitätsniveau erreicht. Diese Qualität soll mit vertretbaren Kosten erreicht werden (v. Eckardstein 2002 b). Zu den Kernaufgaben der Personalarbeit gehört somit die Rekrutierung und Einführung von Arbeitskräften, ihre Förderung und Qualifizierung.

Entsprechend umfasst das Personalmanagement ein breites Spektrum von Aufgaben, Planungs- und Koordinationstätigkeiten, die aufeinander abgestimmt werden müssen (Schwarz/ Beck 1997, S. 17, Scholz 2000):

- Personalbedarfs- und Personalkostenplanung
- Personalbestandsanalyse
- Personalbeschaffung(-splanung)
- Personaleinsatz(-planung)
- Personalentwicklung(-splanung)
- Personalführung
- Personalpflege
- Personalentlassungs-/-freisetzungs-/-kündigungsplanung

In der Literatur wird zwischen quantitativer und qualitativer Personalarbeit unterschieden (vgl. Beck/Birkle 2000).

Quantitative Personalarbeit wird in der Regel der Personalverwaltung zugeordnet und umfasst die Bereiche Personalplanung, Personalbeschaffung, Personaleinsatz und Personalfreisetzung.

Die *Qualitative Personalarbeit oder Personalentwicklung* wird zunehmend als Leitungsaufgabe gesehen und bezieht sich vor allem auf die Qualifizierung, Weiterbildung und Förderung des bestehenden Personals.

Da auch die quantitative Personalarbeit auf eine Steigerung der Arbeitsqualität ausgerichtet ist, kann nicht trennscharf zwischen quantitativen und qualitativen Aspekten der Personalarbeit unterschieden werden. Beide Aspekte müssen in einem Gesamtkonzept miteinander vernetzt werden. Personalmanagement im hier definierten Sinne als Verhaltenssteuerung und Systemgestaltung kann nur dann konsequent praktiziert werden, wenn es nach einer einheitlichen und geschlossenen Konzeption geschieht (vgl. Berthel 1995, Berthel/Becker 2003). Das heißt, es bedarf einheitlicher Richtlinien und systematischer Steuerungsaktivitäten. „Die Geschlossenheit einer Konzeption für Personal-Management ist keine normative Aufforderung, sondern systemimmanent. Die einzelnen Teilsysteme haben in einer Personalplanung einen gemeinsamen Ausgangspunkt, sind mittels gemeinsamer Bestandteile (z. B. Anforderungs-, Qualifikationsprofile, Beurteilungsgespräche u.a.m.) miteinander verzahnt und in ihrer folgerichtigen Handhabung voneinander abhängig." (Berthel, a.a.O., S. 9).

Personalmanagement besitzt funktionsübergreifenden Charakter. Vorgesetztentätigkeiten mit den entsprechenden Richtlinien zur Personalführung werden in allen Funktionsbereichen und Abteilungen ausgeübt, Systeme der Personalentwicklung, Personalbeschaffung etc. werden ebenfalls für die gesamte Organisation und nicht nur für einzelne Bereiche entwickelt.

Eine davon abgelöste Frage ist, ob Unternehmen oder Organisationen eigenständige Funktionsbereiche z. B. zur Personalentwicklung einrichten wollen. Diese Frage ist jeweils im Einzelfall nach strategischen Überlegungen, betrieblichen Erfordernissen, nach Zweckmäßigkeits- und Wirtschaftlichkeitsüberlegungen im Einzelfall zu entscheiden (vgl. Berthel/Becker 2003, Schöni 2001).

In kleinen Einrichtungen ist in der Regel die Leitungskraft für alle Personalentscheidungen und -maßnahmen zuständig, von der Personalauswahl bis zur Gehaltsverrechnung. In größeren Einrichtungen besteht die Aufgabe der Leitungskraft häufig in der Formulierung von Grundsätzen für das Personalmanagement und in der Handhabung von Sonderfällen, z. B. Entscheidung in Konflikten. Die Umsetzung der Maßnahmen wird delegiert an Leitungskräfte als Bereichsverantwortliche und an Personalspezialisten. Leitungskräfte engagieren sich in der Personalauswahl und Personalentwicklung, während die Personalverwaltung administrative Aufgaben wie Gehaltsabrechnung, Führung der Personalakten und die Bereitstellung und bisweilen auch Weiterentwicklung von Personalsystemen, wie z. B. Vergütungssystem, Personalinformationssysteme, Leitfaden zum Mitarbeitergespräch etc. übernimmt. Das heißt, die Personalverwaltung sichert in erster Linie administrative Vollzüge ab. Wenig ausgeprägt ist die Einbindung von Personalspezialisten und -verwaltung in strategische Entscheidungen, die das Personal betreffen, sowie die Personalarbeit mit Ehrenamtlichen, da diese oft ohne Verträge und klare Zuständigkeiten stattfindet (vgl. v. Eckardstein 2002 b).

An dem genannten Aufgabenspektrum der Personalarbeit hat sich in den letzten 20 bis 30 Jahren nicht viel geändert. Gewandelt hat sich allerdings die Auffassung von der Bedeutung dieses Aufgabenbereiches für den Erhalt und den Erfolg der Organisation, gewandelt haben sich entsprechend die Konzepte, Zielsetzungen und Instrumente der Personalarbeit.

2.2 Strategische Ausrichtung des Personalmanagements

In den letzten zwei bis drei Jahrzehnten hat sich vor allem in Industrie- und mittelständischen Unternehmen, zunehmend aber auch in Organisationen der Sozialen Arbeit der Trend zu einer systematischen Aufwertung der Personalarbeit fortgesetzt, da ihr eine zentrale Bedeutung für den Erfolg des Unternehmens bzw. der Organisation und für die Wertschöpfung beigemessen wird (Maelicke 2003 a, Schöni 2001).

Das Personalmanagement oder Human Ressource Management wird als strategisch bedeutsamer Faktor in der Unternehmensplanung und Umsetzung von Unternehmenszielen betrachtet. Auf Leitungsebene setzt sich immer mehr die Anschauung durch, „dass das Personal als wertvollstes Gut eines Unternehmens nicht nur verwaltet werden darf, sondern entwickelt, gepflegt, gesichert, motiviert werden muss, und dass dazu eine umfangreiche Planung notwendig ist" (Kastner 1990, S. 152).

Als Konsequenz wird das Personalmanagement folgerichtig im Management bzw. in der Geschäftsführung angesiedelt. „Personalmanagement ist grundsätzlich eine Aufgabe der Leitung einer Organisation, obliegt dem „General Management" (v. Eckardstein 2002, S. 312).

Die steigende Bedeutung, die dem Personalmanagement für den Unternehmenserfolg beigemessen wird, hat auch zu einer Ausdifferenzierung der Konzepte im Rahmen der Personalarbeit, vor allem im gewerblichen Sektor, geführt. „Hier hat sich eine auf Modernisierung, Rationalisierung, Effektivierung und Qualitätsverbesserung der Produktion abzielende Erneuerungsstrategie durchgesetzt, die den staatlichen und kommunalen Verwaltungsorganisationen im öffentlichen Dienst und den ebenso zahlreichen (über 80 000) wie vielfältigen Einrichtungen im Sozialsektor noch bevorsteht" (Schwarz/Beck 1997, S. 16).

Nach Scholz (2000) wird der Erfolgsfaktor Qualitätsmanagement in letzter Zeit immer mehr im Zusammenhang mit einem professionellen Personalmanagement thematisiert. Dies bezieht sich sowohl auf die Qualität des Personalmanagements selbst als auch auf den Beitrag der Personalarbeit zum Qualitätsmanagement des gesamten Unternehmens.

Was den Entwicklungstand des Personalmanagements in Non-Profit-Organisationen anbelangt, kommen v. Eckardstein/Mayerhofer (2003) im Rahmen einer Pilotstudie zu dem Ergebnis, dass vorwiegend in kleinen sozialen

Organisationen, aber auch in einigen traditionsreichen großen Organisationen ein nur rudimentäres Personalmanagement vorzufinden ist. „*Rudimentäres Personalmanagement* ist dadurch gekennzeichnet, dass alle Teilaufgaben des Personalmanagements unterdurchschnittlich ausgeprägt sind (mit Ausnahme der Weiterbildung), und es in seiner Ausrichtung insgesamt wenig zielgerichtet und systematisch erscheint. *Entwickeltes Personalmanagement* charakterisiert sich durch geplante Aktivitäten in verschiedenen Aufgabenbereichen, die auch untereinander und auf die Zielsetzungen der Organisation abgestimmt werden" (v. Eckardstein/Mayerhofer 2003, S. 83).

Ein entwickeltes Personalmanagement verlangt somit ein geplantes, mit den Organisationszielen abgestimmtes und geordnetes Vorgehen. Es handelt sich um einen Verbund von Einzelmaßnahmen, die als Gesamtheit auf die Beschäftigten wirken. „Dieser Maßnahmenverbund stellt ein Handlungsprogramm dar, das die Akteure des Personalmanagements längerfristig verfolgen. Es wird hier als Personalstrategie definiert. Bei der Entwicklung eines derartigen Konzeptes ist auf eine Passung der Maßnahmen zueinander zu achten, und zwar in dem Sinn, dass sich Einzelmaßnahmen in ihrer Wirkung möglichst gegenseitig verstärken, auf jeden Fall aber nicht behindern" (v. Eckardstein 2002 a, S. 328).

In den folgenden Abschnitten wird erörtert, wie die Personalstrategie mit der Unternehmensstrategie gekoppelt werden kann und wie unterschiedliche Menschenbilder, Wertvorstellungen und Philosophien die Ausrichtung der Personalarbeit beeinflussen können.

2.2.1 Unternehmensstrategie und Personalstrategie

In der Praxis gibt es verschiedene Möglichkeiten, wie die Personalstrategie mit den Organisationszielen und der mittel– und langfristig angelegten Unternehmensstrategie verknüpft werden können.

Von Eckardstein/Ridder (2003) konnten bei der Sichtung der fachwissenschaftlichen Diskussion insgesamt vier Ausprägungen dieses Verhältnisses identifizieren.

a. Unabhängigkeit von Unternehmens- und Personalstrategie;
b. Personalstrategie als abhängige Variable der Unternehmensstrategie;
c. Unternehmensstrategie als abhängige Variable der Personalstrategie;
d. Interaktion von Personal- und Unternehmensstrategie.

Bei der Frage, welche Strategien von welchen Unternehmen verfolgt werden, unterscheiden sie Wirtschaftsunternehmen und Non-Profit-Organisationen und ordnen sie den unterschiedlichen Strategien zu. Angesichts der Vielfalt der Non-Profit-Organisationen gruppieren sie die Organisationen nach ihrer Nähe zu gesellschaftlichen Subsystemen: Wirtschaftsnähe, Nähe zur staatlichen Verwaltung, Nähe zur (Mitglieder-)Basis.

Unabhängigkeit von Unternehmens- und Personalstrategie

Diesem Ansatz liegt ein Menschenbild zugrunde, das nach günstigen Bedingungen und Voraussetzungen für die Entwicklung und Entfaltung menschlicher Arbeitsleistung sucht. Darunter zu fassen sind universalistische Strategien, die z. B. darauf abzielen, Arbeitsprozesse zu optimieren (best practice) oder die Einbindung der Arbeitnehmer in das Unternehmen zu verbessern. Diese Commitment-Strategie (Walton 1985) bzw. integrative Personalstrategie (v. Eckardstein 2002a) umfasst die Umsetzung der o. g. Prinzipien. Als die sieben wichtigsten Prinzipien/Maßnahmen einer entwicklungsorientierten Personalstrategie bezeichnet Pfeffer (1998) Beschäftigungssicherheit, Auswahl bei der Rekrutierung, Teamarbeit/ selbststeuernde Teams, vom Unternehmenserfolg abhängige Vergütung, umfangreiches Training, geringe Statusunterschiede, intensive Information.

Diese Prinzipien des Personalmanagements sind zeitlich stabil und können auch verschiedene Unternehmensstrategien überdauern. Nach v. Eckardstein/Ridder (2003) ist dieser Typus von weitgehend unabhängigen Personal- und Geschäftsstrategien bei verwaltungsnahen NPO mit gewachsenen bürokratischen Strukturen sowie großen basisnahen Organisationen wie Kirchen, Gewerkschaften und Parteien zu finden.

Personalstrategie als abhängige Variable der Unternehmensstrategie

Nach diesem Ansatz folgt das Personalmanagement der Unternehmensstrategie bzw. wird als *Mittel* zur Umsetzung der Unternehmensziele konzipiert. In der Wirtschaftspraxis ist diese Sichtweise weit verbreitet und weitgehend unhinterfragt. Die Personalbedarfsplanung wird entsprechend an den Unternehmens- und Marktzielen ausgerichtet. Sollen Kosten reduziert werden, erfolgt dies in der Regel über Personalabbau. Die zentralen Steuerungsinstrumente im Rahmen des Personalmanagements sind die Personalauswahl, Personalentwicklung, Anreizsysteme sowie die Leistungsbeurteilung.

Die Interessen der Arbeitnehmer/innen sind in diesem Ansatz nachgeordnet. Fraglich ist deshalb, welche Auswirkungen diese Vernachlässigung auf die Motivation, die Organisationskultur und das Commitment der Arbeitnehmer hat. Darüber hinaus muss die praktische Funktionsfähigkeit dieses Ansatzes in Frage gestellt werden, denn die Umsetzung dieser Konzeption scheitert häufig daran, dass sich bei Personalbedarf und der Notwendigkeit eines schnellen Personalausbaus die erforderlichen Qualifikationen nicht in kurzer Zeit vermitteln lassen, sondern längerer Anlern-, Einarbeitungs- und Qualifizierungsphasen bedürfen. Umgekehrt lässt sich auch der Personalbestand angesichts arbeitsrechtlicher Rahmenbedingungen in der Regel nicht kurzfristig reduzieren. Bezogen auf NPO ist dieser Strategietyp nach v. Eckardstein/Ridder (2003) eher in wirtschaftsnahen Organisationen (z. B. Kredit- oder Wohnbaugenossenschaften) zu finden. In Einrichtungen des öffentlichen Dienstes ist diese Strategie nur eingeschränkt umsetzbar.

Unternehmensstrategie als abhängige Variable der Personalstrategie

In kritischer Distanz zum vorigen Ansatz baut in diesem ressourcenorientierten Ansatz die Unternehmensstrategie auf der Personalstrategie auf. Die Grundannahme lautet, dass Unternehmen ihre inneren Ressourcen als entscheidende Potenziale im Wettbewerb verstehen und ausbauen müssen, um langfristig Wettbewerbsvorteile und Erfolge erreichen zu können. Neben der Qualifikation und den Potenzialen der Mitarbeiter bezieht sich die Ermittlung von Ressourcen auch auf die finanzielle Ausstattung, den Standort, die räumliche und technische Ausstattung und die Organisationsstrukturen (Ridder et al. 2001). Für das Personalmanagement bedeutet dies, auf der Grundlage von Stärken-Schwächen-Analysen zu prüfen, ob vorhandene Qualifikationen, Personen und Organisationsstrukturen als Wettbewerbsvorteil betrachtet bzw. aufgebaut werden können. Die Unternehmensstrategie wird dann entsprechend darauf ausgerichtet, die vorhandenen Qualifikationen, Potenziale und Ressourcen weiter zu entwickeln und zu bündeln. In empirischen Untersuchungen konnte gezeigt werden, dass die Zusammensetzung von Managementteams, optimierte Organisationsabläufe und die langfristige Entwicklung von Kernkompetenzen als Quelle von Wettbewerbsvorteilen betrachtet werden können (v. Eckardstein/Ridder 2003).

Bezogen auf NPO ist vor allem in kleineren sozialen Einrichtungen zu beobachten, dass die Geschäfts- und Personalstrategie häufig in erster Linie auf personalen Ressourcen aufgebaut wird (v. Eckardstein/Ridder 2003, S. 19).

Interaktion von Personal- und Unternehmensstrategie

Bei diesem Ansatz werden keine Prioritäten gesetzt, sondern die Unternehmens- und Personalstrategie werden in enger Verzahnung gemeinsam entwickelt und integriert. Personalmanagement wird zumindest in der strategischen Dimension als integraler Bestandteil des übergeordneten Managements begriffen und nicht als Spezialistenaufgabe. Die Entscheidung über die Praktiken im Rahmen der Personalstrategie wird beeinflusst von der „Philosophie" des Unternehmens, d. h. den Annahmen und Überzeugungen bezüglich der Unternehmensführung, der Rolle der Beschäftigten und der gesellschaftlichen Bedeutung der Organisation.

Die Annahmen zur Geschäfts- und Personalstrategie müssen einem ständigen Prozess der Überprüfung und Kontrolle unterzogen werden, um ihre Realisierbarkeit zu prüfen. Es wird in diesem Konzept „von der Subjektivität der Entscheider" ausgegangen (v. Eckardstein/Ridder 2003, S. 17).

Als Konsequenz der Analyse und als aussichtsreiche Strategien für den Non-Profit-Bereich empfehlen v. Eckardstein/Ridder eine enge Abstimmung der Personalstrategie mit der Gesamtstrategie unter Einbeziehung der Interessen von zentralen Anspruchsgruppen (Stakeholder) wie Geldgebern,

Kunden, etc. sowie eine „gezielte Nutzung und Entwicklung der Personal-ressourcen" (2003, S. 29).

Bei der Entwicklung einer Personalstrategie für soziale Einrichtungen müssen die Besonderheiten der Zielsetzung, der Interessensgruppen (Stakeholder), der finanziellen Rahmenbedingungen und die Besonderheiten der Motivation und Zusammensetzung des Personals berücksichtigt werden. Von Eckardstein (2002a) charakterisiert folgende Besonderheiten als relevant für die Konzeption des Personalmanagements:

- *Mission vor Gewinnorientierung*
  Ein wesentliches Merkmal sozialer Einrichtungen besteht in der Verfolgung eines an humanitären Zielen orientierten Auftrags. Dieser Auftrag oder das Organisationsziel dient nicht in erster Linie der Gewinnerzielung. Demnach hat die Realisierung humanitärer und nicht ökonomischer Werte erste Priorität bei der strategischen Planung und Umsetzung des Personalmanagements. Um die Glaubwürdigkeit der Organisation nach innen und außen zu sichern, müssen die humanitären Werte auch im Bezug zum tätigen Personal angewandt werden. „Das schließt eine vorwiegend instrumentelle Nutzung der beschäftigten Menschen aus; vielmehr haben diese einen Anspruch auf Realisierung der von der Organisation verfolgten Werte auch ihnen selbst gegenüber" (v. Eckardstein a.a.O., S. 310).

- *Besondere Personal- und Motivationsstrukturen*
  Charakteristisch für gewinnorientierte Unternehmen und staatliche Organisationen ist, dass in ihnen hauptsächlich Menschen gegen Entgelt tätig sind und sich über ihre Tätigkeit den Lebensunterhalt sichern. Charakteristisch für viele soziale Einrichtungen ist, dass neben bezahlten Fachkräften auch ehrenamtlich Mitarbeiter/innen tätig sind. Neben diesen freiwilligen Mitarbeiter/innen arbeiten auch häufig Zivildienstleistende auf der Basis einer Zwangsverpflichtung in den Organisationen. Daraus ergeben sich Besonderheiten in der Motivationsstruktur und den Einsatzmöglichkeiten, die im Rahmen des Personalmanagements berücksichtigt werden müssen. Eine vorwiegend intrinsische Motivation kann sowohl bei hauptamtlichen, insbesondere aber bei ehrenamtlichen Mitarbeiter/innen vorausgesetzt werden. Dies erleichtert einerseits die Motivationsarbeit der Manager. Es bedeutet aber auch, dass das Arbeitsverhalten nur wenig über materielle Anreize und Entgelt gesteuert werden kann. Insbesondere ehrenamtliche Mitarbeiter wollen selbst darüber bestimmen, in welcher Weise, Intensität und Dauer sie für die Organisation tätig werden wollen. Hinzu kommt, dass ehrenamtliche Mitarbeiter/innen ihre Existenzsicherung außerhalb der Organisation vornehmen. Daraus ergeben sich zeitliche Restriktionen für den Einsatz von Ehrenamtlichen.

- *Begrenzte Leistungs- und Kostenstandards*
  Soziale Einrichtungen erbringen Leistungen, die nicht durch einen „Markt" organisiert werden. Die Empfänger der Leistung haben keine deutlich definierten Erwartungen bezüglich des Umfangs, der Qualität und der Kosten der Leistung, weil sie in der Regel nicht selbst dafür aufkommen. Für das Personalmanagement bedeutet dies, dass die Personalverantwortlichen nur eingeschränkt auf Referenzgrößen zurückgreifen können, um die Leistung der Mitarbeiter/innen beurteilen zu können. Vielmehr müssen Leistungsstandards von den Personalverantwortlichen selbst erarbeitet und/oder mit den Mitarbeiter/innen vereinbart werden. Die Personalkosten sind für die hauptamtlichen Mitarbeiter/innen in der Regel tariflich geregelt und somit kalkulierbar. Für die Ehrenamtlichen und Honorarkräfte gibt es aber keine Standards, wie Vergütungen, Aufwandsentschädigungen oder Anreizsysteme (z. B. die Übernahme von Fortbildungskosten) finanziell ausgestaltet werden können. In welchem Verhältnis hauptamtliche Mitarbeiter/innen, Honorarkräfte, Ehrenamtliche und Zivildienstleistende beschäftigt werden sollen und wie Vergütungs- und Anreizsysteme gestaltet werden sollen, stellt eine strategische Entscheidung für das Personalmanagement dar und muss im Einzelfall entschieden werden, ohne auf verbreitete Standards zurückgreifen zu können.

2.2.2 Menschenbild und Personalstrategie

In jeder Personalstrategie manifestiert sich eine tragende Idee (oder auch mehrere), eine Philosophie, welche die Leitungskräfte und Personalverantwortlichen teilen und nach der sie die Einzelmaßnahmen planen und umsetzen. Die Philosophie des Unternehmens kann z. B. auf einem gemeinsamen *Menschenbild* basieren. So hat v. Eckardstein (2002a) in einer Gegenüberstellung das Menschenbild eines arbeitsunlustigen und unselbständigen Mitarbeiters kontrastiert mit einem Bild vom Arbeitnehmer, der selbständig, motiviert und leistungsbereit ist. Als konsequente Personalstrategie ergibt sich im ersten Fall eine Strategie der Kontrolle (tayloristische Personalstrategie), im zweiten Fall eine Entwicklungsstrategie (Integrative Personalstrategie). Tabelle 1 zeigt, wie sich die Instrumente des Personalmanagements, je nach Menschenbild und Personalstrategie, unterscheiden.

Tabelle 1: Menschenbild und Personalstrategie

Tayloristische und integrative Personalstrategie			
		Tayloristische Personalstrategie	*Integrative Personalstrategie*
1	*Philosophie des Personalmanagements*	Mensch ist unselbstständig, meidet nach Möglichkeit Arbeitsanstrengung und Übernahme von Verantwortung, arbeitet des Geldes wegen. Kontrollorientierung des Akteurs.	Mensch ist selbstständig, aus sich heraus zu Leistung und Verantwortungsübernahme motiviert. Entwicklungs- und Koordinationsorientierung des Akteurs

2	Instrumente des Personal-managements		
2.1	Beschäftigungs-politik	Hire and fire je nach Bedarf, Verzicht auf Pflege des Personalstands	Langfristige Beschäftigungs-verhältnisse
2.2	Rekrutierung	Ohne große Sorgfalt	Eignungsorientierte Auswahl
2.3	Einführung	Findet kaum statt	Einführungsprogramme, Bestellung von Mentoren
2.4	Arbeits-organisation	Segmentation von einfachen und anspruchsvollen Tätigkeiten; Einzelarbeit	Integrierte Tätigkeiten, Bevorzugung von Gruppenarbeit
2.5	Mitarbeiter-führung	Disziplinierend, hierarchie-betont	Ermunterung zu Selbstorganisation, kooperativ
2.6	Qualifizie-rung	Konzentration auf Minimal-qualifikation	Aufbau größerer Qualifikationspotenziale, entwicklungsorientiert
2.7	Entgelt-gestaltung	Leistungsvergütung zur Motivation	Vergütung als Äquivalent, weniger als Anreiz für Leistung

Quelle: v. Eckardstein in: Badelt (Hrsg), 2002a, S. 330

2.2.3 Chancengleichheit: Gender Mainstreaming und Managing Diversity

Chancengleichheit der Geschlechter ist als zentrale gesellschaftliche Wertvorstellung nicht nur rechtlich verankert und geboten (Art. 3 Abs. 2 des Grundgesetzes: „Männer und Frauen sind gleichberechtigt"), sondern wird zunehmend von Organisationen und Unternehmen als ökonomisch vorteilhaft und als Wettbewerbsvorteil erkannt.

Zur Realisierung von Chancengleichheit sind in jüngerer Zeit auf europäischer und (inter-)nationaler Ebene verschiedene gleichstellungspolitische Konzepte wie „Gender Mainstreaming" und „Managing Diversity" entwickelt worden (vgl. Bendl 1997, Bednarz-Braun 2000, Krell 2004, Schmidt 2001, Schmidt 2003, Schön 2002,).

Gender Mainstreaming geht davon aus, dass sich die Lebenswirklichkeiten von Frauen und Männern unterscheiden und dass es keine geschlechterneutrale Politik gibt. „Gender" meint das soziale Geschlecht im Gegensatz zum biologischen, das im englischen „sex" bedeutet. Geschlechtsrollen und damit verbundene Benachteiligungen im Geschlechterverhältnis sind demnach gesellschaftlich hergestellt und entsprechend veränderbar.

Gender Mainstreaming (GM) wird von der Europäischen Kommission folgendermaßen begründet und definiert:

„Förderung der Gleichstellung ist nämlich nicht einfach der Versuch, statistische Parität zu erreichen: Da es darum geht, eine dauerhafte Weiterentwicklung der Elternrollen, der Familienstrukturen, der institutionellen Praxis, der Formen der Arbeitsorganisation und der Zeiteinteilung usw. zu fördern, betrifft die Chancengleichheit nicht allein die Frauen, die Entfaltung ihrer Persönlichkeit und ihre Selbständigkeit, sondern auch die Männer und die Gesellschaft insgesamt, für die sie ein Fortschrittsfaktor (...) für Demokratie und Pluralismus sein kann. (...) Hierbei geht es darum, die Bemühungen um das Vorantreiben der Chancengleichheit nicht auf die Durchführung von Sondermaßnahmen für Frauen zu beschränken, sondern zur Verwirklichung der Gleichberechtigung ausdrücklich sämtliche allgemeinen politischen Konzepte und Maßnahmen einzuspannen, indem nämlich die etwaigen Auswirkungen auf die Situation der Frauen und Männer bereits in der Konzeptionsphase aktiv und erkennbar integriert werden" (Europäische Kommission 1996).

Der Expert/inn/enrat des Europarates hat die Aufgaben von Gender Mainstreaming für die Umsetzung auf der Ebene von Organisationen folgendermaßen definiert:

„Gender Mainstreaming besteht in der (Re-)Organisation, Verbesserung, Entwicklung und Evaluierung der Entscheidungsprozesse mit dem Ziel, dass die an politischer Gestaltung beteiligten Akteure und Akteurinnen den Blickwinkel der Gleichstellung zwischen Frauen und Männern in allen Bereichen und auf allen Ebenen einnehmen (Europarat 1998, S. 11)

Gender Mainstreaming stellt eine Weiterentwicklung und Ergänzung bisheriger Gleichstellungspolitik dar. Die politische Forderung, europäische Richtlinien in nationales Recht, z. B. im Rahmen eines Antidiskriminierungsgesetzes umzusetzen, wird von einer kontroversen gesellschaftlichen Debatte begleitet. Während hierzulande die Realisierung der Gleichstellung oder die Einführung eines Antidiskriminierungsgesetzes von einigen Interessensgruppen als unzumutbarer Kostenfaktor, als Hemmschuh für Wachstum und Beschäftigung betrachtet wird, wird in den USA gezeigt, dass Chancengleichheit nicht nur rechtlich und moralisch geboten, sondern für Unternehmen und Organisationen auch ökonomisch vorteilhaft ist (vgl. Cox/Blake 1991).

Ein weiteres Konzept zur Realisierung von Chancengleichheit ist das Konzept *„Managing Diversity" oder „Diversity Management"*. Diversity bedeutet Vielfalt und der Begriff „Diversity Management" steht für das Konzept, die Vielfältigkeit der Beschäftigten und der Kund/inn/en bewusst in den Managementprozess einzubinden und als Ressource zu nutzen. Die Vielfalt kann sich auf unterschiedliche Merkmale wie Geschlecht, Alter, Nationalität, Ethnizität, Religion, Behinderung, sexuelle Orientierung, familiäre und Lebenssituation, Ausbildung, Werte, Einstellungen, Fähigkeiten, Kompetenzen usw. beziehen.

Der Ansatzpunkt dieses Konzeptes ist die Beobachtung, dass es zwar in allen Organisationen eine Vielfalt in Bezug auf die genannten Merkmale gibt, dass es aber immer auch eine dominante Gruppe oder ein homogenes Ideal gibt. In den USA wie auch in Deutschland sind dies (weiße) Männer, denen in der Regel eine Frau Hausarbeit und Kinderbetreuung abnimmt, so dass sie ihrer beruflichen Tätigkeit „150 %ig" zur Verfügung stehen können (Krell 2004). Diese dominante Gruppe besetzt nicht nur die entscheidenden (Führungs-)Positionen, sondern prägt auch die Organisationskultur, d. h. die Werte, Normen und Regeln, die in der Organisation gelten, so dass von einer „monolithischen" oder „monokulturellen" (Krell 2004, S. 44) Organisation gesprochen werden kann. „Aus der Perspektive der dominanten Gruppe erscheint Vielfalt eher bedrohlich, und die übrigen Beschäftigten (d. h.: Frauen, AusländerInnen, bzw. Menschen mit Migrationshintergrund, Ältere, Jüngere, Menschen mit Behinderungen) werden als ‚anders', ‚besonders', und das heißt häufig zugleich als ‚defizitär' angesehen. Damit wird legitimiert, dass ihnen eher Tätigkeiten zugewiesen werden, die auf den unteren Hierarchieebenen angesiedelt, schlechter bezahlt und mit wenig Entwicklungsperspektive verbunden sind" (Krell 2004, S. 44).

Durch *Managing Diversity* soll dagegen die Kraft und das Potenzial aller Beschäftigten einbezogen und gestärkt werden, indem Bedingungen geschaffen werden, die für alle förderlich sind. Nach Taylor Cox sollte eine so ausgerichtete „multikulturelle Organisation" (1993, S. 229) folgende Merkmale aufweisen:

1. Eine Kultur, die Vielfalt fördert
2. Pluralismus
3. Vollständige strukturelle Integration aller Mitarbeiter/innen
4. Vollständige Integration aller Mitarbeiter/innen in informelle Netzwerke
5. Vorurteils- und diskriminierungsfreie personalpolitische Kriterien, Verfahren und Praktiken
6. Minimale Intergruppenkonflikte durch ein pro-aktives Diversity-Management

Solche Leitvorstellungen sind z. T. als „idealistisch (und reichlich unpolitisch)" kritisiert worden (z. B. Neuberger 2002, S. 793). Doch gibt es eine Reihe von Argumenten, die zeigen, warum die Realisierung von Chancengleichheit nicht nur unter moralischen und humanitären Gesichtspunkten, sondern auch unter ökonomischen Gesichtspunkten sinnvoll sein kann (Cox/Blake 1991, Krell 2004). Als Strategie zur Realisierung von Chancengleichheit findet sich in Deutschland Gender Mainstreaming überwiegend im öffentlichen Dienst und Managing Diversity überwiegend in der Privatwirtschaft.

Im folgenden werden in Anlehnung an Cox/Blake (1991), Krell (2004, S. 45 f.) sowie Krell, Mückenberger und Tondorf (2004, S. 82 f.) die Argumente für beide Strategien zusammen behandelt. Die Argumente eins bis drei lenken den Blick nach innen auf das Personal, die Argumente vier bis sechs nach außen auf die Umwelt der Organisation:

28

1. Das Beschäftigtenstruktur-Argument:
Die Zusammensetzung der Beschäftigten wird zunehmend heterogener. Der Anteil der (weißen) Männer an der Erwerbsbevölkerung ist rückläufig, dagegen nimmt der Anteil der Frauen, Älteren und Menschen mit Migrationshintergrund an den Belegschaften zu. Angesichts dieser Tatsache und besonders angesichts des wachsenden Frauenanteils unter den Beschäftigten ist es nicht mehr angemessen, die Personalpolitik am sog. Norm(al)arbeitnehmer (hier: männlich, vollzeitbeschäftigt und ohne außerberufliche Perspektiven) auszurichten. Dies gilt insbesondere für die Soziale Arbeit, die traditionell als Frauenberuf zu bezeichnen ist. Der Anteil weiblicher Beschäftigter liegt seit 1974 bei ca. 83 %. Somit ist der Frauenanteil in der Sozialen Arbeit fast doppelt so hoch wie der Anteil der Frauen an den Erwerbstätigen insgesamt, der 1998 bei 42,8 % lag (Cloos/Züchner 2002, S. 718).

2. Das Kosten-Argument:
Unmittelbare und mittelbare Diskriminierung verhindert die optimale Nutzung der Potenziale aller Beschäftigten und verursacht Kosten (Demotivation, Fehlzeiten, Eingruppierungsklagen). Mangelnde Integration bei einer vielfältiger werdenden Belegschaft bedeutet, dass der Zwang zur Anpassung an die „dominante Gruppe" Energien absorbiert, die sonst der Leistungserstellung zugute käme.

3. Das Kreativitäts- und Problemlösungsargument:
Homogene Gruppen können Probleme schneller lösen, doch sind gemischt zusammengesetzte Gruppen kreativer und kommen zu tragfähigeren Lösungen. Dies setzt jedoch voraus, dass die gemischten Arbeitsgruppen adäquat trainiert und gemanagt werden (Gieselmann/Krell 2004).

4. Das Personalmarketing-Argument:
Diejenigen Organisationen, die Chancengleichheit realisieren, haben Vorteile auf dem Arbeitsmarkt insbesondere mit Blick auf die Rekrutierung von Fach- und Führungs(nachwuchs)kräften. Sie können darüber hinaus das vorhandene Personal besser motivieren und an das Unternehmen binden.

5. Das Marketing-Argument:
Es wird davon ausgegangen, dass eine vielfältige Belegschaft bei der Angebots- und Konzeptentwicklung den Interessen und Bedürfnissen ebenso unterschiedlicher Kund/inn/en bzw. Kliente/inn/en eher gerecht werden kann, als eine homogene Gruppe. Es trägt ebenso der Tatsache Rechnung, dass mindestens jede zweite Kundin/Klientin weiblichen Geschlechts ist, wobei zu betonen ist, dass Frauen und Männer keine homogenen Gruppen sind. Teams, die aufgrund eigener biografischer Erfahrungen Vielfalt repräsentieren und aus Frauen und Männern zusammengesetzt sind, haben auch unterschiedliche Zugänge zur Lebenswirklichkeit ihrer Klient/inn/en.

6. Das Flexibilitäts-und Modernisierungs-Argument:
   Wenn eine Gruppe die Politik bzw. die Leitung und die entsprechenden Wertvorstellungen dominiert, führt dies zu einer Monokultur, die sich als starr, reformunfähig oder -willig erweisen kann und damit innovative Entwicklungen behindern kann. Umgekehrt kann die Beteiligung von Männern und Frauen, die nicht zur dominanten Gruppe gehören sowie die Beteiligung von Frauen- oder Gleichstellungsbeauftragten den Prozess der Modernisierung sowie die Realisierung der Chancengleichheit bedeutsam vorantreiben.

Empirische Studien zeigen, dass sich die Bemühungen zur Realisierung von Chancengleichheit für die Organisationen tatsächlich lohnen. Für einen Bericht der europäischen Kommission wurden 200 Unternehmen in vier EU-Mitgliedstaaten befragt. Durch die Umsetzung von Diversity-Strategien wurden folgende Ergebnisse erzielt (vgl. Europäische Kommission 2003):

- Das Image der Unternehmen wurde verbessert (69 %)
- Hoch qualifiziertes Personal wurde gewonnen und an das Unternehmen gebunden (62 %)
- Die Motivation und Leistungsfähigkeit der Beschäftigten wurde gesteigert (60 %)
- Es wurden mehr Innovationen ermöglicht (57 %)
- Die Dienstleistungsorientierung wurde verbessert und die Kundenzufriedenheit erhöht (57 %)

2.3 Herausforderungen an das Personalmanagement im Rahmen einer Lernenden Organisation

Die Forderung nach einer integrierten Personal- und Organisationsentwicklung entspricht einem Personal- und Organisationsverständnis, wie es im Modell der lernenden Organisation konzipiert wird.

Im folgenden sollen deshalb einige Grundannahmen und Herausforderungen skizziert werden, um dann Prinzipien für eine in die Organisationsentwicklung integrierte Personalarbeit formulieren zu können.

Organisation als offenes lernfähiges System

Organisationen sind Systeme zur Erfüllung von Aufgaben und Erreichung von Zielen (Scholl 1995). Sie lassen sich als offene Systeme betrachten, die sich durch veränderte innere und äußere Bedingungen, Anforderungen und Erwartungen einem ständigen Veränderungsprozess stellen müssen. Dabei wird aus systemtheoretischer Sicht davon ausgegangen, dass diese Systeme zur Selbstorganisation und Selbststeuerung fähig sind (Engelhardt, Graf, Schwarz 1996, S. 76 ff.). Kontinuierliche Umfeldveränderungen verlangen von Organisationen ein hohes Maß an Flexibilität, die Fähigkeit neue Wege der Problemlösung zu generieren sowie zunehmend die Fähigkeit, den „Umgang mit Unsicherheit" (Arnold 1995, S. 22) zu gestalten.

Um diesen Veränderungsprozess bewältigen zu können, bedarf es auf Leitungsebene zum einen der Gestaltung produktiver und (selbst)reflexiver Lernprozesse (vgl. Merchel 2004). Zum anderen bedarf es einer Organisationskultur, die Eigeninitiative, Verantwortungsübernahme und Selbststeuerung fördert und fordert (Doppler, Lauterburg 1995).

Die Bereitschaft und die Fähigkeit zu lernen sowie Lernprozesse anzuregen und deren Ergebnisse produktiv in die Organisationsentwicklung einzubauen, wird somit zum Leitbild moderner Organisationsgestaltung (lernfähige Organisation).

Lernbereitschaft der Organisationsmitglieder

Organisationen werden auf der anderen Seite getragen von den in ihr tätigen Menschen. Organisationen können sich nur verändern und entwickeln, wenn sich die Mitglieder der Organisation entwickeln –sowohl auf der Ebene des Managements, wie auch auf der Ebene der Mitarbeiter/innen (Schwarz/Beck 1997). Die Lern- und Veränderungsfähigkeit von Organisationen korreliert entsprechend mit der Lernfähigkeit und -willigkeit der Organisationsmitglieder. Als normatives Postulat wird „lebenslanges Lernen" zur neuen Arbeitstugend in einer lernfähigen Organisation. Die Bereitschaft zu „lebenslangem Lernen" sichert auf individueller Ebene die stetige Erweiterung der Qualifikation und Beschäftigungsfähigkeit („employability"), auf Organisationsebene ermöglicht sie die Optimierung von Arbeitsprozessen, die Entwicklung neuer Leistungsangebote, die Flexibilisierung des Personaleinsatzes sowie die Weiterentwicklung der Wissensbasis.

Lernerfolge sind nicht vorhersagbar

Eine Herausforderung für eine lernende Organisation stellt allerdings die Tatsache dar, dass Organisationsmitglieder nicht zur Entwicklung gezwungen werden können. „Es ist eine Illusion zu glauben, dass Veränderungen über ihre Köpfe hinweg möglich wären, dass ihnen Lernprozesse diktiert, verordnet werden können" (Schwarz/Beck 1997, S. 120). Dies hat zur Konsequenz, dass Lernangebote wie z. B. Personalentwicklungsmaßnahmen immer nur Impulse zur Selbstentwicklung der Organisationsmitglieder sein können, und dass ihr Erfolg und ihre Wirkungen nie sicher prognostiziert werden können (Neuberger 1991).

Allzu optimistische Vorstellungen von der Steuerbarkeit, Veränderbarkeit, Entwicklungsbereitschaft und -fähigkeit des Personals, wie sie in vielen Ratgebern zur Personalentwicklung impliziert werden, sind deshalb mit Skepsis zu betrachten. Zwar klingen Titel von Publikationen wie „Toolbox für die erfolgreiche Personalentwicklung" (Weidemann/Paschen 2002) verlockend, doch entspricht das damit suggerierte Konzept, Mitarbeiter/innen mit den geeigneten Werkzeugen den richtigen Schliff verleihen und so die erwünschte Leistung hervorbringen zu können, einem allzu vereinfachenden, mechanistischen Ursache-Wirkungsmodell. Diese Steuerungsidee erweist sich oft genug als Illusion im Umgang mit Mitarbeiter/innen.

„Sie sind keine Hardware, der man nur die richtige Software reinschieben muss, um sie in erwünschter Weise zum Laufen zu bringen. Eine solche Sichtweise wurde von dem überkommenen, reduktionistisch kybernetisch systemischen Modell nahegelegt und äußert sich in den nach wie vor beliebten, einfach gestrickten ‚Management by Steuerungskonzepten'" (Schwarz/Beck 1997, S. 119).

Mechanistische Vorstellungen von der Formbarkeit der Mitarbeiter/innen stellen auch ein Paradoxon dar und widersprechen dem neuen Mitarbeitertypus, wie er als Akteur in einer lernenden Organisation gebraucht und gewünscht wird: selbstständig, kreativ, innovativ, flexibel, bereit zu Eigeninitiative und Verantwortungsübernahme.

Autonomie der Individuen

Die Art und Weise der Aufgabenerfüllung, Leistungserbringung und Erreichung der Ziele wird gestaltet von Mitarbeiter/innen auf dem Hintergrund ihrer eigenen Erfahrungen, Ziele und Wertvorstellungen. Es handelt sich bei den Mitgliedern einer Organisation um autonome Individuen mit eigenen Vorstellungen und Interpretationen zu der Notwendigkeit, Sinnhaftigkeit und Ausgestaltung von institutionellen Zielsetzungen und Arbeitsvollzügen. Nicht nur eine psychologisch- konstruktivistische Betrachtungsweise, sondern auch die praxisnahe Beobachtung des Arbeitsalltages in Institutionen lehrt uns, von der Eigensinnigkeit des Individuums auszugehen – d. h. von der Neigung der Individuen, Tätigkeiten mit eigenen Sinnzuschreibungen zu füllen und Arbeitsvollzüge nach eigenen Vorstellungen zu gestalten. Damit ist das Problem verbunden, dass die individuellen Ziele der Organisationsmitglieder nicht immer übereinstimmen mit den Zielen der Organisation. Die folgende Geschichte illustriert das Problem:

Die Geschichte von den drei Maurern: Drei Maurer arbeiten auf einer Baustelle. Auf die Frage „Was tun Sie hier?" antwortet der Erste: „Ich verdiene hier meinen Lebensunterhalt". Der nächste antwortet sichtbar stolz auf die gleiche Frage: „Ich bin der beste Maurer im ganzen Land." Der Dritte antwortet:" Ich helfe mit, eine Kathedrale zu bauen." (nach Malik 2001, S. 89)

Ziele der Organisation und der Mitarbeiter sind nicht immer deckungsgleich

Ein und derselbe Arbeitsauftrag kann, je nach Mitarbeiter/in, völlig unterschiedlich aufgenommen und bearbeitet werden. Wie die Geschichte der Maurer zeigt, können dabei auch äußerlich gleichartige Tätigkeiten mit unterschiedlichen Motiven und Zielsetzungen ausgeführt werden. Während der erste Arbeiter seine Arbeit mit extrinsischer Motivation zur Sicherung seines Lebensunterhaltes vollzieht, ist der zweite Arbeiter vor allem an Selbst- und künstlerischer Verwirklichung interessiert. Lediglich der dritte Arbeiter ordnet seine Tätigkeit in einen übergeordneten Zusammenhang ein und bezieht sich auf ein Gesamtziel. Aus seiner Aussage geht auch hervor, dass er sich mit dem „Kollektivziel" identifizieren kann, während die beiden anderen Arbeiter ihre „Individualziele" (Scholl 1995, Sp. 1750) in den Vordergrund stellen. Die Herausforderung für das Personalmanagement besteht somit darin, unterschiedliche Individualziele mit übergeordneten Organisationszielen so zu verknüpfen, dass das Erreichen der Organisationsziele abgesichert werden kann.

Qualifikationen sind Eigentum der Mitarbeiter/innen

Weiterhin muss berücksichtigt werden, dass Organisationen zwar Ausbildung, Entwicklungsimpulse und Qualifikationen an ihre Mitglieder vermitteln können, das Gelernte und die erworbenen Qualifikationen aber nicht Eigentum der Organisation, sondern Eigentum einer natürlichen Person sind (vgl. Schöni 2001). Das bedeutet, dass eine Organisation nur dann als lernfähig bezeichnet werden kann, wenn ihre Mitglieder bereit sind, ständig Neues dazuzulernen und das Gelernte in den Dienst der Organisation zu stellen. Organisationen können nicht davon ausgehen, dass diese Bereitschaft immer gegeben ist – es gibt das Risiko der Abwanderung, oder der fehlenden Motivation und Bereitschaft, der Organisation das eigene Wissen und Können in vollem Maße zur Verfügung zu stellen. Mitarbeiter/innen und Führungskräfte müssen gewonnen und motiviert werden, Wissen zu erwerben und ihre Fähigkeiten in die Organisation einzubringen.

Veränderung erfordert einen Zielkonsens

Es ist deutlich, dass Organisationsentwicklung eng mit der Entwicklung der in der Organisation arbeitenden Menschen verbunden ist. Damit Organisationsziele erreicht und -veränderungen möglich werden, ist es notwendig, dass die Ziele und notwendigen Veränderungen der Organisation von den Mitarbeiter/innen mehr oder weniger akzeptiert und aktiv mitgetragen werden. Diese Akzeptanz kann nicht verordnet, sondern nur durch Überzeugung erreicht werden. Dazu bedarf es des Dialoges zwischen Führungs- und Angestelltenebene, bei dem auch die Ziel- und Wertvorstellungen der Mitarbeiter/innen von der Organisation und ihren Leitungskräften berücksichtigt werden. Dieser dialogisch angelegte Aushandlungsprozess muss ausgerichtet werden auf einen Zielkonsens, in dem die Interessen und Zielsetzungen der Organisation mit den Interessen und Zielen der Mitarbeiter/innen vernetzt werden (Schöni 2001). Das zu leisten ist keine leichte Aufgabe.

Widersprüche zwischen Selbst- und Fremdbestimmung erzeugen Konflikte

Die Abstimmung von Organisationszielen mit den Zielen und Interessen der Mitarbeiter/innen stellt immer ein Konfliktfeld dar.

„Die Organisation verlangt von der Mitarbeiter/innen, den Widerspruch zwischen Selbst- und Fremdbestimmung permanent auszuhalten und zu bearbeiten. Es ist hier ein Balanceakt zu vollführen. Wie selbst- bzw. fremdbestimmt sind meine Mitarbeiter, wie weit ist Selbstbestimmung überhaupt erwünscht, wenn Koordination verlangt ist? Wie lassen sich die nie hundertprozentig zusammen passenden Interessen von Mitarbeiter und Abteilung, von Abteilung und Gesamtorganisation in gemeinsame Ziele und Anstrengungen bringen? Je mehr aus Zeitgründen versucht wird, den notwendigen Konflikt zwischen Einzel-, Gruppen- und Organisationsinteressen eindeutig zu lassen, umso mehr Zeit, so scheint es, kostet die informelle Verdauungsleistung durch demotivierte Mitarbeiter und Fehlerhäufigkeit." (Götz/Lackner 1996, S. 22)

Soziale Entwicklungsprozesse brauchen Zeit

Die Autoren verweisen in diesem Kontext auf ein weiteres Dilemma: Die unterschiedlichen Zeitbedarfe, die im Zusammenhang von Personal- und Organisationsentwicklung ausbalanciert werden müssen. Viele Unternehmen und Organisationen werden damit konfrontiert, dass sich Wettbewerbsvorteile auf dem Markt häufig nur durch einen Zeitvorsprung erreichen lassen. Die beschleunigte Entwicklung von Produkten, oder Leistungsangeboten ist auch im Sozialbereich eine Notwendigkeit, um in der Konkurrenz mit anderen Trägern wettbewerbsfähig zu bleiben. Flexibilität und Veränderungsbereitschaft ist deshalb ein Erfordernis im Rahmen der Organisationsentwicklung. Auf der anderen Seite benötigen sozial-kulturelle Entwicklungsprozesse von Menschen und Organisationen Zeit. Die Aushandlung eines Zielkonsenses, die Konstituierung von arbeitsfähigen Gruppen und Teams und das Austragen von Konflikten benötigt Zeit, die häufig im Widerspruch steht zu den in knapper Zeit zu erbringenden Leistungszielen. Die soziale Zeit zur Konstituierung tragfähiger und produktiver Arbeitsbeziehungen ist ausgerichtet auf die Personengemeinschaft, während die von Umweltforderungen beschleunigte Zeit in Verbindung zur Leistungsgemeinschaft steht (vgl. Götz/Lackner 1996).

Lernkultur entwickeln

Ein Organisationsverständnis, das nicht darauf ausgerichtet ist „Zukunftssicherheit zu ‚produzieren', sondern den Umgang mit Unsicherheit zu gestalten" (Arnold 1995, S. 22) verlangt von Leitungskräften wie auch Mitarbeiter/innen den Einsatz, innovativer, kreativer und flexibler Denk- und Handlungsweisen, „die eine differenzierte Wahrnehmung und Bewältigung von offenen, nicht definierten Problemen und Situationen ermöglichen" (Laur-

Ernst 1988, S. 20). Diese individuellen Fähigkeiten können nach Schwarz/ Beck (1997, S. 129) im Sinne von Schlüsselqualifikationen, wie Kommunikations-, Kooperations-, Konfliktfähigkeit, Lernfähigkeit, Verantwortungsbereitschaft und Selbstständigkeit zwar gefördert und reflexiv weiterentwickelt, aber nicht absichtsvoll trainiert werden. „Aus systemischer Sicht sind Lern- und Leistungsbereitschaft – wie übrigens viele andere, als Eigenschaften den Personen zugeschriebene Merkmale auch – kontextgebunden. Sie sind z. B. gebunden an Arbeitsbedingungen, Umgangsformen, an formelle und informelle Beziehungen, an Werte, Ziele und Regeln einer Organisation." (Schwarz/Beck 1997, S. 121). Die Gestaltung einer aktivierenden und Kreativität stimulierenden Organisationskultur muss deshalb als weitere Herausforderung v.a. für die Personalentwicklung betrachtet werden.

2.4 Postulate für eine integrierte Organisations- und Personalentwicklung

Aus der Beschreibung der Herausforderungen, die mit einem in die Organisationsentwicklung integrierten Personalmanagement zu bewältigen sind, sollen in diesem Abschnitt Postulate abgeleitet werden, die für die erfolgreiche Prozessgestaltung der Personalarbeit von Bedeutung sind. Die Aufgaben und operativen Schritte des Personalmanagements werden dann im dritten und vierten Kapitel behandelt.

Personal als Leistungs- und als Personengemeinschaft konzipieren

Personalmanagement muss bei seiner Konzeption und der Planung aller Maßnahmen berücksichtigen, dass das Personal einer Organisation als Leistungs- und als Personengemeinschaft betrachtet werden muss (Schwarz/Beck 1997). Als Leistungsgemeinschaft sorgt das Personal für die Erledigung der Aufgaben und die Umsetzung der Organisationsziele. Das Personal stellt aber auch eine Gemeinschaft von autonomen Personen mit vielfältigen persönlichen und beruflichen Ressourcen, eigenen Entwicklungs-, Ziel- und Wertvorstellungen dar. Erfolgreiches Personalmanagement bedeutet deshalb, Organisationsziele mit Mitarbeiterinteressen und -ressourcen so zu vernetzen, dass ein Optimum für die Entwicklung der Organisation und die Entwicklung der Mitarbeiter/innen erreicht werden kann.

Organisationsziele und Personalstrategie aufeinander abstimmen

Eine integrierte Organisations- und Personalentwicklung erfordert einerseits, dass Organisationsziele auf den verschiedenen hierarchischen Ebenen in Maßnahmen des Personalmanagements und der Personalentwicklung übersetzt werden. Das Leitbild und die Ziele der Organisation stellen dabei die Klammer für die verschiedenen Maßnahmen der quantitativen und qualitativen Personalarbeit dar. Andererseits müssen angesichts limitierter finanzieller und personeller Rahmenbedingungen die Personalressourcen,

d. h. die vorhandenen Qualifikationen als „Ertragspotenzial" (Schöni 2001) systematisch in die Planung der Unternehmensstrategie wie auch in die Planung der Personalentwicklungsmaßnahmen einbezogen werden.

Personalmanagement stellt eine Leitungsaufgabe dar

Die Aufgabe des Personalmanagements muss, zumindest in ihrer strategischen Dimension, von der Leitungsebene übernommen werden. Bei der Umsetzung der Personalstrategie muss auf allen Ebenen sichergestellt werden, dass die Segmente und Einzelmaßnahmen koordiniert und auf die übergeordneten Organisationsziele bezogen bleiben. Die zentrale Frage, die auf allen Ebenen (Geschäftsführung, Bereichsleitung, Abteilung, Teams, einzelne Mitarbeiter/innen) gestellt werden muss, lautet: „Welchem Ziel oder Teilziel dient die geplante Maßnahme im Rahmen des Personalmanagements?"

Für Partizipation, Akzeptanz und Chancengleichheit sorgen

Die Beteiligung der Mitarbeiter/innen bei der Planung und Umsetzung von Organisationszielen und Maßnahmen des Personalmanagements ist eine wichtige Voraussetzung zur Sicherung der Akzeptanz von Zielen und Maßnahmen. Dabei ist zu berücksichtigen, dass auch bei einer noch so breit angelegten Mitarbeiterbeteiligung grundlegende Veränderungsprozesse nur von einem Teil der Mitarbeiter/innen akzeptiert werden. Dies sollte allerdings nicht bedeuten, auf Maßnahmen der Akzeptanzsicherung zu verzichten. „Akzeptanz ist nicht gleichzusetzen mit Zustimmung. Akzeptanz ist vielmehr Ausdruck einer gelungenen Vermittlung über den Sinn von Entscheidungen bei Zielkonflikten" (KGSt 1/2002, S. 29) Diese Vermittlung wird umso eher gelingen, je mehr Vertrauen die Leitungskräfte genießen. Transparenz, Partizipation und Kommunikation auf gleicher Augenhöhe, wie z. B. im Mitarbeitergespräch, tragen wesentlich zu Vertrauensbildung und Akzeptanzsicherung bei. Die Umsetzung von Leitprinzipien wie Gender Mainstreaming und Diversity Management signalisieren die Bereitschaft des Managements Chancengleichheit zu realisieren und begünstigen somit auch die Innovations- und Leistungsbereitschaft der Beschäftigten.

Ziele vereinbaren

Die Implementierung einer Vertragskultur trägt der wechselseitigen Abhängigkeit von Organisationsentwicklung und Personalentwicklung Rechnung, ebenso wie der Tatsache, dass Entwicklung nicht verordnet werden kann. Zielvereinbarungen dienen der Vernetzung von Organisationszielen mit den Entwicklungszielen der Mitarbeiter/innen. Sie sind darauf angelegt, die Entwicklung des Personals als Leistungs- und Personengemeinschaft zu fördern und gleichermaßen Leistung zu fordern. Zielvereinbarungen dienen nicht nur der Leistungsmotivation und -sicherung, sondern stellen auch die Grundlage für die Planung von Personalentwicklungsmaßnahmen dar. Die regelmäßige Bilanzierung der Ergebnisse ermöglicht die Leistungsbewertung im Hinblick auf die Erfüllung der Organisationsziele und besitzt eine wichtige Feedbackfunktion für die Mitarbeitenden und die Leitungspersonen im Sinne einer Leistungsbeurteilung.

Toleranz und Konfliktkultur

Das Postulat einer Vertrags- und Zielvereinbarungskultur impliziert, dass die Vertragspartner unterschiedliche Ziel- und Wertvorstellungen sowie unterschiedliche Auffassungen über den Weg der Zielerreichung oder die Bewertung der Leistungsergebnisse haben können. Konflikte müssen deshalb als Normalfall im Rahmen einer Vertragskultur und nicht als störender Zwischenfall betrachtet und behandelt werden. Es bedarf somit auf Leitungsebene einer positiven Grundhaltung gegenüber Konflikten (Konflikte als Entwicklungschance), sowie eines geeigneten Instrumentariums zur produktiven Bewältigung und Lösung von Konflikten. Toleranz gegenüber anderen Einschätzungen sowie Wertschätzung von Vielfalt sind notwendige Grundhaltungen im Rahmen einer lernenden Organisation. Wenn andere Wahrnehmungen und Interpretationen nicht als Bedrohung, sondern als Potenzial betrachtet werden, kann die Realitätswahrnehmung erweitert und daraus ein breiterer und tragfähiger Konsens erarbeitet werden.

Lernkultur

Es bedarf der Gestaltung einer Lernkultur, bei der Lernen als zentraler Wert in der Organisation verankert wird (Münch 1995). Um dies erreichen zu können, muss ein Lernkontext gestaltet werden, bei dem einerseits zum Lernen motiviert wird, andererseits Abwehrhaltungen, Widerstände und Versagensängste gemildert werden. Ein Lernkontext, der Lernen stimuliert, zeichnet sich durch Transparenz aus und beinhaltet:

- klare Ziel- und Aufgabenbeschreibungen,
- Einordnung der Aufgabe in den Gesamtkontext und die Zielstruktur der Organisation;
- klar definierte Rahmenbedingungen (Zeit, materielle und personelle Ressourcen, Unterstützung von Kollegen und Leitung);
- die Möglichkeit der Nutzung von Spielräumen innerhalb des verfügbaren Rahmens;
- „Gelegenheit zum Üben und bedachten Experimentieren" (Schein 1995, S. 10);
- die Verständigung auf und ständige Reflexion von „zieldienlichen Spielregeln" (Faulstich 1996, S. 6);
- Soll-Ist-Vergleiche und Rückmeldungen.

Fehlerfreundliches Klima

Zum Abbau von Widerstand, Abwehr und Versagensängsten ist es wichtig, dass Leitungskräfte und Mitarbeiter/innen ein klares Bewusstsein davon haben, dass Handeln unter Bedingungen der Ungewissheit immer die Möglichkeit von Fehlern einschließt. Die Gestaltung eines fehlerfreundlichen Klimas in der Organisation ist nicht nur motivational bedeutsam, sondern sie ist auch ein Gebot der Vernunft. Zu einer fehlerfreundlichen Lernkultur gehört nach Schein (1995, S. 10):

- Unterstützung und Ermutigung, die helfen, Angst vor Fehlern oder dem Fehler-Machen zu überwinden;
- Normen, die Fehler zulassen;
- Normen, die das Aufdecken von Fehlern honorieren,
- Normen, die innovatives Denken, Experimentieren und Handeln belohnen.

Das Eingeständnis von Fehlern widerspricht zwar dem Selbstideal vieler Leitungskräfte, doch ist es fruchtbarer „sich Klarheit über die eigene Ratlosigkeit zu verschaffen. Dies macht es notwendig Konsens herzustellen und Koalitionen einzugehen" (Faulstich 1996, S. 8).

Organisationsstrukturen für das Lernen bereitstellen

Um die Anpassungsfähigkeit und Flexibilität der Organisation zu erhöhen, bedarf es dynamischer, flexibler Organisationsformen. Die Organisationsstrukturen stellen gleichzeitig den Lernkontext dar, der die Entwicklung der Mitarbeiter/innen zu selbstständigen Akteuren ermöglicht. Um sicher zu stellen, dass Arbeitsprozesse Lernprozesse auslösen, sie im Sinne von „Fordern und Fördern" ermöglichen, sind nach Schwarz/Beck (1997, S. 146) bei der Organisationsgestaltung folgende Aspekte zu berücksichtigen:

- Zusammenführung von Planung, Durchführung und Kontrolle;
- Partielle Ablösung hierarchischer Formen der Aufbauorganisation durch netzwerkartige Organisationsformen;
- Herstellung von Einfachheit und Überschaubarkeit durch arbeitsorganisatorische Veränderungen wie dezentrale, selbstorganisierende Einheiten;
- Aufbau tragfähiger, funktionierender Kommunikations- und Informationsbeziehungen zwischen den Akteuren innerhalb und außerhalb der Organisation;
- Rückkoppelung zwischen verschiedenen Prozessabschnitten;
- Verzahnung von Arbeiten und Lernen;
- Trend zu Gruppenarbeit in Verbindung mit „kooperativer Selbstqualifikation".

Die Gestaltung lernförderlicher Rahmenbedingungen kann nach Faulstich (1996, S. 6) allerdings nur dann die gewünschte Wirkung erzielen, wenn folgende Voraussetzungen erfüllt sind:

- Von Seiten der Einrichtungsleitung bzw. von Seiten der Führungskräfte wird ein kooperatives Management beabsichtigt, wirklich gewollt und mit Überzeugung angestrebt;
- Es wird als sinnvoll angesehen, Regeln zu beachten, wenn ein gemeinsamer Erfolg erzielt werden soll;
- Es wird als sinnvoll angesehen, sich über handlungsleitende Maximen zu verständigen, und sich darüber immer wieder zu verständigen;
- Es wird ein Handlungsspielraum („Freiheit") eingeräumt und akzeptiert: ethisches Handeln kann nicht erzwungen werden;
- Es wird bewusst nachgedacht über das, was getan werden soll.

Lernen braucht Zeit und Raum zum Experimentieren und Reflektieren. Neue Schritte zu gehen und neue Lösungen anzustreben verlangt, neue Erfahrungen und Fehler zu machen und aus beidem zu lernen. Auch das Personalmanagement und die Personalentwicklung stellen einen organisationsbezogenen Lernprozess dar, bei dem Pläne, Vorhaben, Prozesse und Erfahrungen immer wieder neu reflektiert und, falls erforderlich, verändert werden müssen.

3. Quantitative Personalarbeit

Eine wichtige Aufgabe des Personalmanagements ist es, die richtigen Mitarbeiter/innen zum richtigen Zeitpunkt an den richtigen Positionen zu platzieren. Ziel ist es, eine möglichst genaue Passung von Personen und Positionen zu erreichen. Dies setzt eine genaue Kenntnis der Personen, ihrer Leistungsfähigkeit und -bereitschaft sowie der zu erfüllenden Aufgaben und der damit verbundenen Anforderungen voraus. Darüber hinaus erfordert die Sicherstellung der Leistungsfähigkeit zu angemessenen Kosten frühe und genaue zeitliche Planungs- und Abstimmungsprozesse.

Im Mittelpunkt der quantitativen Personalarbeit stehen die herkömmlich den Personalabteilungen zugeordneten Aufgaben der Personalbestands- und -bedarfsanalyse, der Personalbeschaffung, der Personaleinsatzplanung und der Personalfreisetzung. Sie werden in diesem Kapitel in dieser Reihenfolge erörtert, indem neben der jeweiligen Aufgabenbeschreibung auch Verfahren und Instrumente sowie die Verknüpfungen zwischen den Aufgabenbereichen und Verbindungen zur qualitativen Personalarbeit hergestellt werden.

Die operativen Schritte, welche die Grundlage eines systematischen und geordneten Personalmanagementprozesses bilden, sind für alle Teilbereiche des quantitativen und qualitativen Personalmanagements identisch und umfassen nach Schöni (2001) folgende Aufgaben:

- Bedarf planen (Vergleich von Ist-Soll-Zustand)
- Maßnahmen planen
- Maßnahmen umsetzen und begleiten
- Erfolg kontrollieren

3.1 Personalbestands- und Bedarfsanalyse

Grundlage jeder Personalplanung ist die Erfassung des gegenwärtigen Personalbestandes. Die Erfassung des Ist-Zustandes kann dabei nach folgenden quantitativen und qualitativen Kriterien erfolgen (vgl. Schwarz/Beck 1997, S. 18, Beck/Birkle 2000, S. 10):

Kriterien der Personalbestandsaufnahme
- Größe und Zusammensetzung der Abteilungen
- Anzahl und Verteilung der Mitarbeiter/innen auf die verschiedenen Bereiche und Abteilungen
- Funktions- und Branchenprofil (Leistungsbereiche, Verwaltung etc.)

- Altersstruktur und Familienstand
- Dauer der Betriebszugehörigkeit und Pensionsgrenze
- Sozialleistungen und Entlassungsrestriktionen
- Ausbildungs- und Kompetenzprofile der Mitarbeiter/innen (ungelernte und angelernte Arbeiterinnen, Facharbeiter/innen, Meister, Angestellte, leitende Angestellte, Ausbildungsabschluss, Zusatzausbildungen);
- Leistungspotenziale der Mitarbeiter/innen
- Fluktuationswünsche, Beförderungen, Versetzungen;
- Neueinstellungen, Übertritte aus Lehr- und Arbeitsverhältnissen;
- Beurlaubungen, Teilzeitarbeit:
- Fluktuation, Entlassungen, Kündigungen.

Die gewonnenen Daten werden dann hinsichtlich der Fragestellungen und geplanten Vorhaben zusammengestellt, analysiert und bewertet. Je nach Entwicklungsstand des Personalmanagements und nach Entwicklungsstand der Personalabteilungen stehen mehr oder weniger ausführliche Datensätze in EDV-gestützten Personalinformationssystemen zur Verfügung. Sie können dann, je nach Fragestellung, unterschiedlich aufbereitet werden. Auf der Basis der Personalbestandsanalyse kann eine Personalbedarfs- und Personalkostenanalyse vorgenommen werden.

3.1.1 Verfahren und Instrumente der Bedarfserhebung

Bei der Personalbedarfsplanung wird der gegenwärtige und zukünftige Personalbedarf in quantitativer und qualitativer Hinsicht ermittelt. Im Rahmen eines strategisch ausgerichteten Personalmanagements muss die Personalbedarfsplanung stets ausgerichtet sein auf die zu erreichenden Ziele und die Optimierung der Leistungen. Die Personalbedarfsplanung stellt die Grundlage für die Personalbeschaffung, die Personaleinsatzplanung und die Planung der Personalentwicklungsmaßnahmen dar.

Fragen zur Personalbedarfsplanung

- Welche derzeitigen Aufgaben/Ziele sollen auch in Zukunft weiter verfolgt werden? Welche Leistungen sollen optimiert werden?
- Welche Entwicklungsziele sollen in welchem Zeitraum zukünftig erreicht werden?
- Wie viele Mitarbeiter/innen, mit welchen Voraussetzungen (Qualifikationen, Kompetenzen, Erfahrungen, Alter, Geschlecht) werden wann ... wo, für welche Aufgaben ... benötigt?
- Wie viele Mitarbeiter/innen, mit welchen Voraussetzungen haben wir bereits? (Personalressourcen)
- Wie viele neue Mitarbeiter/innen, mit welcher Qualifikation benötigen wir noch? (Personalbeschaffung)

- Welche Mitarbeiter/innen können/sollen/wollen für welche Aufgaben, Bereiche und Positionen weiterqualifiziert und gefördert werden? (Personalentwicklung)

- Wie viele, welche Mitarbeiter/innen können wir nicht mehr angemessen (bzgl. Qualifikationen) bzw. wirtschaftlich vertretbar einsetzen? (Personalfreisetzung)
Quelle: Beck/Birkle 2000, S. 10

Tabelle 2: Instrumente der Personalbedarfsplanung

Unternehmensspezifischer Bedarf	
Analyse von Kennzahlen/ Dokumenten	• Planungsdaten zum quantitativen/qualitativen Personalbedarf • Fluktuation von Mitarbeiter/innen und Mitarbeitern • Abwesenheit von Mitarbeiter/innen und Mitarbeitern/Vertretungen • Krankheitsraten/Unfälle • Servicequalität (Beschwerden, Wartezeiten) • Innovation (Anzahl/Qualität von Verbesserungsvorschlägen)
Befragung	• Fragebögen (Einstellungs-, Organisationsanalyse; Schwachstellen/Stärkeprofil) • Einzelinterviews mit Führungskräften • Gruppendiskussionen • Expertengespräche
Beobachtung	• ungeplante, sporadische, teilnehmende Beobachtung, Dokumentation • systematische Beobachtung eines Bereichs (Team, Abteilungen) • Workshop
Individueller Bedarf der Mitarbeiter/innen	
Dokumenten-Analyse/ Soll-Ist-Vergleich	• Nachfolge-, Laufbahnplanung • Anforderungsprofil • Stellenbeschreibung, Zielvereinbarung
Befragung	• Mitarbeitergespräche • Fragebögen/Selbsteinschätzung • Leistungsbeurteilung anhand von Aufgabenkatalogen • Fremdeinschätzung
Beobachtung	• Assessment Center • Diagnose des Teamverhaltens/Verhaltens
Workshop	
Berufsbiografie	• Lebenslauf
Zeugnisse	

Quelle: Beck/Birkle 2000, S. 11

Zur Erhebung des gegenwärtigen und zukünftigen Bedarfes an Mitarbeiter/innen können verschiedene Planungsmethoden herangezogen werden. Bisani (1995, S. 179) unterscheidet dabei drei Teilbereiche der Personalplanung, die miteinander verknüpft werden:

a. Die *strukturbestimmende Personalplanung* beschreibt den Zuschnitt von Arbeitsplätzen im Rahmen einer arbeitsteilig organisierten Leistungser-

43

stellung. Daraus werden die Anforderungen an die Mitarbeiter/innen und an deren Kooperation im Arbeitsprozess abgeleitet und definiert.

b. Die *Individualplanung* fokussiert die einzelnen Mitarbeiter/innen und betrachtet deren Leistungsvermögen, Entwicklungspotenziale und -wünsche mit Blick auf Nachwuchsförderung und Karriereplanung. Ziel ist es, für jede Position zu jedem Zeitpunkt einen geeigneten und bewährten Mitarbeiter zur Verfügung zu stellen.

c. Die *kollektive Maßnahmenplanung* bezieht sich auf alle oder auf Gruppen von Mitarbeitern und die Entwicklung oder Gestaltung von Funktionsbereichen. Gleichzeitig bezieht sich die kollektive Maßnahmenplanung auch auf Teilbereiche des Personalwesens (z. B. Einführung von Mitarbeitergesprächen)

Dokumentenanalyse, Befragung und Beobachtung sind Methoden, die für die quantitative und qualitative Bedarfsermittlung der Organisation, als auch für die Individualplanung herangezogen werden können. Beck/Birkle (2000, S. 11) geben einen Überblick über die unterschiedlichen Instrumente der Bedarfsplanung (s. Tabelle 2).

3.1.2 Stellenbeschreibung und Anforderungsprofil

Um eine befriedigende Passung zwischen Positionen/Arbeitsplätzen und Personen erreichen zu können, soll auf zwei weitere Instrumente eingegangen werden, die zentrale Bedeutung haben sowohl für die Personalbeschaffung, den Personaleinsatz wie auch für die Personalentwicklung:

• die Stellenbeschreibung
• das Anforderungsprofil

„Die *Stellenbeschreibung* (Funktions-, Dienstposten-, Arbeitsplatzbeschreibung) ist eine schriftliche Darstellung der auf eine Person bezogenen positionellen Aufgabengebiete" (Krüger 1995, Sp. 1986).

Sie ist ein wichtiges Hilfsmittel und dient nach Lotmar/Tondeur (1991):
– der Festlegung von Aufgaben und Verantwortungsbereichen,
– als Informationsgrundlage für Stellenausschreibungen,
– der Information von Stellenbewerbern und neuen Mitarbeiter/innen,
– der Vorgabe von Leistungszielen,
– zur Unterstützung bei der Leistungsbeurteilung.
– der Festlegung von Förder- und Weiterbildungsmaßnahmen,
– der Information über Aufstiegsmöglichkeiten,
– der Orientierung bei der Laufbahnplanung.

Mit dem Wandel der Organisation und ihrer Aufgaben müssen auch Stellenbeschreibungen ständig weiterentwickelt werden. In welcher Detailliertheit sie beschrieben werden, hängt von Rahmenbedingungen (z. B. gesetzlichen Vorgaben, Verordnungen), Inhalten, situativen Bedingungen und Qualitätsnormen ab.

Eine übersichtliche und ausführliche Gliederung zur Anfertigung einer Stellenbeschreibung legt Krüger (1995, Sp. 1987/88) vor:

Tabelle 3: Struktur einer Stellenbeschreibung

	• Bezeichnung und Inhaber der Stelle, Stellenvertretung • Über- und untergeordnete Stellen
Aufgaben	• Haupt-, Einzel-, Sonderaufgaben • Arbeitsort, Arbeitszeit, Ausstattung • Richtlinien, Vorschriften, Verfahren
Kompetenzen *(Befugnisse)*	• Verfügungsrechte über Geld und Sachmittel • Entscheidungsrechte, Unterschriftbefugnisse • Einflussrechte auf Personen/Stellen • Sonderrechte
Information – und *Kommunikation*	• ein- und ausgehende Berichte • Information anderer Stellen • Konsultationen, Beratung, Genehmigung • gemeinsame Entscheidungen
Kooperation	• Zusammenarbeit mit un-/gleichrangigen Stellen • Mitwirkung in internen/externen Arbeitsgruppen, Teams, Gremien
Anforderungen	• Vorbildung, Ausbildung, Erfahrung • Persönlichkeit, Verhalten • fachliche und soziale Fähigkeiten • Interaktions- und Kommunikationsfähigkeit
Ziele der Stelle	• Standardziele • Sonder- und Innovationsziele • persönliche Entwicklungsziele
Bewertungsmaßstäbe	• Quantität/Qualität der Zielerreichung/Aufgabenerfüllung • individuelles Verhalten und äußere Erscheinung • Verhalten gegenüber Kollegen, Mitarbeitern, Vorgesetzten sowie externen Stellen

Quelle: Krüger 1995, Sp. 1987/88

Die Einzelaspekte der Stellenbeschreibung werden je nach Funktions- und Verantwortungsbereich unterschiedliche Gewichtung erfahren. Je größer der Handlungsspielraum, desto mehr treten die Ziele und Bewertungsmaßstäbe als Sollwert in den Vordergrund und desto eher verlieren genaue Beschreibungen von Aufgaben und Befugnissen an Bedeutung. Auch das Leitungskonzept hat Einfluss auf die Stellenbeschreibung: „Leiten durch Zielvereinbarungen" und Leitungsprinzipien wie „Delegation" oder „Einsatz von Gruppenarbeit" (Teams, teilautonome Gruppen, Qualitätszirkel) werden dazu führen, dass Zielbeschreibungen und Bewertungsmaßstäbe im Vordergrund stehen, der Weg der Zielerreichung den Mitarbeiter/inne/n überlassen bleibt und deshalb nicht im Detail beschrieben wird (vgl. Krüger 1995, Sp. 1988–1992).

Das *Anforderungsprofil* stellt eine Ergänzung zur Stellenbeschreibung dar. Dabei werden Fähigkeiten und Kompetenzen, die für die Erfüllung der Aufgaben besonders wichtig sind, verbindlich gemacht. Das Anforderungsprofil stellt das Bindeglied zwischen Stellen- und Personenmerkmalen dar. Es ist somit nur sinnvoll, solche Anforderungen zu formulieren, die auch als persönliche Qualifikations-/Eignungsmerkmale festgestellt werden können. Sie betreffen zum einen das Können und Wollen als Leistungsvoraussetzung der Mitarbeiter/innen, zum anderen gehen von Arbeitsplätzen Anforderungen aus, die als Belastungen bewältigt werden müssen (Berthel/Becker 2003, S. 128).

Bei der Erstellung eines Anforderungsprofils werden zunächst die Aufgaben der Stelle beschrieben (bzw. der Stellenbeschreibung entnommen). Sodann werden die wichtigen Fähigkeiten formuliert, die für eine adäquate Aufgabenerfüllung notwendig sind (vgl. Lotmar/Tondeur 1991).

Beispielhaft werden Aufgaben und Anforderungen an eine Mitarbeiter/innen- und eine Leitungsstelle dargestellt:

Raster zur Erstellung eines Anforderungsprofils für eine Mitarbeiter/innen/stelle

Aufgabenkatalog erstellen:

- Aufgaben, die sich unmittelbar aus dem Kontakt mit den Klienten ergeben (z. B. Klienten beraten, Personen und Instanzen zu Gunsten der Klienten mobilisieren, spezifische Hilfeplanung entwickeln)
- Aufgaben, die sich mittelbar auf ganze Klientenkategorien beziehen (z. B. Hilfsmöglichkeiten ausbauen und neue erschließen, sozialpolitische Anliegen aufgreifen)
- Organisatorische Aufgaben (verwaltungstechnische Abwicklung, Datenverwaltung)
- Aufgaben, die sich auf die Organisation bzw. auf eine Organisationseinheit beziehen (z. B. Koordination des Teams, Terminplanung, Tagesordnung, Statistik der einzelnen Aufgabenbereiche zusammenstellen und fachlich einschätzen).

Besondere Fähigkeiten festhalten, auf die es bei dieser Stelle ankommt:

- Hier halten Sie Kenntnisse, Fähigkeiten und Eigenschaften fest, die nicht ohnehin zur Normalqualifikation für die Stelle zählen, z. B.:
- Fähigkeit, sich immer wieder auf neue Situationen und Problemstellungen einzustellen (Flexibilität, Improvisationsvermögen) überdurchschnittliche Belastbarkeit im psychischer und in zeitlicher Hinsicht,
- Fähigkeit, eine Anfangssituation eines Projektes durchzustehen, mit allen Unsicherheiten, die dazu gehören,
- Fähigkeit, Teambildungsprozesse mitzugestalten,
- Fähigkeit, mit Spezialisten anderer Fachbereiche zusammenzuarbeiten.

**Raster zur Erstellung eines Anforderungsprofils
für eine Leitungsstelle**

Aufgabenkatalog erstellen:

- Aufgaben, die sich aus der Personalentwicklung für Mitarbeiter/-innen ergeben (z. B. Auswahl und Einarbeitung, Leistungs- und Beurteilungssystem entwickeln, Mitarbeitergespräche führen)

- Aufgaben, die sich auf die Entwicklung bzw. Qualität der Dienstleistung beziehen (z. B. Kundenorientierung praktizieren, Qualitätsstandards erarbeiteten, Konzeptentwicklung steuern und begleiten, Öffentlichkeitsarbeit)

- Aufgaben, die sich auf das Funktionieren der Organisation beziehen (z. B. Organisationsziele festlegen und auf eigenen Leistungsbereich abstimmen, Kommunikationsprozesse gestalten, Strukturen gestalten und entwickeln, Wirtschaftlichkeit sicherstellen, materielle Ressourcen beschaffen).

Besondere Fähigkeiten festhalten, auf die es bei dieser Leitungtätigkeit ankommt:

Hier halten Sie Kenntnisse, Fähigkeiten und Eigenschaften fest, die nicht ohnehin zur Normalqualifikation für eine Leitungsstelle zählen, z. B.:

- Fähigkeit zu strategischem Denken und Handeln,

- Fähigkeiten zu kostenbewusstem und ertragsbewusstem Handeln, da sich die Organisation in einer schwierigen finanziellen Situation befindet,

- besonderes Fingerspitzengefühl in schwierigen Verhandlungen mit Geldgebern,

- Fähigkeit, in komplexen Situationen das Wesentliche zu erfassen,

- Erfahrungen mit und Kenntnisse bei der Einführung von Personalentwicklungssystemen,

- Fähigkeit, auch unpopuläre Entscheidungen vertreten zu können,

- Erfahrung in der Leitung von Projektarbeit.

Quelle: Beck/Birkle 2000, S. 15

Personalbestands- und -bedarfsanalyse, Stellenbeschreibungen und Anforderungsprofile sind Instrumente der qualitativen und quantitativen Personalplanung. Sie dienen als Grundlage der Personalbeschaffung, der Personaleinsatzplanung, der Personalfreisetzung und der Personalentwicklung. Die Abbildung veranschaulicht zusammenfassend den Ablauf und die Funktion der Personalbedarfsplanung (modifiziert nach Berthel/Becker 2003, S. 194).

Abbildung 1: Ablauf der Personalbedarfsplanung

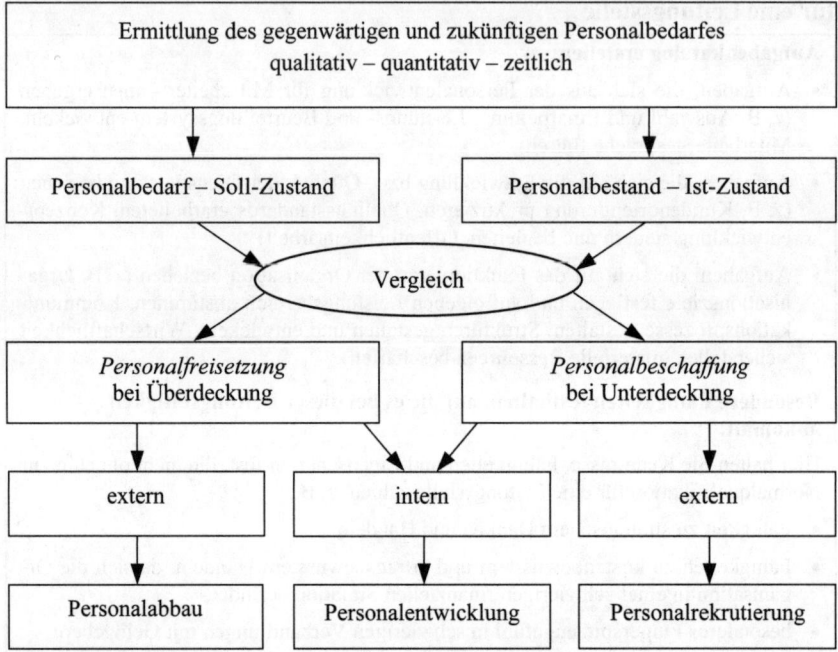

Quelle: Berthel/Becker 2003, S. 194 modifiziert von der Autorin

3.2 Personalbeschaffung

Die Personalbeschaffung stellt eine Maßnahme zur Sicherung des Personalbedarfes dar. Eine zukunftsorientierte, qualitäts- und kostenbewusste Personalbeschaffungspolitik geht von der Erkenntnis aus, dass eine kurzfristige Rekrutierung und Einarbeitung von Personal in vielen Fällen aufwändiger, riskanter und teurer ist, als eine mittel- und langfristig angelegte Strategie der Personalbeschaffung, die vorausschauend plant und auch interne Maßnahmen der Personalentwicklung einbezieht. Organisationsziele, Vision und Leitbild sind auch bei der Personalbeschaffung zu berücksichtigen, weil es um die Auswahl von Personal geht, das die Entwicklungen der Zukunft mitgestalten kann.

Eine mittelfristig angelegte Personalplanung legt Zeitpunkte und Kriterien für Maßnahmen fest. Die Mitarbeiter/innen sind über die Entwicklungsziele der Organisation und entsprechende Personalplanungen frühzeitig informiert. Die Leitungsverantwortlichen wissen um die Potenziale, Entwicklungsmöglichkeiten und -bedürfnisse der Mitarbeiter/innen (vgl. Mitarbeitergespräch).

Bei einer langfristig angelegten Personalplanung können über Investitionen in die Ausbildung und Personalentwicklung, durch Kontakte und Partnerschaften mit Schulen, Hochschulen und Weiterbildungseinrichtungen auch gezielt neue Geschäftsfelder und Arbeitsplätze geschaffen werden. Im folgenden sollen die Aufgaben, Schritte und Instrumente der Personalbeschaffung und -auswahl vorgestellt werden (nach Beck/Birkle 2000, S. 19).

Die Prozesskette der Personalauswahl:

- Ausgangssituation: Bedarf ist ermittelt, Stellenbeschreibung liegt vor, Anforderungsprofil ist erstellt
- Rekrutierung aus dem eigenen Bereich/ Abwerbung?
- Bewerbungsverfahren einleiten
  - Stellenausschreibung (intern-extern)
  - Entscheidungskriterien erarbeiten
  - Auswahlverfahren festlegen:
  Wer ist zu beteiligen? Kriterien für die Vorauswahl? Genaue Planung des Auswahlverfahrens.
- Bewerbungsverfahren durchführen
- Entscheidung über die Einstellung
- Information der Bewerber/innen – Abschluss des Verfahrens

Im Folgenden werden die Schritte der Personalauswahl eingehender erläutert.

Ziel der Personalsuche ist es, diejenigen Interessent/innen anzusprechen und zu einer Bewerbung zu motivieren, die dem Anforderungsprofil am besten entsprechen. „Personalwerbung soll eine Informationsfunktion erfüllen; mit ihr soll eine Akquisition und Selektion aus vorhandenem Personalpotenzial bewirkt werden (Berthel 1995, S. 173).

Bei einer *internen Rekrutierung* stellt sich die Frage, ob genügend Informationen über Qualifikationen, Potenziale und Entwicklungswünsche des vorhandenen Personals vorliegen, um mögliche Interessent/innen gezielt ansprechen zu können. Bei einer *externen Rekrutierung* müssen potenzielle Bewerber zunächst umfassend informiert werden. Die Informationsfunktion ist erfüllt, wenn eine Stellenausschreibung alle relevanten Informationen enthält, die ein Bewerber erwartet und die ihn schließlich zu einer Bewerbung veranlassen.

Informationen, die in eine Stellenausschreibung gehören:

- Informationen über die *Organisation*: Branche, Größe und Bedeutung, Standort (eventuell Freizeitwert) Führungsstil etc.;
- Informationen über den zu besetzenden *Arbeitsplatz:* Aufgaben, Kompetenzen und Verantwortungen, hierarchische Einordnung, das sachliche und persönliche Arbeitsumfeld, die Arbeitszeit;
- Informationen über die *Anforderungen* an den/die gesuchte/n Stelleninhaber/in: erforderliche Kenntnisse, Fähigkeiten, (evtl. Ausbildungsgänge, Zusatzqualifikationen), persönliche Eigenschaften etc.;

- Informationen über die *Leistungen der Organisation:* Entgelt, soziale Leistungen, Fortbildungs-, Aufstiegsmöglichkeiten;
- Informationen über die *Art der Kontaktaufnahme,* Ansprechpartner;
- Informationen über erwünschte *Inhalte und Form der Bewerbung:* benötigte Unterlagen, Vorstellungen etc.
Quelle: Berthel 1995, S. 173

Um den gewünschten Adressatenkreis ansprechen zu können, sind bei einer externen Rekrutierung Vorüberlegungen nötig, über welche *Medien* geeignete Bewerber/innen am besten erreicht werden können:

- Lokale oder überregionale Presse, Internet
- wissenschaftliche und Fachzeitschriften,
- Fach- und Berufsschulen,
- Kontakte zu Hochschulen,
- Personalberater,
- Arbeitsämter.

Immer mehr Stellenanzeigen werden nicht nur in den Printmedien, sondern auch im Internet, in elektronischen Jobbörsen geschaltet. Die Anbieter von Jobbörsen sind die Bundesagentur für Arbeit, Verlage, Personalberatungen etc.

3.2.1 Aufgaben und Gütekriterien der Personalauswahl

Für eine *Vorauswahl* der eingegangenen Bewerbungen müssen frühzeitig Entscheidungskriterien erarbeitet werden, die eine Bewertung der Bewerbungsunterlagen und die Selektion des geeigneten Bewerberkreises ermöglichen.

Das Anschreiben gibt in der Regel Auskunft über die Motivation und Erwartungen der Bewerber, während die Analyse des Lebenslaufes Auskunft gibt über die Zeitfolge (Arbeitsplatzwechsel, Zeitlücken) und Positionsfolge (Aufstieg, Abstieg, Berufswechsel, Wechsel des Aufgabengebietes) des bisherigen beruflichen Werdegangs. Zeugnisse und Referenzen stellen eine wichtige Informationsquelle dar und können im Hinblick auf das geforderte Anforderungsprofil bewertet werden.

Aufgrund von Bewerbungsunterlagen und Auswahlverfahren soll eine aussagekräftige Prognose über das Leistungs- und Entwicklungspotenzial der Bewerber/innen in Bezug zum Anforderungsprofil getroffen werden. Damit zeigt sich eine grundsätzliche Schwierigkeit der Personalauswahl: Es stellt sich die Frage, ob die Besonderheiten und Anforderungen eines Arbeitsplatzes mit den Erwartungen und Handlungsmöglichkeiten des Bewerbers in Übereinstimmung zu bringen sind. Ein Bewerbungsverfahren kann immer nur auf der Basis von Informationen zur Vergangenheit und Gegenwart eine Prognose zum zukünftigen Arbeits-, Leistungs- und Sozialverhalten der Bewerber/innen treffen. Die Prognosen können richtig oder falsch sein. Eine Optimierung des Auswahlverfahrens zielt somit stets darauf ab, die Güte der Vorhersage zu verbessern. Um dies erreichen zu können, muss das Auswahlverfahren einige Qualitätskriterien erfüllen.

Qualität des Auswahlverfahrens:

- Die zu messenden Anforderungen und Merkmale werden genau erfasst (Reliabilität)
- Das Auswahlverfahren ist standardisiert, vergleichbar und unabhängig von dem/r Interviewer/in (Objektivität)
- Die erfassten Daten erlauben eine Vorhersage darüber, wie der/die Bewerber/in die Anforderungen erfüllen wird (prognostische Validität)
- Mögliche Fehlbeurteilungen werden minimiert und kontrolliert

Wissenschaftliche Untersuchungen zu der Frage, mit welchen Auswahlverfahren der berufliche Erfolg am besten vorhergesagt werden kann, werfen ein ernüchterndes Bild auf die gängige Praxis der Bewerberauswahl. Das am meisten eingesetzte Verfahren bei der Auswahl von Mitarbeiter/innen, das konventionelle, unstrukturierte Einstellungsgespräch, liefert die schlechteste Vorhersage des beruflichen Erfolges (vgl. Schuler 1999).

Tabelle 4: Durchschnittliche Validität von Personalauswahlverfahren

	Ausbildungs-erfolg	Berufserfolg
konventionelles Einstellungsgespräch	.10	.14
Persönlichkeitstests		.15
Schulnoten		
des Universitätsstudiums	.46	
der Berufsausbildung	.40	
Bewerbungsunterlagen		.18
Arbeitsproben		.30
biographischer Fragebogen		.37
Assessment-Center		.37
anforderungsbezogenes und strukturiertes Interview		.40
Probezeit		.44
kognitive Fähigkeitstests (z. B. Intelligenz)	.54	.45

Quelle: Schuler 1999, S. 140:

Tabelle 4 zeigt die Zusammenhänge (Korrelationen) zwischen verschiedenen Auswahlverfahren und dem Ausbildungserfolg bzw. Berufserfolg. Eine niedrige Korrelation (z. B. .10–.15) besagt, dass das Auswahlverfahren keinen wesentlichen Beitrag zur Vorhersage des Ausbildungs- bzw. Berufserfolges zu liefern vermag, während ein Korrelationskoeffizient von .46 darauf verweist, dass mit dem entsprechenden Verfahren eine wesentlich bessere, d. h. aussagekräftigere Prognose erreicht werden kann. Die Abbildung zeigt auch, dass kein Verfahren in der Lage ist, den Ausbildungs- oder Berufserfolg 100 %ig zu prognostizieren. Dies entspräche einem Korrelationskoeffizienten von 1.0.

Es wird deutlich, dass Objektivität und Standardisierung die Güte des Auswahlverfahrens deutlich verbessern. Beim Assessment-Center und beim anforderungsbezogenen, strukturierten Interview wird die Validität vor allem dadurch erhöht, dass die Bewerber/innen mit spezifischen und typischen Anforderungssituationen sowie „kritischen Situationen" des Arbeitsalltags konfrontiert werden. Ihr Verhalten und ihre Reaktionen in diesen Testsituationen ermöglichen – klare Beobachtungs- und Beurteilungskriterien vorausgesetzt – eine vergleichsweise gute Prognose des beruflichen Erfolges.

Die hohe Validität von kognitiven Fähigkeitstests lässt sich damit erklären, „dass es praktisch keinen Beruf gibt, für den Maße intellektueller Fähigkeiten nicht zur Leistungsprognose beitragen können. Dabei lassen sich Ausbildungsleistungen besser vorhersagen, als andere Kriterien der Berufsleistung" (Schuler, 1999, S. 147).

Der Einsatz eines validen Verfahrens wird umso dringlicher, je weniger geeignete Kandidat/inn/en zur Verfügung stehen und je weniger ausgewählt werden (vgl. dazu Schuler 1999, S. 140 ff.). Eine Kombination verschiedener valider Verfahren kann die Prognose im Vergleich zu Einzelverfahren zusätzlich verbessern.

Eine Standardisierung des Verfahrens schafft Vergleichbarkeit, da alle Kandidat/inn/en den gleiche Bedingungen ausgesetzt sind. Die Beteiligung von mehreren (geschulten) Beobachtern ermöglicht darüber hinaus die Reduktion von Beurteilungsfehlern. Menschliche Wahrnehmung ist nie objektiv, eine Vielzahl von Wahrnehmungen ermöglicht jedoch Intersubjektivität, d. h. eine breitere Beurteilungsbasis und die Korrektur von Fehleinschätzungen. Im Folgenden findet sich eine Auflistung von möglichen Beurteilungsfehlern im Rahmen von Personalauswahlverfahren (Bröckermann 2003).

Abbildung 2: Interpersonelle Beurteilungsfehler

- Erster Eindruck wirkt sehr nachhaltig (Aussehen, Stimme, Haltung, Akzent);
- Übertragung (Sympathie-Antipathie);
- Halo-Effekt: Ein positives oder negatives Urteil über einen Teilbereich der Leistung überstrahlt die anderen Eindrücke;
- Reihenfolgeeffekt: Bewerber werden im Kontext betrachtet, z. B. erscheinen nach schwachen Bewerbern mittelmäßige als besonders gut;
- Kontakteffekt: Häufiger Kontakt schafft Abmilderung von harten Urteilen und Sympathie;
- Andorraeffekt: Bewerber versucht, eine erwartete Rolle zu erfüllen;
- Dominanz: Die Meinung des Hierarchiehöchsten wird stärker beachtet.

Quelle: Bröckermann 2003, S. 220f

3.2.2 Auswahlverfahren und -kriterien

In den folgenden Abschnitten wird ein Überblick gegeben über die wichtigsten Auswahlverfahren und ihre Leistungsfähigkeit sowie über Auswahlkriterien, die im Bereich der Sozialen Arbeit als besonders bedeutsam betrachtet werden.

Assessment-Center

Ein Instrument, das alle genannten Gütekriterien erfüllt, und das im Rahmen der Personalauswahl v.a. für Leitungskräfte, aber auch zur Selektion von Ausbildungskandidaten und Führungskräftenachwuchs sowie im Rahmen der Personalentwicklung und -beurteilung zunehmend eingesetzt wird, ist das Assessment-Center (AC). Dabei werden mehrere eignungsdiagnostische Instrumente und leistungsrelevante Aufgaben zusammengefasst, um eine Einschätzung aktueller Kompetenzen und zukünftiger Entwicklungspotenziale zu ermöglichen.

Es werden mehrere Bewerber gleichzeitig eingeladen, die Leistungen werden von mehreren (geschulten) Beobachtern anhand von Beobachtungsbögen und Skalen eingeschätzt. In der Beurteilergruppe sind v. a. Linienvorgesetzte, Mitarbeiter des Personalwesens und Psychologen.

Typischerweise arbeiten AC's mit Arbeitsproben bzw. Tätigkeitssimulationen. Darüber hinaus werden soziale Kompetenzen wie Durchsetzungs- und Überzeugungskraft oder Kompromissfähigkeit in Gruppendiskussionen und/oder Rollenspielen beobachtet. Weitere typische Aufgaben stellen Vorträge und Präsentationen sowie die sog. Postkorbübung dar, bei der Entscheidungsfähigkeit und die Fähigkeit zur Strukturierung von Aufgaben in einer Belastungssituation erfasst wird (vgl. ausführlich Schuler 1999).

Das AC stellt ein in der Vorbereitung und Durchführung zeitaufwändiges und entsprechend kostspieliges Instrument dar. Der Einsatz dieses Bewerbungsverfahrens muss deshalb in Relation zur Bedeutung der Bewerberauswahl abgewogen werden.

Anforderungsbezogenes strukturiertes Interview

Das anforderungsbezogene, strukturierte Interview ist ebenfalls als valides Auswahlinstrument zu betrachten, das allerdings in der Durchführung mit weniger zeitlichem und personellem Aufwand verbunden ist. Es bedarf gründlicher Vorbereitung, denn es müssen standardisierte Beispielsituationen konstruiert werden, in denen die wesentlichen Stellenanforderungen zum Ausdruck kommen. Weiterhin müssen seitens des Auswahlteams klare Vorstellungen entwickelt werden, wie eine adäquate Bewältigung der Aufgaben bzw. der Anforderungen aussehen müsste.

Schlüsselqualifikationen

Für die Soziale Arbeit ist die Erfassung von Sozialkompetenzen oder Schlüsselqualifikationen von besonderer Relevanz. Sie werden zwar in Stellenausschreibungen gefordert, gleichwohl werden diese Kompetenzen in der Regel nicht systematisch erfasst. Ihre Erfassung ist sehr schwierig, da sie in der Regel als Eigenschaftsbegriffe existieren und nicht operationalisiert sind. So dürfte es unter fünf verschiedenen Beurteilern fünf verschiedene Auffassungen geben, was unter „Durchsetzungsfähigkeit" oder „Teamfähigkeit" zu verstehen ist. Es lassen sich lediglich Indikatoren bilden für ein wünschenswertes Verhalten in einer gegebenen Situation. Da Verhalten in hohem Maße situationsspezifisch ist, lassen sich aber nur begrenzt Prognosen ableiten, ob mit dem erwünschten Verhalten auch in anderen Situationen gerechnet werden kann.

Emotionale Intelligenz

Ein Modell, das in diesem Zusammenhang häufig thematisiert wird, ist das Modell der „Emotionalen Intelligenz" von Gardner (1993). Das Konstrukt enthält zwei Aspekte, die interpersonale und die intrapersonale Intelligenz:

a. *Interpersonale Intelligenz* ist die Fähigkeit, andere Menschen zu verstehen: was sie motiviert, wie sie arbeiten, wie man kooperativ mit ihnen zusammenarbeiten kann.

b. *Intrapersonale Intelligenz* ist die entsprechend nach innen gerichtete Fähigkeit. Sie besteht darin, ein zutreffendes wahrheitsgemäßes Modell von sich selbst zu bilden und mit Hilfe dieses Modells erfolgreich im Leben aufzutreten (Gardner 1993, S.9)

Steinert (2002) hat daraus ein berufliches Kompetenzprofil entwickelt. Die Kompetenzbereiche werden im Folgenden dargestellt:

Modell der Emotionalen Intelligenz und Kompetenz

1. Selbstwahrnehmung
   a. Emotionales Bewusstsein, Präsenz, Achtsamkeit, d. h. eigene Emotionen wahrnehmen, während sie auftreten und ihre Auswirkungen kennen,
   b. Selbsteinschätzung, d. h. eigene Stärken und Grenzen kennen,
   c. Selbstvertrauen, d. h. gesundes Selbstwertgefühl, gute Einschätzung eigener Fähigkeiten.

2. Selbstregulierung
   a. Selbstkontrolle, d. h. Emotionen und Impulse in Schach halten,
   b. Vertrauenswürdigkeit, d. h. sich an Aufrichtigkeit und Integrität orientieren,
   c. Gewissenhaftigkeit, d. h. für die eigene Leistung Verantwortung übernehmen,
   d. Anpassungsfähigkeit, d. h. flexibel und veränderungsfähig zu sein,

e. Innovation, d. h. offen sein für neue Ideen und Methoden, das bereitwillige Aufnehmen von Informationen.

3. Motivation
   a. Leistungsdrang, d. h. einen hohen Leistungsanspruch an sich und andere zu stellen,
   b. Engagement, d. h. sich die Ziele des Betriebes zu Eigen zu machen, sich damit zu identifizieren,
   c. Initiative, d. h. bereit sein, Chancen zu ergreifen,
   d. Optimismus, d. h. beharrlich trotz aller Widrigkeiten seine Ziele verfolgen.

4. Empathie
   a. Andere verstehen, d. h. ihre Gefühle und Sichtweisen zu erfassen, sich in sie hineinzuversetzen, an ihren Sorgen und Ängsten aktiv Anteil zu nehmen,
   b. Andere entwickeln, d. h. deren Entwicklungsbedürfnisse erfassen und ihre Fähigkeiten fördern,
   c. Serviceorientierung, d. h. die Bedürfnisse der Kunden erkennen und darauf zu reagieren,
   d. Vielfalt nutzen, d. h. die unterschiedlichsten Menschen und die dadurch entstehenden Chancen nutzen,
   e. Politisches Bewusstsein, d. h. dazu in der Lage sein, die emotionalen Strömungen und Machtbeziehungen einer Gruppe zu erfassen.

5. Soziale Fähigkeiten
   a. Einfluss, d. h. sich wirksamer Mittel der Einflussnahme bedienen,
   b. Kommunikation, d. h. die Fähigkeit unvoreingenommen zuzuhören und überzeugende Botschaften auszusenden,
   c. Führung, d. h. einzelne Menschen und Gruppen zu inspirieren und lenken,
   d. Konfliktbewältigung, d. h. über Meinungsverschiedenheiten verhandeln und sie beilegen,
   e. Bindungen aufbauen, d. h. nützliche Kontakte aufbauen und pflegen,
   f. Teamfähigkeit, d. h. beim Verfolgen gemeinsamer Ziele für Gruppensynergien sorgen,
   g. Katalysator des Wandels, d. h. Wandel initiieren und steuern.
   (Zur Operationalisierung und Erfassung erfolgsrelevanter Verhaltensweisen vgl. Teil B)

Quelle: Steinert 2002

Das Vorstellungsgespräch

Das *offene Gespräch* bleibt ein wichtiger Baustein des Bewerbungsverfahrens, auch wenn es zur Vorhersage des beruflichen Erfolges nicht viel beizutragen vermag. Neben der Auswahlfunktion dient es der Information der Bewerber/innen über Organisation, Arbeitsplatz, Arbeitstätigkeit, Anforderungen sowie dem Kennenlernen der Erwartungen von Bewerber/innen, der Beziehungsgestaltung (Aufbau von Kontakt, Sympathie, Identifikation, Verpflichtung) sowie der Vereinbarung von Bedingungen (Schuler, 1999).

Bei der Entscheidung, wer für die Besetzung der Stelle in Frage kommt, sind in jedem Fall Personalverantwortliche, d. h. in der Regel Mitglieder der Personalabteilung, künftige Vorgesetzte und bei Arbeitnehmern der Betriebs- bzw. Personalrat zu beteiligen (Bröckermann 2003, S. 139). Die Beteiligung der künftigen Kolleg/inn/en ist verbreitet und dient der Einschätzung der Fachkompetenz sowie der Meinungsbildung über die Möglichkeiten der Einbindung in die Organisation bzw. Gruppe.

Zur *Entscheidungsfindung* sollte ein systematischer Profilabgleich zwischen Anforderungsprofil einerseits und Eignungsprofil der Bewerber andererseits vorgenommen werden.

Zur Überprüfung der Personalauswahlentscheidung dient die *Probezeit*. Sie stellt eine wichtige Maßnahme zur Eignungsüberprüfung und ggf. Korrektur der Entscheidung dar. Da die Probezeit einen verlässlichen Prädiktor für den beruflichen Erfolg darstellt (vgl. Schuler 1999), ist zu bedauern, dass sie als Instrument zur Optimierung von Personalauswahlprozessen häufig vernachlässigt wird.

Zusammenfassung

Die Personalauswahl stellt einen zentralen Baustein des Personalmanagements und der Organisationsentwicklung dar. Die Personalauswahl stellt insofern die Basis des Human Resource Managements dar, als mit diesem Selektionsinstrument über das in der Organisation vorhandene Potenzial, d. h. die Eignung, Qualifikation und Motivation der Mitarbeiter/innen grundsätzlich entschieden wird. Die Möglichkeiten der Personalentwicklung sind durch die Personalauswahl limitiert, denn Personalentwicklung kann immer nur auf den vorhandenen Potenzialen aufbauen und sie im Rahmen ihrer Möglichkeiten weiter entwickeln.

Das Anforderungsprofil sollte die Stellenziele und zukünftige Entwicklungen spiegeln. Standardisierte, aufgabenbezogene Auswahlverfahren verbessern die Personalauswahl. Sowohl bei der Auswahl von Führungskräften, als auch der Auswahl von Mitarbeitern sollten die emotionalen und Sozialkompetenzen systematisch erfasst werden. Lässt sich nach einem Bewerbungsverfahren kein Bewerber finden, der das Anforderungsprofil zur vollen Zufriedenheit erfüllt, sollte von einer Stellenbesetzung abgeraten werden.

3.3 Personaleinsatzplanung

Die Personaleinsatzplanung zielt darauf ab, vorhandene Stellen mit passenden Mitarbeiter/inne/n zu besetzen, bzw. Mitarbeiter/innen gemäß ihrer Interessen, Qualifikationen, Potenziale bzw. auch Einschränkungen geeigneten Stellen zuzuführen (Beck/Birkle 2000).

Die Personaleinsatzplanung kann nach zeitlichen Dimensionen differenziert werden:

Die kurzfristige Einsatzplanung dient der Erstellung von Wochen-/ Monatsdienstplänen unter Einbeziehung von Urlaubs- und Vertretungsregelungen sowie der Planung von Schichteinsätzen.

Mittelfristige und langfristige Einsatzplanung zielt darauf ab, Mitarbeiter/innen vorhandenen, neuen oder veränderten Stellen zuzuordnen. Sie dient der Organisationsentwicklung, der Personalentwicklung, unter Einbeziehung von Karrierewünschen sowie der Nachfolgeplanung.

Nach Bröckermann (2003, S. 150) gibt es vier Ansatzpunkte, um eine optimale Übereinstimmung zwischen Personen und Stellen erreichen zu können:

- Eine gründliche *Einarbeitung* stellt sicher, dass Mitarbeiter/innen ihre Aufgaben kennen, erlernen, akzeptieren und in die soziale Gemeinschaft integriert werden.

- Die *Stellenzuweisung* beinhaltet die Zuweisung von Personen zu Stellen, wobei dies im Rahmen mittel- und langfristiger Strategien auch als Maßnahme der Personalentwicklung konzipiert werden kann.

- Im Rahmen der *Arbeitsstrukturierung* sollen Arbeitsplätze und Tätigkeiten den Entwicklungsbedürfnissen der Personen sowie den Erfordernissen der Organisation angepasst werden. Maßnahmen der Arbeitsstrukturierung und der Stellenanpassung haben das Ziel, Arbeitstätigkeiten effektiver, sinnvoller und motivierender zu gestalten. Folgende Maßnahmen stehen deshalb auch im Dienst der Personalentwicklung (vgl. auch Beck/Birkle 2000):
  Job-Enlargement: Erweiterung von Arbeitsinhalten in quantitativer Hinsicht;
  Job-Enrichment: Erweiterung von Arbeitsinhalten in qualitativer Hinsicht; Konzepte *selbststeuernder, teilautonomer Arbeitsgruppen* beinhalten sowohl eine quantitative, wie auch qualitative Anreicherung der Tätigkeit;
  Job-Rotation: Wechsel des Arbeitsplatzes im Rotationsverfahren.

- Verschiedene *Arbeitszeitmodelle* beinhalten unterschiedliche Formen der Arbeitszeitgestaltung (Schichtarbeit, rollierendes System, variable Arbeitszeit etc.) und haben das Ziel, den Personaleinsatz auf die betrieblichen Erfordernisse abzustimmen, ohne teure Mehrarbeit ansetzen zu müssen.

Die strategische Gesamtausrichtung der Organisation sowie das Leitungs-verständnis haben entscheidenden Einfluss auf die Personaleinsatzplanung, insbesondere die Arbeitsstrukturierung. Der Einsatz von teilautonomen Arbeitsgruppen, Projektteams, Qualitätszirkeln oder Job-Rotation können gezielt als Maßnahmen eingesetzt werden, um individuelle und organisationelle Lernprozesse zu fördern. Bei flachen Hierarchien kann Job-Rotation als Äquivalent für sukzessiven Aufstieg und als Vorbereitung für die Übernahme einer Leitungstätigkeit konzipiert werden.

3.4 Die Personalfreisetzung

Bei der Personalfreisetzung (oder -freistellung) geht es um Entlassungen oder Kündigungen als Mittel zur Reduktion des Personalbestandes. Weitere beschönigende Fachbegriffe der Personalwirtschaft für diese Maßnahme sind: „Abbau der Personalüberhänge" oder „Reduzierung einer Personalüberdeckung". Mit einer vorausschauenden Personalbedarfsplanung können die Nachteile und negativen Wirkungen von Kündigungen für Mitarbeiter/innen (Verlust der materiellen Existenzgrundlage, Verlust von Status und Anerkennung etc.) und für das Unternehmen (negative Wirkungen auf das Betriebsklima, Imageverlust) abgemildert werden. Eine Reihe von Alternativen bietet sich nach Berthel (1997) an, um den Personalbestand an Veränderungen im Unternehmen anzupassen:

Personalfreisetzung ohne Reduktion des Personalbestandes
(„Interne Personalfreisetzung")
- Qualitativ orientierte Maßnahmen (Personalentwicklung)
- Örtlich orientierte Maßnahmen (horizontale oder vertikale Versetzung)
- Zeitlich orientierte Maßnahmen:
  - Urlaubsgestaltung
  - Abbau von Mehrarbeit/Überstunden
  - Kurzarbeit
  - Allgemeine Verkürzung der Arbeitszeit
  - Angebot individueller Arbeitszeitverkürzungen

Personalfreisetzung mit Reduktion des Personalbestandes
(„Externe Personalfreisetzung")
- Nutzung der natürlichen Fluktuation (mit Einstellungsstopp)
- Nichtverlängerung befristeter Arbeitsverträge
- Nichtverlängerung oder Kündigung von Personalleasingverträgen
- Aufhebungsverträge
- Vorzeitige Pensionierung
- Kündigungen
- Outplacement

Quelle: Berthel (1997, S. 214)

Bei all den geplanten Maßnahmen sind die arbeitsrechtlichen Bestimmungen, die Vorschriften des Betriebsverfassungsgesetzes und die Mitwirkungsrechte der Betriebs- bzw. Personalräte zu beachten.

Wie in der o. g. Aufstellung deutlich wird, sind in verschiedener Hinsicht Bezüge zur Personalentwicklung denkbar: Bei qualitativ und örtlich orientierten Maßnahmen (Versetzung) sind Fortbildungen und Umschulungen zur Qualifizierung und Verbesserung der Beschäftigungschancen einsetzbar. Austrittsinterviews können Hinweise geben zur Gestaltung zukünftiger Arbeitsplätze. Outplacement-Beratung, die besonders in der Privatwirtschaft bei Leitungs- und Führungskräften eingesetzt wird, kann den Wechsel in ein anderes Unternehmen oder die eigene Existenzgründung unterstützen (vgl. Beck/Birkle 2000).

Bei der Entlassung von Mitarbeiter/innen sollte nach Beck/Birkle (2000) im eigenen Interesse ein strukturiertes Vorgehen beachtet werden.

Formaler Ablauf des Freisetzungsprozesses

Vor der Kündigung

1. Antrag auf Entlassungen bei der Personalabteilung.
2. Personalabteilung hält ggf. Rücksprache mit beiden Seiten
3. Prüfung des Anstellungsvertrages hinsichtlich einzuhaltender/verhandelbarer Kriterien.
4. Entscheidung über die Kündigung. Festlegen der Kündigungsgründe, ggf. Aufhebungsvertrag oder Eigenkündigung.
5. Information des Betriebsrats.
6. Ggf. Widerspruch oder Bedenken des Betriebsrats.
7. Kündigung des Mitarbeiters/der Mitarbeiterin.

Durchführung des Entlassungsgesprächs

1. Während des Gesprächs an die Fakten halten.
2. Eindeutige Mitteilung, dass die Entlassung eine endgültige Entscheidung ist.
3. Auf emotionale Reaktion der Betroffenen gefasst sein und damit umgehen können.
4. Aufstellen einer Checkliste für die Abgabe unternehmenseigener Gegenstände.
5. Schriftliche Zusammenfassung über Leistungen des Sozialplans aufsetzen.
6. Information aller Beteiligten im Umfeld nach dem Entlassungsgespräch.

Nach erfolgreicher Kündigung

1. Entscheidung über Resturlaub und Verwendung bis zum Ausscheiden.
2. Abwicklung der Formalitäten bis zum Ausscheiden.
3. Ausstellen eines Zwischenzeugnisses, einer Arbeitsbescheinigung oder eines qualifizierten Zeugnisses.

4. Freistellung zur Stellensuche.
5. Aushändigung des Restentgelts, des Zeugnisses und der Arbeitspapiere am letzten Arbeitstag.
Quelle: Beck/Birkle 2000, S. 25, modifiziert und erweitert

4. Qualitative Personalarbeit – Personalentwicklung

„Wenn wir (..) die Menschen nur nehmen, wie sie sind, machen wir sie schlechter; wenn wir sie behandeln, als wären sie, was sie sein sollten, so bringen wir sie dahin, wohin sie zu bringen sind"
(Goethe: Wilhelm Meisters Lehrjahre [Bd. 4])

In diesem Kapitel wird zunächst ein Überblick über bisherige Konzepte der Personalentwicklung gegeben, denn je nach Grundkonzeption werden die Aufgaben und Ziele von Personalentwicklung unterschiedlich definiert.

Im zweiten Abschnitt werden ausgehend von dem Konzept einer integrierten Personal- und Organisationsentwicklung die Anforderungen an ein professionelles Personalentwicklungssystem formuliert. Die an den Organisationszielen und dem Leitbild ausgerichteten Personalentwicklungskonzepte bedürfen einer auf strategischen Überlegungen und Partizipation beruhenden Bedarfsabklärung sowie einer systematisierten Maßnahmenplanung.

Lernende Organisation bedeutet, dass Lernprozesse nicht nur auf die Fort- und Weiterbildung beschränkt bleiben, sondern dass Arbeits- und Kommunikationsprozesse bewusst als Lernmöglichkeit konzipiert werden. Im Rahmen eines systematischen Personalentwicklungskonzeptes spielen auch Beurteilungs- und Evaluationsprozesse eine wichtige Rolle, sie betreffen die Leistungen und das Potenzial der Mitarbeiter/innen sowie den Erfolg der Maßnahmen.

4.1 Konzepte und Zielsetzungen von Personalentwicklung

Das traditionelle Aufgabengebiet der Personalentwicklung ist die (betriebliche) Weiterbildung. Die Konzepte und Zielsetzungen von Personalentwicklung haben sich in den letzten Jahrzehnten analog zu veränderten Führungs- und Managementkonzepten stark gewandelt. War Personalentwicklung in der Vergangenheit v.a. gekennzeichnet durch das Angebot von Fort- und Weiterbildungen, die in einem mehr oder weniger engen Zusammenhang mit den Anforderungen des Arbeitsplatzes standen, so wird die Förderung und Entwicklung des Personals zunehmend als zentraler Wettbewerbsfaktor betrachtet, entsprechend systematisiert und in den Managementprozess integriert (Schwarz/Beck 1997, Schöni 2001).

Hölterhoff/Becker (1986) zeigen in ihrer Analyse, dass sich die betriebliche Weiterbildung von den 50er Jahren des 20. Jahrhunderts bis heute von eher angebotsorientierten und unsystematischen Konzepten über bedarfsorientierte Konzepte in den 70er und 80er Jahren, hin zu strategisch orientierten Konzepten seit Beginn der 90er Jahre gewandelt hat. Je nach Entwicklungsstand der Organisations- und Personalentwicklung finden sich in der Praxis jedoch noch alle genannten Formen der betrieblichen Weiterbildung, d. h. der Entwicklungsstand der qualitativen Personalarbeit ist noch sehr unterschiedlich. Die unterschiedlichen Konzepte der Personalentwicklung lassen sich nach Beck/Schwarz (2000, S. 31 f.) folgendermaßen charakterisieren:

Angebotsorientierte Konzepte der Personalentwicklung

Der Schwerpunkt angebotsorientierter Konzepte der Personalentwicklung, die in der Zeit von 1960 bis 1970 entstanden, liegt in der Entwicklung und Koordination von Aus-, Fort- und Weiterbildungsmöglichkeiten für die Mitarbeiter/innen einer Organisation. Neben fachlich orientierten Weiterbildungen werden zunehmend auch übergeordnete Themen wie Management, Kommunikation, Moderation, Führung u. ä. angeboten. Die Weiterbildungen finden in der Regel in Seminarform und außerhalb des Arbeitsplatzes statt.

Vorgesetzte und Leitungskräfte haben die Aufgabe, für das Unternehmen nutzbringende und geeignete Weiterbildungsmöglichkeiten auszusuchen und ihre Mitarbeiter/innen zur Teilnahme zu motivieren, die Maßnahme zu evaluieren und Mitarbeiter/innen bei der Umsetzung in den Arbeitsablauf zu unterstützen. Dieses Personalentwicklungskonzept ist nicht oder kaum auf die Unternehmensstrategie bezogen, sondern wird als unabhängige Aufgabe betrachtet (vgl. Kap. 2). Beck/Schwarz (2000, S. 31) merken dazu kritisch an, dass

- Vorgesetzte häufig mit dieser Aufgabe zeitlich und inhaltlich überfordert sind. Gleichzeitig wird die Kompetenz der Vorgesetzten zu wenig genutzt. Sie agieren nur als Fachspezialisten und haben eine entsprechend schwierige Verhandlungsposition gegenüber der Geschäftsführung bzw. dem Top-Management.

- Die Umsetzung in den Arbeitsalltag gelingt nur schwer, weil den Mitarbeiter/innen mit der erweiterten Qualifikation nicht gleichzeitig ein erweiterter Handlungsspielraum eingeräumt wird.

- Die Weiterbildungsangebote sind zu wenig auf zukünftige Aufgabenfelder ausgerichtet, sondern eher als reaktiv und unsystematisch zu bezeichnen.

Bedarfs- und anpassungsorientierte Konzepte der Personalentwicklung

Diese Konzepte entstanden in den 80er-Jahren und sind auch heute noch sehr verbreitet. Bedarfs- und anpassungsorientierte Konzepte unterscheiden sich von angebotsorientierten Konzepten dadurch, dass das Personalmanagement einerseits stärker auf Geschäftsbereiche, Positionen und deren Zielsetzungen ausgerichtet wird, andererseits auch die Potenziale und Qualifikationsvoraussetzungen der Mitarbeiter/innen stärker berücksichtigt werden. Viele Definitionen und Aufgabenbeschreibungen orientieren sich an dem bedarfsorientierten Ansatz der Personalentwicklung. So definiert v. Rosenstiel (1997):

„Die Personalentwicklung bezeichnet Lehr/Lernprozesse, die von Organisationen systematisch geplant und durchgeführt werden, um die berufliche Qualifikation ihrer Mitglieder zu erhalten, zu erweitern und zu verbessern. Die berufliche Qualifikation ist das Handlungspotenzial, welches die erfolgreiche Bewältigung der Anforderungen einer Arbeitsrolle ermöglicht. Es wird gewöhnlich als eine Kombination von Fähigkeiten, Fertigkeiten und Kenntnissen bestimmt, umfasst in einem weiteren Sinne jedoch auch Einstellungen, Werte und motivationale Orientierungen" (ebd., S. 331).

Weber (2000) definiert Personalentwicklung ebenfalls bedarfsorientiert, im Sinne einer Erweiterung und Flexibilisierung der Personaleinsatzplanung:

„Personalentwicklung ist danach derjenige Funktionsbereich einer Organisation, der dafür Sorge zu tragen hat, dass zur richtigen Zeit die richtigen Mitarbeiter an der richtigen Stelle sitzen. Einzelmaßnahmen sind demnach immer dann erfolgreich, wenn Personen und Positionseigenschaften in ein stimmiges Verhältnis zueinander gebracht werden. Die Qualität der Vernetzung zwischen personenorientierter Förderungs- und positionsorientierter Verwendungsplanung ist der entscheidende Orientierungspunkt jedes Personalentwicklungskonzepts" (ebd., S. 358).

Ausgangspunkt für die Planung der quantitativen und qualitativen Personalarbeit bilden Bedarfsanalysen und davon abgeleitete Anforderungsprofile auf den verschiedenen Hierarchieebenen.

Die Personalauswahl und Qualifizierungsmaßnahmen werden bedarfs- und anforderungsbezogen konzipiert, was bereits als wesentlicher Beitrag zu einer strategischen Ausrichtung betrachtet werden kann. Vorgesetzte und Führungskräfte haben die Aufgabe, das Potenzial ihrer Mitarbeiter einzuschätzen (Problemfälle und „Hoffnungsträger"), individuelle Förderpläne abzuleiten und den Erfolg von Entwicklungsmaßnahmen für Mitarbeiter/innen und Unternehmen zu überprüfen. Neben klassischen Weiterbildungsveranstaltungen, die außerhalb des Unternehmens stattfinden, werden arbeitsplatznahe Entwicklungsmöglichkeiten wie z. B. Projektleitung, stufenorientierte Trainingskonzepte u. ä. angeboten. Die Qualifizierungsprozesse werden individualisiert, da die Förderung einzelner Mitarbeiter/innen im Vordergrund steht. Führungskräfte werden geschult, um Trainerfunktionen übernehmen zu können.

Kritisch anzumerken ist, dass bei bedarfsorientierten Konzepten die Personalarbeit linear abgeleitet wird von harten, meist betriebswirtschaftlichen Fakten und Vorgaben. Die Unternehmenskultur, zentrale Wertvorstellungen sowie die Partizipation der Mitarbeiter/innen werden in diesem Ansatz weitgehend vernachlässigt (vgl. Beck/Schwarz 2000).

Strategische und leitbildorientierte Konzepte

Seit Beginn der 90er-Jahre zeichnet sich neben der Bedarfsorientierung als weitere Entwicklung ab, dass Personalentwicklung strategisch und wert- bzw. leitbildorientiert ausgerichtet wird. Personalentwicklung verfolgt nicht nur das Ziel, über die Vermittlung von Fähigkeiten und Fertigkeiten eine optimale Passung zwischen Person und Arbeitsplatz zu erreichen, sondern auch, über die Identifikation mit Unternehmenszielen und sinnstiftenden Werten, die Motivation und Leistungsbereitschaft der Mitarbeiter/innen zu erhöhen. Angestrebt wird mit diesen Konzepten die „Entwicklung eines unternehmensweiten Selbstverständnisses" (Beck/Schwarz 2000, S. 36). Es wird davon ausgegangen, dass Mitarbeiter/innen, als der „wesentliche Produktivitätsfaktor" (Maelicke 2003 b, S. 449) nur dann bereit sind, sich für die Ziele des Unternehmens zu engagieren, wenn auch ihre eigenen Entwicklungsbedürfnisse und Erwartungen an das Unternehmen berücksichtigt werden. Dies setzt ein kooperatives Führungsverständnis und die Beteiligung der Mitarbeiter/innen voraus.

Eine *Definition*, die sowohl ein kooperatives Führungsverständnis als auch eine anforderungsbezogene und strategische Ausrichtung der Personalentwicklung impliziert, stammt von Schöni (2001, S. 32):

> Personalentwicklung ist die systematische und erfolgskontrollierte Förderung der Anlagen und Fähigkeiten der Mitarbeitenden in aktiver Abstimmung mit ihren eigenen beruflichen Erwartungen, mit den Erfordernissen der Arbeitsaufgaben und mit den Geschäftszielen des Unternehmens.

Im Unterschied zum bedarfsorientierten Konzept liegt hier der Schwerpunkt nicht nur auf der anpassungsorientierten Förderung einzelner Mitarbeiter/innen. Vielmehr werden alle Instrumente der Personalentwicklung so angelegt und miteinander vernetzt, „dass die Potenziale der Mitarbeiter/innen möglichst stringent auf die Strategien der Organisation bzw. der unterschiedlichen Geschäftsbereiche hin ausgerichtet und die Philosophie des Unternehmens, zentrale Werte auch umgesetzt werden können" (Beck/Schwarz 2000, S. 37). Alle Mitarbeiter/innen werden in den Entwicklungsprozess einbezogen. Lernprozesse werden nicht nur individuell, sondern organisationsbezogen, arbeitsplatznah und als soziales Lernen organisiert: Über verstärkte Kooperation, Arbeitsgruppen, Projektteams und gemeinsame Organisationsentwicklungsprojekte soll individuelles und kollektives Lernen gleichzeitig ermöglicht werden (lernende Organisation).

Da die Personalentwicklung als Instrument der Strategieumsetzung betrachtet wird, obliegt die Verantwortung für die Personalentwicklung den Bereichs- und Abteilungsleitungen. In großen Unternehmen und Verwaltungen werden angesichts der Bedeutung dieses Bereiches neben der klassischen Personalverwaltung eigene Bereiche „Personalentwicklung" bzw. eine Kombination „Personal/Organisationsentwicklung" aufgebaut.

Damit verbunden sind komplexe Anforderungen an die Verantwortlichen der Personalentwicklung. Vorausgesetzt werden gesamtunternehmerisches Denken und hohe Identifikation mit den Organisationszielen, Wissen und Fertigkeiten hinsichtlich der Planung und Umsetzung von Strategien sowie der Motivierung von Mitarbeiter/innen. Die interne Service- und Kundenorientierung verlangt zwischenmenschliche Kompetenz, Verhandlungsgeschick und Überzeugungskraft auch im Umgang mit den übergeordneten Hierarchieebenen (vgl. Schwarz/Beck 2000).

4.2 Anforderungen an ein strategisch und leitbildorientiertes Personalentwicklungskonzept in sozialen Einrichtungen

Im Bereich der sozialen Dienstleistungen gibt es noch große Unterschiede, was die Professionalisierung und Verknüpfung der Personalentwicklung mit der Organisationsentwicklung anbelangt. So urteilt Weber (2000, S. 358 f.):

„Auch die öffentliche Verwaltung setzt verstärkt auf den Faktor Personal, um ihrer breit angelegten Modernisierungsoffensive die nötige Schubkraft zu verleihen. Organisationen des dritten Sektors hingegen, Wohlfahrtsverbände allemal, befinden sich angesichts dieser Entwicklungen immer noch auf der Kriechspur, was umso mehr verwundert, als gerade diese Organisationen im Personalsektor seit jeher die größten und offensichtlichsten Probleme (Rekrutierungsnotstände, hohe Drop-out-Quoten usw.) aufweisen."

Vor dem Hintergrund neuer Anforderungen an öffentliche Verwaltungen setzt sich zunehmend die Einsicht durch, dass das Personal die wesentliche Ressource im Veränderungsprozess darstellt.

„Das Personal wird bei den Reformvorhaben als das zentrale Leistungspotenzial, der größte Ausgabenblock und entscheidende Engpass in öffentlichen Verwaltungen identifiziert. Die Erkenntnis wächst, dass sich die ‚Neuen Steuerungsmodelle' ohne qualifizierte und motivierte Mitarbeiter/innen nicht in die Praxis umsetzen lassen; aus diesem Grund werden Konzeptionen angemahnt, mit deren Hilfe eine Entwicklung der Humanressourcen möglich erscheint." (Jäger/Buck 1997, S. 69, vgl. auch KGSt-Bericht 1/2002)

Neben der Einsicht in die Notwendigkeit einer längerfristig angelegten Personalentwicklung wächst angesichts des zunehmenden Kostendrucks auch die Forderung nach kurzfristigen, flexiblen und kostengünstigen Personalentwicklungsmaßnahmen. Dies verstärkt die in noch in vielen Organisationen vorhandene Tendenz, Personalentwicklung reaktiv zu betreiben, d. h. je nach Budgetlage und aktuell diagnostiziertem Bedarf, kurzfristig Fortbildungsmaßnahmen einzuleiten (Feuerwehrfunktion).

Dagegen steht die Forderung, Personalentwicklung als Daueraufgabe anzulegen und an den Organisationszielen auszurichten. Eine strategisch ausgerichtete Personalentwicklung hat die „Aufgabe, zusammen mit internen Linienpartnern wirklich ganzheitliche Problemlösungsangebote für komplexe Fragestellungen der Unternehmensentwicklung zu erzeugen und kundengerecht zu liefern" (Korintenberg 1993, S 118).

Um eine integrierte und strategisch ausgerichtete Personal- und Organisationsentwicklung zu ermöglichen, müssen strategische Ziele sowohl für die Entwicklung der Organisation als auch für die Entwicklung des Personals erarbeitet und miteinander vernetzt werden. Die Organisationsziele müssen gleichermaßen aktuelle und zukünftige Veränderungen des Umfeldes, der rechtlichen und finanziellen Rahmenbedingungen oder veränderte Anforderungen an Dienstleistungen, Produkte und Qualität berücksichtigen. Die Bilanzierung von Stärken und Schwächen kann dabei zu Profilentscheidungen und ressourcenorientierter Zielentwicklung beitragen.

Ein wesentliches Charakteristikum und Ziel von sozialen Einrichtungen besteht darin, einen inhaltlichen, humanitären Auftrag (Mission) zu erfüllen. An dieser Mission, die nicht wie bei gewerblichen Unternehmen in erster Linie der Gewinnerzielung dient, müssen sich auch die strategischen Ziele und die Umsetzung der Personalentwicklung ausrichten, um die Glaubwürdigkeit der Organisation nach innen und außen zu sichern. (vgl. Kap. 2).

Dies bedeutet, dass wertorientierte Zielvorstellungen für die Personalentwicklung aus dem Leitbild abgeleitet werden müssen. Die KGSt formuliert für die Erarbeitung eines Personalentwicklungskonzeptes ein Vorgehen in sieben Schritten (s. Tabelle 5).

Diese Fragen sind nicht nur relevant für eigenständige Personalabteilungen, die sich mit Personalentwicklung befassen, sondern können auch bei der Planung in kleineren Einrichtungen hilfreich sein. Zur Erläuterung des Vorgehens soll an dieser Stelle nur auf den 1. Schritt der Erarbeitung strategischer Personalentwicklungsziele eingegangen werden, um die Ausrichtung an zentralen Wertvorstellungen zu verdeutlichen (Eine ausführliche Darstellung der übrigen Schritte findet sich in der Publikation „Strategische Ziele des Personalmanagements" KGSt 1/2002).

Tabelle 5: Erarbeitung eines Personalentwicklungskonzeptes

1.Schritt.	Gibt es Aussagen aus dem Leitbild (o.ä.), die für die Personalentwicklung wesentlich sind? ↓ Von welchen personalen Grundorientierungen des Personalmanagements gehen wir aus? ↓ Von welchem Menschenbild geht die weitere Planung aus? ↓
2. Schritt	Bestandsaufnahme: Welche Stärken und Schwächen haben wir im Handlungsfeld Personalentwicklung? Wo stehen wir? ↓
3. Schritt	Welche Herausforderungen bestehen, die von außen an das Handlungs-feld Personalentwicklung herangetragen werden? Was sind Chancen, was sind Risiken bezogen auf diese Herausforderungen? ↓ Was sind die drei wesentlichen Herausforderungen? ↓
4. Schritt	Was wollen wir für unsere internen Kunden (und abgeleitet auch für unsere externen Kunden) im Rahmen der Personalentwicklung erreichen? ↓
5. Schritt	Welches Produktspektrum müssen wir erarbeiten, um die strategischen Ziele zu erreichen? ↓
6. Schritt	Welche Prozesse und Strukturen benötigen wir, um das Produktspektrum zu realisieren? ↓
7. Schritt	Welche Ressourcen müssen wir einsetzen, um die genannten strategischen Ziele auf der Basis des Produktspektrums mit den beabsichtigten Prozessen und Strukturen zu realisieren?

Quelle: KGSt-Bericht 1/2002, S. 37

Die Leitidee besteht darin, eine Unternehmenskultur zu etablieren, die auf klar kommunizierten Wertvorstellungen basiert. Die Wertvorstellungen sollen den Umgang mit den externen Kunden ebenso prägen wie den Umgang mit den Mitarbeiter/inne/n, die als interne Kunden der Personalentwicklung definiert werden. Auf diese Weise soll Kongruenz hergestellt werden zwischen Ziel- und Wertvorstellungen der Organisations- und Personalentwicklung gleichermaßen.

Als handlungsleitende methodische Grundorientierungen für alle Handlungsfelder und somit auch für die Personalentwicklung empfiehlt die KGSt (1/2002, S. 22):

• Erfolgsorientierung/ Professionalisierung,
• Individualisierung/Flexibilisierung,

- Kundenorientierung/ Qualitätssicherung und
- Akzeptanzsicherung.

Diese Grundorientierungen bedeuten einerseits, dass alle Aktivitäten der Personalentwicklung klar darauf auszurichten sind, die Bedürfnisse der externen Kunden zu befriedigen, dass aber andererseits die Prinzipien auch für die internen Kunden, d. h. die Mitarbeiter/innen aller Hierarchiestufen Gültigkeit haben sollten.

Individualisierung/Flexibilisierung könnte dann z. B. bedeuten, Arbeitszeitregelungen nicht nur an den Bedürfnissen der externen Kunden, sondern auch an den Bedürfnissen und der Lebenswirklichkeit der Mitarbeiter/innen auszurichten.

Akzeptanzsicherung bedeutet, die Akzeptanz bei den Beschäftigten sowohl für die übergreifenden Ziele der Organisation, als auch die Ziele der Abteilung und der Personalentwicklungsmaßnahmen über Partizipation immer wieder herzustellen und zu erhalten. Das Mitarbeitergespräch stellt dabei ein zentrales Instrument dar (vgl. KGSt 1/2002, S. 29). Dabei muss davon ausgegangen werden, dass Ziele zur Befriedigung der Bedürfnisse externer Kunden sich nicht immer konfliktfrei mit den Personalentwicklungszielen der Mitarbeiter verknüpfen lassen.

Das Menschenbild beinhaltet explizite oder implizite Annahmen, wie Menschen sind bzw. sein sollten. Bei den meisten Personalentwicklungsmaßnahmen wird implizit davon ausgegangen, dass Menschen leistungsorientiert und an der Weiterentwicklung ihrer Fähigkeiten interessiert sind. „Solange die Beschreibungen im Rahmen eines Leitbildes keinen Bezug zu realen Maßnahmen haben, ist die Verständigung über ein ‚Menschenbild' relativ unproblematisch, und damit in der Regel auch unwirksam, weil sich niemand daran stößt"(KGSt 1/2002, S. 33).

Brisant werden Menschenbilder, wenn sie in konkrete Maßnahmen umgesetzt werden. Wenn z. B. davon ausgegangen wird, dass Mitarbeiter/innen an guten Arbeitsergebnissen, Leitungskräfte an guter Führung interessiert sind und dies im Rahmen von Feedback-Verfahren, z. B. einer Leistungsbeurteilung bzw. Vorgesetztenbeurteilung, überprüft werden soll, so kann dies zu konfliktträchtigen Diskussionen führen. Dies bedeutet, dass eine Diskussion über Menschenbilder sowohl bei der Erarbeitung von Zielen und der Konzeption von Personalentwicklungsinstrumenten als auch im Prozess der Umsetzung dieser Maßnahmen immer wieder geführt werden muss.

Der Nutzen und die Ziele von Personalentwicklungsmaßnahmen müssen für alle Beteiligten transparent und nachvollziehbar sein. Sie lassen sich nach Kastner (1990) differenzieren für die Organisation, die Mitarbeiter/innen und die Vorgesetzten.

Abbildung 3: Ziele und Nutzen der Personalentwicklung

Nutzen der Personalentwicklung für die Organisation

- Umsetzung von Unternehmenszielen;
- Mitarbeiterselektion, d. h. Auswahl von wenigen aus vielen;
- Mitarbeiterplatzierung, d. h. der richtige Mann/die richtige Frau an den richtigen Arbeitsplatz;
- Erhaltung von Qualifikationen der Mitarbeiter;
- Förderung der Qualifikationen bezüglich der Anforderungen der Arbeit hinsichtlich Fach-, Management- und Sozialkompetenz;
- Langfristige Sicherung von Fach- und Führungskräften;
- Hilfe bei der Entwicklung des/r Mitarbeiters/in für höhere Tätigkeiten;
- Vermittlung zusätzlicher Qualifikationen, um eine höhere Flexibilität zu erreichen;
- Diagnose von Nachwuchskräften;
- Diagnose von Fehlbesetzungen;
- Diagnose spezieller Fähigkeiten und Fertigkeiten sowie des Führungspotenzials;
- Als Konsequenz daraus eine gewisse Unabhängigkeit des Unternehmens vom externen Arbeitskräftemarkt;
- Nachfolgeregelungen.

Nutzen der Personalentwicklung aus Sicht der Mitarbeiter/innen

- Optimierung der persönlichen Qualifikationen in der Fach-, Management- und Sozialkompetenz;
- Förderung bislang ungenutzter Fähigkeiten und Fertigkeiten;
- Karriereplanung;
- Sicherung der Existenzgrundlage auch im Hinblick auf Risiken durch den technischen und sozialen Wandel;
- Optimierung von Gehalt, Position und Prestige;
- Erhöhung der eigenen Flexibilität und Mobilität;
- Selbstverwirklichung und Persönlichkeitsentwicklung am Arbeitsplatz;
- Übernahme höherer Verantwortung.

Nutzen der Personalentwicklung aus Sicht der Vorgesetzten

- Vorleben und ständige Verdeutlichung der Unternehmensziele und Werte;
- Schaffung von Vernetzungen, Synergieeffekten usw. im Sinne von „maximale Wirkung durch minimalen Einsatz";
- Diagnostizieren und richtiger Einsatz von Mitarbeiterpotenzialen. Dazu gehören fachbezogene Fähigkeiten, Selbstorganisation, soziale Fähigkeiten (Kommunikation, Moderation, Partizipation am Unternehmensgeschehen), Verantwortung und Kreativität.

Quelle: Kastner 1990, S. 176; erweitert und modifiziert von der Autorin

Im Rahmen eines strategisch orientierten Konzeptes müssen folgende Aufgaben mit geeigneten Instrumenten systematisch bearbeitet werden:

- Personalentwicklungsmaßnahmen müssen auf den Potenzialen der Mitarbeiter/innen aufbauen. Diese Potenziale müssen deshalb systematisch erhoben und dokumentiert werden.

- Personalentwicklung ist strategisch auf die Verwirklichung von Unternehmenszielen auszurichten. Diese Ziele müssen für die einzelnen Bereiche, Abteilungen, Teams und Personen konkretisiert und definiert werden.

- Gezielte Personalentwicklung setzt die Existenz von genauen Aufgaben- bzw. Stellenbeschreibungen und Anforderungsprofilen voraus. Die Anforderungsprofile müssen sowohl auf gegenwärtige Aufgaben wie auch auf die zukünftigen Ziele ausgerichtet sein.
- Personalentwicklungsplanung schließt die Partizipation der Mitarbeitenden ein. Wünsche, Ziele und Karrierevorstellungen der Mitarbeiter müssen systematisch erhoben und mit der Maßnahmenplanung vernetzt werden.
- Personalentwicklung basiert auf kommunikativen Prozessen und Vereinbarungen und kann nicht verordnet werden: Wünsche, Erwartungen und Ziele der Mitarbeitenden müssen mit den Anforderungen der Aufgabe und den Unternehmenszielen abgestimmt werden. Dies beinhaltet, dass Personalentwicklung nicht mit flächendeckenden, sondern differenzierten Maßnahmen arbeiten muss. Die Entscheidung für Entwicklungsmaßnahmen kann auch als Selbstselektionsprozess der Mitarbeiter betrachtet werden (Riekhof 1995).
- Die Effektivität und Effizienz von PE-Maßnahmen muss systematisch kontrolliert werden. Es muss sichergestellt werden, dass die Personalentwicklungsmaßnahmen förderlich sind für die Optimierung der Leistung und die Realisierung der Unternehmensziele einerseits und die Entwicklung der Mitarbeiter/innen andererseits. Der Ertrag muss die Kosten rechtfertigen.

Zusammenfassend lässt sich festhalten, dass Konzepte zur Personalentwicklung nur dann zu einer veränderten Unternehmenskultur führen, wenn sie nicht nur auf die kurzfristige Behebung von Mangel- und Problemsituationen angelegt sind, sondern auf mittelfristig zu erreichende Organisations- und Personalentwicklungsziele ausgerichtet werden. Dabei sollten die Organisationsziele klar und verständlich kommuniziert sein, so dass alle Mitarbeitenden wissen, welchen Beitrag sie selbst zur Verwirklichung der Ziele leisten können und sollen. Explizite und kommunikativ abgestimmte Wertvorstellungen, wie sie z. B. in Leitbildern existieren, stellen darüber hinaus wichtige Richtziele dar, an denen sich Personalentwicklungskonzepte und -maßnahmen orientieren sollten.

4.3 Bedarfsermittlung und Planung von Personalentwicklungsmaßnahmen

Bedarf ist keine objektive Größe, die man mit geeigneten diagnostischen Verfahren schnell und einfach feststellen könnte. Bedarf ist ein Konstrukt, das auf der Grundlage von Normen, Werten und Zielen gebildet wird. Soll der Weiterbildungsbedarf einer Organisation ermittelt werden, so sind die unterschiedlichen Perspektiven der Interessensgruppen miteinander in Ausgleich zu bringen. „Es existieren vermutlich so viele Erwartungen an die Personalentwicklung, wie es unterschiedliche Personengruppen im Unternehmen gibt (Schöni 2001, S. 85). Nach Beck/Schwarz (1997, S. 89 f.) müssen bei jeder Bedarfsermittlung drei Perspektiven berücksichtigt werden:

- *Mitarbeiterbezug: Bedarf aus Sicht der Mitarbeiter/innen*
  Welche Weiterbildungsinteressen und -bedürfnisse hat der/die Mitarbeiter/in? Welche Vorstellungen von der eigenen Qualifizierung, Karriere/Berufslaufbahn hat er/sie? Diese Perspektive berücksichtigt die Bedürfnisse der einzelnen und betrachtet die Organisation als Personengemeinschaft.

- *Systembezug: Bedarf aus Sicht der Organisation*
  Welche Bedarfe ergeben sich aus den Organisationszielen und -vorhaben? Welche Bedarfe ergeben sich aus dem Wandel von Funktionsbereichen, technischen Entwicklungen, Veränderungen der Problemlagen des Klientels, neuen rechtlichen und finanziellen Rahmenbedingungen? Aus dieser auch immer ökonomisch ausgerichteten Perspektive werden Personalentwicklungsbedarfe aus der Sicht der Organisation als einer Leistungsgemeinschaft betrachtet. Aus veränderten Zielen und Geschäftsstrategien resultieren neue Aufgaben und Anforderungen an die Mitarbeitenden.

- *Wertebezug: Unternehmensphilosophie*
  Hier geht es um institutionsspezifische Zielperspektiven und humanitäre Wertvorstellungen, wie sie im Leitbild oder in der Unternehmensphilosophie zum Ausdruck kommen (vgl. Kap. 4.2). Für die Bedarfsermittlung bedeutet dies, dass im Sinne der Entwicklung einer Corporate Identity zentrale Wertvorstellungen der Organisation, wie z. B. Chancengleichheit, auch im Rahmen der Planung und Durchführung von Personalentwicklungsmaßnahmen umgesetzt werden müssen. Der Wertebezug stellt einen übergeordneten Orientierungsrahmen für die Organisations- und Personalentwicklung dar.

Instrumente zur Feststellung des Personalentwicklungsbedarfes

Kern jeder Bedarfsermittlung ist der Soll-Ist-Vergleich. Die zentralen Fragen lauten:

- Was müssen die Mitarbeiter/innen einer Organisationseinheit/Abteilung jetzt und zukünftig wissen und können?
- Wie viel davon beherrschen sie bereits?

Es gibt verschiedene Möglichkeiten, wie eine Bedarfsabklärung vorgenommen werden kann. Die unterschiedlichen Instrumente zur quantitativen und qualitativen Bedarfsanalyse wurden bereits in Kap. 3 vorgestellt. Bei allen Verfahren sollten jedoch die unterschiedlichen Perspektiven und Einschätzungen von Mitarbeitenden und Leitung berücksichtigt werden. Folgende Möglichkeiten bieten sich dazu an (vgl. Schöni 2001, S. 98, Mohr 1999, S. 17 f.):

1. Ermittlung des Bedarfs on-the-job durch Mitarbeitende, Vorgesetzte oder Ausbilder im Arbeitsprozess (laufend, situativ)

2. Ermittlung der Entwicklungsbedürfnisse durch Vorgesetzte im Mitarbeitergespräch (Abklären von Potenzialen und Defiziten, Weiterleiten an die Personalentwicklung)

3. Erfassung des quantitativen und qualitativen Bedarfs mit Hilfe einer periodischen Befragung der Vorgesetzten/Abteilungsleiter durch die Personalentwicklung/Leitung

4. Erfassung des Bedarfs durch schriftliche Umfragen in den Abteilungen (zum Beispiel jährliche Erfassung der Weiterbildungswünsche)

5. Bearbeitung bzw. Analyse des Bedarfs in Workshops, in Gruppengesprächen, in Lernzirkeln in der Abteilung

6. Erarbeitung bzw. Analyse des Bedarfs in einem ständigen, zu diesem Zweck eingerichteten Arbeitskreis (z. B. Bildungskommissionen, Gleichstellungskommissionen) usw.

Die Instrumente der Bedarfsabklärung können auch miteinander kombiniert werden. Grundsätzlich sollte jedoch die Abstimmung zwischen den internen Partnern im Gespräch erfolgen.

Was die *organisationsbezogenen Bedarfe* anbelangt, so sollten alle Mitarbeitenden nachvollziehen können, welche Organisations- und Personalentwicklungsziele verfolgt werden, was sich in der Organisation kurz- und mittelfristig ändern wird, welche neuen Aufgaben, Anforderungen und Tätigkeiten auf sie zukommen werden. Die Mitarbeiter/innen sollten frühzeitig und direkt einbezogen werden, um die Akzeptanz der Maßnahmen und damit die Kooperationsbereitschaft zu sichern.

Bei der Abklärung der *mitarbeiterbezogenen Bedarfe* muss zum einen der Stand der beruflichen Qualifikationen und Fähigkeiten bezogen auf die aktuellen und zukünftigen Aufgaben, zum anderen müssen auch die beruflichen Zielsetzungen der Mitarbeitenden erfasst werden. Diese Erhebung kann im Gespräch und/ oder anhand von Fragebögen erfolgen.

Zur Abklärung des Ist-Zustandes können Potenzialanalysen, Instrumente der Leistungsbeurteilung und die Ergebnisse von Mitarbeitergesprächen herangezogen werden.

Zur Ermittlung des Soll-Zustandes sind, neben den Entwicklungsbedürfnissen der Mitarbeiter/innen, Stellenbeschreibungen und Anforderungsprofile, die auf zukünftige Aufgabenstellungen bezogen sind, sinnvoll (zur Erstellung von Stellenbeschreibungen und Anforderungsprofilen vgl. Kap. 3).

Als ein weiteres Instrument zur Bedarfserhebung können auch Workshops dienen. Vor allem in kleineren Einrichtungen/Organisationen können im Rahmen eines Workshops mehrere Zielsetzungen miteinander kombiniert werden. So können in einem Prozess Unternehmensziele und davon abgeleitete Personalentwicklungsbedarfe mit Bezug zum Leitbild erarbeitet werden. Der Workshop ist nicht nur hilfreich zur Erarbeitung einer Konzeption, sondern stellt auch eine Maßnahme der Personal/Organisationsentwicklung dar, weil damit der Blick auf Gesamtzusammenhänge sowie strategisches Denken und Handeln gefördert wird. Beck/Schwarz (1997) beschreiben folgende Einsatzmöglichkeiten und Vorteile eines Workshops.

Planung, Einsatz und Durchführung eines Workshops

Der Workshop kann für unterschiedliche *Planungszwecke* eingesetzt werden:

- Bearbeitung einer Organisationsanalyse,
- Entwicklung eines Unternehmensleitbildes,
- Entwicklung einer Unternehmens- oder Einrichtungskonzeption (Unternehmensziele und -strategien unter Berücksichtigung der Unternehmen-Umfeld-Beziehungen),
- Entwicklung einer Führungskonzeption,
- Klärung und Feststellung strategischer Personalentwicklungsbedarfe – ausgerichtet an den Unternehmenszielen.

Beteiligte sind je nach Planungszweck z. B.:

- Top-Management auf Geschäftsführungsebene,
- gegebenenfalls weitere Führungskräfte in zentralen Abteilungen, Schlüsselpositionen bzw. Positionen mit Schlüsselfunktion (z. B. Personalfunktion),
- Mit den Strukturen der Organisation vertraute und erfahrene Mitarbeiter/-innen,
- kreative, organisationsübergreifend denkende Mitarbeiter/innen,
- Betriebsrat.

Quelle: Beck/Schwarz 1997, S. 102, modifiziert

Die *Vorteile eines Workshops* bestehen darin, dass die Erfahrungen und persönliche Problemsichten aller Beteiligten einbezogen werden können. Synergieeffekte können genutzt werden durch unterschiedliche Erfahrungs- und Betrachtungsweisen; diese tragen auch zur Produktion vielfältiger Ideen und der Entwicklung von Lösungsvisionen bei. Eine gemeinsame Sicht der Ausgangslage kann erarbeitet und es können gemeinsame Konsequenzen daraus gezogen werden. Die Konstruktion von gemeinsamen Zielperspektiven und Handlungsstrategien trägt zur Steigerung der Motivation bei, da aus Betroffenen „Beteiligte" werden. Die gemeinsame erarbeitete Zielrichtung erhöht das persönliche Commitment, die Selbstverpflichtung der Mitarbeiter/innen, die eine wichtige Grundlage für die Umsetzung von Zielen und Strategien darstellt (Beck/Schwarz 1997).

Für die konkrete *Planung von Personalentwicklungsmaßnahmen* müssen die Entwicklungsziele für die Gesamtorganisation, die Abteilungen und die einzelnen Mitarbeiter/innen konkretisiert und aufeinander bezogen werden. Abgeleitet von den Entwicklungszielen müssen die Maßnahmen inhaltlich und zeitlich geplant werden. Um die Wirksamkeit der Maßnahmen sicher zu stellen, müssen Indikatoren für den Lernerfolg und die erfolgreiche Umsetzung der Lernergebnisse im Arbeitsfeld erstellt werden. Damit verbunden ist die Frage der personellen Festlegung, wer die Erfolgskontrolle übernimmt, wie und in welchem Rahmen sie vorgenommen werden soll.

Beispiel 1: Der Erfolg von Fortbildungsmaßnahmen zur Verbesserung der Betreuungsqualität in einem Altenheim könnte darüber erfasst werden, dass die Anzahl der Beschwerden innerhalb eines Jahres um 50 % absinkt, bzw. bei einer Befragung der Bewohner 90 % mit der Betreuung zufrieden sind. Die Überprüfung erfolgt seitens der Heimleitung durch eine anonyme, schriftliche Befragung der Bewohner/innen, die im Rahmen einer Diplomarbeit von einer angehendem Sozialarbeiterin ausgewertet wird.

Beispiel 2: Soll eine Abteilung z. B. ein neues Dokumentationssystem übernehmen, so könnte als Zielplanung formuliert werden, dass 95 % der Mitarbeiter/innen innerhalb von sechs Monaten eine Schulung durchlaufen haben sollten, alle Mitarbeiter/innen nach weiteren drei Monaten den sicheren Umgang mit dem neuen Dokumentationssystem beherrschen sollten. Die Überprüfung erfolgt durch den/die Leiter/in der Abteilung.

Dies bedeutet, dass der Erfolg von Personalentwicklungsmaßnahmen sich daran messen lassen muss, dass die Zielerreichung im Arbeitsfeld qualitativ und quantitativ messbar und überprüfbar ist. Die Ziele und Maßnahmen sind nicht nur für die Abteilungen und Bereiche zu konkretisieren, sondern auch für die einzelnen Mitarbeitenden.

Beispielhaft für die individuelle Planung von Personalentwicklungsmaßnahmen kann das folgende Raster von Schöni (2001) als Anregung dienen.

Abbildung 4: Festlegen eines individuellen Entwicklungsplans

Mitarbeiterin/Mitarbeiter:
Aktueller Tätigkeitsbereich (Funktionen, Aufgaben, Verantwortungsbereich der/des Mitarbeitenden)
Laufbahnziel (vorgesehene neue Funktionen, Aufgaben, Verantwortungsbereiche)
Entwicklungsbedarf (berufliche Defizite und Potenziale bezogen auf künftige Anforderungen- gemäss Bedarfsabklärung)
Fachlaufbahn (berufliche Stationen und Aufgaben, die durchlaufen werden, um die neuen Kompetenzen zu erwerben)

Flankierende Maßnahmen (Schulungen, Coachings u.a. zur Unterstützung der Laufbahn)

Zeitplan (zeitliche Planung der Fachlaufbahn und der flankierenden Maßnahmen)

Verantwortung (Zuständigkeit für die Organisation der Laufbahn und für die Erfolgskontrolle)

Erfolgskontrolle (Erfolgsindikatoren und Zeitpunkte der Überprüfung der Zielerreichung)

Kostenregelungen (Verteilung auf Kostenstellen und gegebenenfalls Beitrag der/des Mitarbeitenden)

Quelle: Schöni 2001, S. 196

4.4 Maßnahmen und Instrumente der Personalentwicklung

In diesem Abschnitt werden Instrumente der Personalentwicklung zunächst in einem Überblick vorgestellt. Sodann werden einzelne ausgewählte Maßnahmen der Personalentwicklung eingehender besprochen.

An der folgenden Darstellung wird deutlich, dass das Unternehmen / die Organisation im Rahmen eines strategisch und ganzheitlich orientierten Personalentwicklungskonzeptes eine Vielfalt von Förder- und Lernmöglichkeiten zur Verfügung stellen kann, die in unmittelbarem Bezug zur Arbeitstätigkeit stehen. Die folgende Übersicht (modifiziert nach Beck/Birkle 2000, S. 33 f.) ist nach Lernzeitpunkten und -orten geordnet (vgl. auch Heeg/Münch 1993, Beck/Schwarz 1997).

Maßnahmen der Personal- und Organisationsentwicklung

Entwicklungsmaßnahmen – „into the job"

- Berufliche Erstausbildung
- Praktika
- Traineeprogramme
- Einführung neuer Mitarbeiter/innen (Patenschaften, Mentoren)

Entwicklungsmaßnahmen am Arbeitsplatz – „on the job"

- Job Enlargement (Der bisherige Aufgabenbereich wird durch weitere gleichartige Aufgaben ergänzt/erweitert)
- Job Enrichment (Zu vorhandenen Aufgaben kommen qualitativ neue hinzu)
- Job rotation (vorübergehende Übernahme von Tätigkeiten in verschiedenen Bereichen eines Unternehmens)
- Auslandsassignments
- Betriebliche, aufgabenbezogene Arbeitsgruppen
- Unterstützende Gespräche
- Coaching-Mentorenschaft

- Fördergespräche
- Management by objectives (d. h. durch Zielvorgaben, Zielvereinbarungen)
- Aufwärtsbeurteilung

Entwicklungsmaßnahmen im Umfeld des Arbeitsplatzes – „near the job"

- Betriebliche Lern- und Problemlösegruppen
- Teilnahme an einem Qualitätszirkel
- Erlernen von Moderationstechniken und Moderation betriebsinterner Arbeitsgruppen, Qualitätszirkel, Workshops
- Projektarbeit
- Förderkreis (Qualifizierung von high potentials durch Bearbeitung zentraler Fragen des Unternehmens und Entwicklung von Lösungen)
- Workshops zu unternehmensspezifischen Themen
- interne (inhouse)-Seminare (zu unterschiedlichen, betriebsrelevanten Themen)

Entwicklungsmaßnahmen außerhalb der Arbeitsstelle – „off the job"

- Fortbildung (Teilnahme an einem längerfristig angelegten Präsenz- oder Fernstudien- Lehrgang/Weiterbildungskurse mit anerkannten Abschlüssen)
- externe Seminare (zu bestimmten Fach-/Methodenthemen, Kommunikationsseminare)
- Workshops (im Rahmen von Fachtagungen/ Kongressen)
- Übungsfirmen
- Assessment-Center
- Erfahrungsaustauschgruppen (z. B. organisiert durch externe Bildungsträger bzw. Fachverband)
- Selbsterfahrungsgruppen oder auch Therapie

4.4.1 Einarbeitungshilfen, Mentorenprogramme und Patenschaften

Die Bedeutung einer adäquaten Einführung und Einarbeitung für das Engagement, das Zugehörigkeitsgefühl und die im Aufbau befindliche Bindung an das Unternehmen wird häufig unterschätzt. Empirische Untersuchungen zeigen, dass in den ersten zwölf Monaten der Beschäftigung die Wahrscheinlichkeit einer Kündigung signifikant höher ist, wofür in vielen Fällen Mängel in der Einarbeitung verantwortlich zu machen sind (Kieser 1999, Kieser/Stegmüller 1995, Maelicke 2003 a, Weber 2000).

Ziel der Einarbeitung ist es nach Kieser/Stegmüller (1995), dass der neue Mitarbeiter nach der Einarbeitungsphase weiß, was von ihm erwartet wird, seine Aufgaben selbstständig erledigen kann, dass er die Werte und Normen der Organisation, die Organisationskultur internalisiert und eine positive Bindung an die Organisation entwickelt hat.

Es handelt sich um einen wechselseitigen Anpassungsprozess, bei dem es nicht nur darum geht, dass sich der/die neue Mitarbeiter/in möglichst schnell in das Unternehmen einpasst. Vielmehr kann der „fremde Blick" und das „spielen" mit den Regeln und Normen auch als Innovationspotenzial genutzt werden. Je unvermittelter die Konfrontation mit dem Arbeitsalltag ausfällt, desto größer sind der „Praxisschock" und das Risiko, dass sich enttäuschte Erwartungen langfristig negativ auf die Motivation, die Bindung oder den Verbleib in der Organisation auswirken (vgl. Kieser/Stegmüller 1995).

Vorgesetzten kommt bei der Einarbeitung eine wesentliche Orientierungs- und Motivationsfunktion zu. Als Ergänzung zur Rolle des Vorgesetzten haben sich Mentorenprogramme und Patenschaften als Entwicklungsmaßnahmen „into the job" bewährt (Maelicke 2003 a, Weber 2000, Weidemann/ Paschen 2002). Diese Maßnahmen bieten sich gleichermaßen an zur Einarbeitung, Vermittlung von Fachkompetenz und Förderung der sozialen Integration. Darüber hinaus eignen sie sich auch nach der Einarbeitungsphase zur Vermittlung neuer Kompetenzen oder zur Einarbeitung in neue Aufgabenfelder.

Das wesentliche Element dabei ist, dass erfahrene Mitarbeiter/innen eine Lehrfunktion für Berufsanfänger/innen oder weniger erfahrene Mitarbeiter/innen ausfüllen. Gleichzeitig handelt es sich um eine Entwicklungsmaßnahme für beide Parteien.

Für die als Paten oder Mentoren ausgewählten Mitarbeiter/innen bedeutet die Wahl Anerkennung und Wertschätzung für ihre besonderen Fähigkeiten. Die Übertragung dieser Aufgabe kann auch genutzt werden, um angehenden Nachwuchskräften (erste) Erfahrungen in der Mitarbeiterführung oder älteren Mitarbeitern die Weitergabe ihres Erfahrungswissens zu ermöglichen. Die neuen Mitarbeiter/innen erhalten durch ihre Mentoren unmittelbare Hilfestellungen und Orientierung bei der Einarbeitung in das jeweilige Arbeitsgebiet.

Weidemann/Paschen (2002) treffen zwischen Mentorenprogrammen und Patenschaft folgende Unterscheidung:

Mentorenprogramme stellen eine Einarbeitungshilfe dar und haben zum Ziel „einen neuen Mitarbeiter an die fachlichen und überfachlichen Aspekte der Aufgaben, an die Prozesse und durchaus auch an die informellen Strukturen heranzuführen" (ebd., S. 81).

Eine *Patenschaft* hat dagegen das Ziel, dass der Pate dem Mitarbeiter in einem festgelegten Zeitraum definierte Kompetenzen vermittelt. Der Pate sollte durch einen klaren Kompetenzvorsprung ausgewiesen sein, der/die lernende Mitarbeiter/in kann auch schon länger im Betrieb sein. Nach Weidemann/ Paschen (2002) sind Paten oder Mentoren sinnvoll

- zur Einarbeitung neuer Mitarbeiter/innen
- zur Integration neuer Mitarbeiter/innen in bestehende, eingespielte Teams

- zur Vervielfältigung von Kompetenzen im Team mit dem Ziel der Flexibilisierung
- zur Vorbereitung von Mitarbeitern auf Projekte und Projektmanagement

Die Anleitung durch Paten oder Mentoren sollte stets an den Stellenzielen und den zu übernehmenden Kernaufgaben orientiert sein.

Dabei ist es sinnvoll, einzelne Aktivitäten inhaltlich und zeitlich genau zu planen, um Mitarbeiter/innen nach und nach zur eigenständigen Bewältigung der Aufgaben zu befähigen und sie mit den wichtigsten Gesprächs- und Kooperationspartnern vertraut zu machen. Der folgende Leitfaden von Weidemann/Paschen (2002, S. 87) kann dabei als Anregung dienen.

Abbildung 5: Vereinbarung über ein Mentorenprogramm

| Mentor _____ |
| Neue/r Mitarbeiter/in _____ |
| Vorgesetzte/r _____ |

Ziele des Programms	Vereinbarte Aktivitäten	Zeitplanung
Hinführung zur eigenständigen Bewältigung der Kernaufgaben		
Kernaufgabe 1: Kernaufgabe 2: Kernaufgabe 3:		
Kennenlernen der wichtigsten unternehmensinternen und externen Gesprächspartner zusammen mit dem Mentor		
Ansprechpartner 1, 2, 3		
Sichere Nutzung der mit der Aufgabe verbundenen Instrumente und Systeme		
Instrument 1, 2, 3		

Quelle: Weidemann/Paschen 2002, S. 87

Als Einarbeitungshilfen können dabei auch Checklisten dienen, die sicherstellen, dass neben den Kernaufgaben auch die institutionellen und organisatorischen Rahmenbedingungen im Detail vermittelt werden.

Ein auf diese Weise systematisiertes Einarbeitungsprogramm stellt auch eine gute Grundlage für das Feedback und das *Abschlussgespräch* nach der Einarbeitungsphase dar. Darin sollten folgende Fragen beantwortet werden (vgl. Weidemann/Paschen, S. 90):

- Wurden die angestrebten Ziele erreicht?
- Waren die dazu geplanten Aktivitäten sinnvoll?

78

- Welche Hilfen/Aktivitäten wurden von dem/der Mitarbeiter/in als besonders positiv erlebt? Wovon hat er/sie am meisten profitiert?
- Welche Verbesserungsvorschläge gibt es und wie sieht das persönliche Feedback an den Mentor/Paten aus?

Paten- und Mentorenprogramme unterstützen bei den Mitarbeiter/Innen das Selbstverständnis, kontinuierlich Lehrende und Lernende zu sein. Wichtig ist es allerdings, dass diese Programme systematisiert und offiziell als Personalentwicklungsmaßnahme in der Organisation verankert werden.

4.4.2 Das Mitarbeitergespräch

Das Mitarbeitergespräch hat in den letzten Jahren nicht nur in gewerblichen Unternehmen, sondern auch in öffentlichen Verwaltungen und zunehmend auch in sozialen Einrichtungen als Personalentwicklungsmaßnahme Eingang gefunden. Wegen seiner zentralen Bedeutung soll es an dieser Stelle ausführlicher behandelt werden.

Definition: Ein Mitarbeitergespräch ist ein geplantes, inhaltlich vorbereitetes Gespräch, zwischen einem/einer Vorgesetzten und dem/der Mitarbeiter/in, das in der Regel ein bis zweimal im Jahr stattfindet und der Führung, Förderung und Beurteilung von Mitarbeiter/innen und Mitarbeitern dient (Beck/Birkle 2000, S. 36).

Die *Formen* des Mitarbeitergespräches lassen sich differenzieren nach ihren Zielsetzungen. So gibt es Fördergespräche, Zielvereinbarungs- Beurteilungs- und Kritikgespräche, oder eine Kombination verschiedener Formen wie z. B. das Jahresmitarbeitergespräch.

Inhalte des Mitarbeitergespräches sind:

- Arbeitsergebnisse (quantitativ/ qualitativ) und Arbeitsverhalten
- Individuelle Stärken und Schwächen
- Förder- und Qualifizierungsmaßnahmen
- Berufliche Zielsetzungen, Laufbahn-, Karriereplanung
- Umsetzung von Unternehmenszielen

Das Mitarbeitergespräch stellt ein zentrales Instrument dar, weil sich verschiedene Funktionen im Rahmen der Personalentwicklung hier vernetzen lassen.

Es stellt ein wichtiges Führungsinstrument dar und dient der Zielvereinbarung und Zielüberprüfung. Dazu ist es notwendig, dass die Organisationsziele in stellenbezogene Teilziele übersetzt und koordiniert werden.

Als Coaching-Instrument dient es der Motivation, Unterstützung und Anleitung der Mitarbeiter/innen durch die Führungskraft.

Als diagnostisches Instrument lässt es sich zur Ermittlung des Weiterbildungsbedarfes, der Entwicklungspotenziale und -wünsche von Mitarbeitenden nutzen.

Schließlich stellt es auch ein Instrument des Bildungscontrollings dar und kann zur Steuerung, Bewertung, und Sicherung von Lern- und Transferprozessen eingesetzt werden (vgl. Beck/Schwarz 1997, Weber 2000, S. 108).

Niedermair (1995) formuliert den *Nutzen des Mitarbeitergespräches* für die verschiedenen Interessensgruppen in der Organisation:

Für die Mitarbeiter/innen:
- eigene Ziele, Vorstellungen und Wünsche formulieren,
- persönliche Entwicklungsmöglichkeiten erkennen,
- konkrete Fördermaßnahmen vereinbaren.

Für die Vorgesetzten:
- sich mit Leistungen und Verhaltensweisen der Mitarbeiter/innen auseinander setzen,
- Informationen zur Verbesserung der eigene Führungsarbeit erhalten,
- Motivation und Kooperationsklima der Einrichtung verbessern.

Für das Unternehmen/die Einrichtung:
- den Einsatz von Mitarbeitern optimieren; die richtige Mitarbeiterin zur rechten Zeit am richtigen Arbeitsplatz;
- Verbesserung der Qualität der erbrachten Dienstleistungen:
- Steigerung der Kundenzufriedenheit; Steigerung der betrieblichen Leistungsfähigkeit;
- Steigerung des Verantwortungsbewusstseins für die gesamte Einrichtung und ihre Weiterentwicklung;
- gezielte Vermittlung/Umsetzung der Unternehmensgrundsätze und Unternehmensziele.

Ob sich die genannten positiven Wirkungen von Mitarbeitergespräche auch tatsächlich einstellen, ist von einer sorgfältigen *Vorbereitung, Planung und Einführung* dieses Instrumentes abhängig. Folgende Punkte sind dabei zu beachten (vgl. Beck/Schwarz 1997):

a. Die Einführung von Mitarbeitergesprächen sollte wegen der Vorbildwirkung als Top-down-Strategie geplant werden.

b. In einem erweiterten Führungskreis sollten die wesentlichen *Ziele* von Mitarbeitergesprächen (z. B. Zielvereinbarungen, Förderung und Qualifizierung, Leistungsbeurteilung) und die Grundlagen für das Gespräch (bestehende Zielvereinbarungen, Stellen- Aufgabenbeschreibungen, Anforderungsprofile, Unternehmensziele und stellenbezogene Teilziele, Führungsziele) bestimmt werden.

c. In einem weiteren Schritt sind die *Zielgruppen* und die zeitliche Abfolge der Einführung festzulegen (einzelne/alle Abteilungen, Pilotbereich, Leitungsebenen/ Mitarbeiter/innen). In diesem Zusammenhang muss auch genau geklärt werden, wer mit wem spricht und wer wen beurteilt.

d. Es muss sichergestellt werden, dass die *Vorgesetzten* den Sinn und Zweck von Mitarbeitergesprächen verstehen und entsprechend weitervermitteln können. Bei Bedarf sollte den Vorgesetzten auch Training und Beratung angeboten werden. Die Qualität der Durchführungspraxis ist entscheidend für die Akzeptanz und den Nutzen des Instrumentes. Um die Vorgesetzten/Abteilungsleiter vom Sinn der Maßnahme zu überzeugen und sie für die Perspektive der Mitarbeiter/innen zu sensibilisieren, empfiehlt es sich, dass die Geschäftsführung/Leitung zunächst Gespräche mit der nachfolgenden Hierarchieebene, z. B. Bereichs-/Abteilungsleitern führt. Die Auswertung dieser Gespräche kann wichtige Impulse liefern für die weitere Ausgestaltung des Mitarbeitergespräches auf den nachgeordneten Hierarchiestufen.

e. Der *Betriebsrat/Personalrat* sollte frühzeitig informiert und gegebenenfalls beteiligt werden. In diesem Zusammenhang sollte auch geklärt werden, wie mit den Ergebnissen umgegangen wird (z. B. Meldung des Fortbildungsbedarfes an die für Personalentwicklung zuständigen Stellen, Dokumentation der Zielvereinbarungen in der Personalakte).

f. Die *Information der Mitarbeiter/innen* über Leitgedanken, Zweck, Nutzen und Verfahren sollte ausführlich und verständlich vor Einführung der Maßnahme erfolgen. Mögliche Vorbehalte und Widerstände der Mitarbeiter/innen (Angst vor Beurteilung, Sanktionen, Kontrolle, Versetzung) sollten aufgegriffen und argumentativ bearbeitet werden (vgl. Kap. 5.2). In diesem Zusammenhang sollten auch die Themen des Mitarbeitergesprächs genau vorgestellt werden sowie die Auswertung und der Umgang mit den Ergebnissen. Die Mitarbeiter sollten den möglichen Nutzen für sich selbst, die Leitung und die Organisation im Sinne einer win-win-Situation nachvollziehen können.

g. Ein *schriftlicher Vorbereitungsbogen,* der den Mitarbeitern mindestens eine Woche vor dem Gespräch zur Verfügung gestellt werden sollte, signalisiert die Bedeutung dieses Gesprächs, schafft Transparenz über die Themen und stellt eine wichtige Grundlage für die Vorbereitung und Mitarbeit der Organisationsmitglieder dar. Ad-hoc-Gespräche ohne entsprechende Vorbereitung der Mitarbeiter/innen entwerten das Instrument des Mitarbeitergespräches, da eine gründliche Reflexion einer längerfristigen Tätigkeit (in der Regel sechs bis 12 Monate) in einem unvorbereiteten Gespräch nicht möglich ist.

Mitarbeitergespräche stellen eine zusätzliche Anforderung und vor allen Dingen eine beträchtliche zeitliche Investition für Leitungskräfte dar. Der damit zu erzielende Gewinn für die Personalführung und -entwicklung ist an die sorgfältige Vorbereitung, Implementierung und Durchführung des Mitarbeitergespräches gebunden. Aus diesem Grund sollte diesem Führungsinstrument genügend Vorbereitung und Zeit gewidmet werden. Die Erfahrungen mit den Mitarbeitergesprächen sollten gründlich ausgewertet, das Konzept entsprechend modifiziert werden, und bei Bedarf sollte den Vorgesetzten auch weiteres Training angeboten werden.

4.4.3 Qualifizierung am Arbeitsplatz: „Training on the job"

Qualifizierungsmaßnahmen am Arbeitsplatz bezeichnet man als *„Training on the job"*. Der Schwerpunkt liegt dabei auf einer aktiven Auseinandersetzung mit einer Arbeitsaufgabe. Diese Form der Qualifizierung ist für viele Unternehmen/Organisationen attraktiv, weil sie kurzfristig angesetzt werden kann und die Beschäftigten neben der Lernleistung auch eine Arbeitsleistung vollbringen. Außerdem gewährleistet diese Verknüpfung den Transfer des erworbenen Wissens in den Arbeitsalltag, was bei Trainingsmaßnahmen „off the job" oft Schwierigkeiten bereitet (vgl. Bröckermann 2003). Schließlich stellen diese Maßnahmen auch eine kostengünstige Form der Personalentwicklung dar, da vorhandene Personalressourcen für die Trainingsaufgabe genutzt werden können und die Mitarbeiter/innen am Arbeitsplatz verbleiben.

Empirische Untersuchungen bestätigen, dass die mit der Arbeitstätigkeit und der Arbeitsorganisation verknüpften Personalentwicklungsmaßnahmen als hoch bedeutsam und wirksam einzuschätzen sind. So erbrachte eine langjährige Studie von Gogoll (1995, S. 178) zu der Frage, wo Menschen das lernen, was sie heute kompetent macht, folgende Ergebnisse:

- Bei weitem das meiste lernen Menschen aus dem unmittelbaren Arbeitsumfeld. Dabei ist es einerseits die Tätigkeit an sich, aber es sind auch die Menschen, denen man dort begegnet – „Chefs, Kollegen, Kunden, Wettbewerber, Vorbilder, Gegner, Verbündete, Feinde" (ebd., S. 178).
- Hochgradig effektiv lernt man aus Projekten – vor allem solchen, die einen ein wenig überfordern, und an Projekten der Organisationsveränderung.
- Ein wichtiges Lernfeld ist die Mitwirkung an der Gestaltung der Rahmenbedingungen, z. B. Überarbeitung oder Neugestaltung von Regeln und Systemen, Standards und der Unternehmenskultur.
- Formale Bildungsveranstaltungen, meist im Klassenraum als Präventivmaßnahmen, stellen einen kleinen, aber sehr hochwertigen Anteil an der Entwicklung von Wissen und Kompetenz.

Gogoll (ebd.) kritisiert, dass im herkömmlichen Verständnis von Personalentwicklung die Prioritäten meist in umgekehrter Reihenfolge gesetzt werden, und Schulungsprogramme oft als einzige Maßnahme eingesetzt werden. Als *Aufgaben einer effektiven Personalentwicklung in einer schlanken Organisation* leitet Gogoll (ebd., S. 179 ff.) folgende Postulate ab: Wichtig ist es,

- eine maximale Identität zwischen Lernfeld und Arbeitsfeld herzustellen,
- die richtigen Talente zu rekrutieren,
- Aufgabenfelder zu finden, die für Lernen am Arbeitsplatz geeignet sind,

- für Mitarbeiter/innen, die Entwicklung brauchen, Vorbilder zu finden und sie in deren Nähe einzusetzen,
- Mentoren zu unterstützen und Vorgesetzte zum „Coach" und Personalentwickler heranzubilden,
- Projektlernen einzusetzen, wo immer es möglich ist,
- formale Schulungen inhaltlich strategieverknüpft und auf die Entwicklung und den Erhalt von Kernkompetenzen anzulegen, methodisch auf das Selbstlernen und organisatorisch als Leistungszentrum.
- Oberstes Ziel ist die Selbstentwicklung.
- Personalentwicklung heißt hochgradige Überlappung mit Organisationsentwicklung.

Grundlage für die Maßnahmenplanung ist die Erfassung, Beurteilung und Prognose des Leistungspotenzials der einzelnen Mitarbeiter/innen durch die Leitungskräfte. Ein wichtiges diagnostisches Instrument stellt dabei das Mitarbeitergespräch dar.

Für die interne Personalentwicklung und das *Lernen am Arbeitsplatz* stehen folgende Qualifizierungsmöglichkeiten zur Verfügung (vgl. Bröckermann 2003, S. 437, v. Eckardstein 2002 b, S. 319 f., Maelicke 2003 a, S. 508 f.):

- *Planmäßige Unterweisung,* z. B. mit der Vierstufenmethode: Vorbereiten, Vorführen, Nachmachen, Üben.

- *Anleitung und Beratung:* Mitarbeiter/innen sammeln Erfahrungen aus einer von Vorgesetzten überwachten und gesteuerten Tätigkeit.

- *Aufgabenwechsel (Job-Rotation):* Die Mitarbeiter/innen wechseln in regelmäßigen Abständen ihre Aufgabenbereiche, damit für sie die Arbeit interessanter und abwechslungsreicher wird. Zugleich können so Mehrfach-Qualifikationen aufgebaut werden, sodass der Personaleinsatz effektiver gestaltet werden kann.

- *Aufgabenerweiterung (Job-Enlargement):* Den Mitarbeiter/innen werden mehrere verschiedene – in ihrem Schwierigkeitsgrad jedoch vergleichbare – Aufgaben übertragen, sodass das Tätigkeitsspektrum vielfältiger und damit interessanter wird.

- *Aufgabenanreicherung (Job-Enrichment):* Das Aufgabenspektrum wird durch Zusammenlegung von Teilaufgaben so erweitert, dass die Mitarbeiter in die Lage versetzt werden, ihre Entscheidungs- und Handlungsspielräume auszubauen. Das Tätigkeitsniveau steigt ebenso wie die Verantwortungsbereitschaft.

- *Teilzeitarbeit (Job-Sharing):* Mehrere Mitarbeiter/innen teilen sich einen Arbeitsplatz und regeln untereinander, wer, wann, welche Arbeitsleistung erbringt. Möglich sind Halbtagstätigkeiten oder Vereinbarungen über bestimmte Arbeitstage und -wochen. Diese Form der Flexibilisierung kann zu Kooperationsproblemen führen, schafft aber während der selbst gewählten Arbeitszeiten eine größere Einsatzbereitschaft.

- *Gruppen- und Teamarbeit, teilautonome Arbeitsgruppen:* Bislang von einzelnen Mitarbeitern/innen durchgeführte Tätigkeiten werden in ihrer Gesamtheit von einer Gruppe übernommen. Es entstehen Spielräume für die inhaltliche, organisatorische und zeitliche Planung sowie für die Durchführung des Aufgabenspektrums. Die Gruppe kann so in Teilen eigenverantwortlich über die Aufgabenerfüllung entscheiden. Der kommunikative Aspekt der Zusammenarbeit wirkt innovationsfördernd.

- *Projektarbeit/-leitung:* Für besondere Aufgaben werden auf Zeit Mitarbeiter/innen aus unterschiedlichsten Bereichen zusammengeführt. Die Herausforderung einer besonderen Aufgabenstellung sowie Gestaltungs- und Kommunikationsspielräume außerhalb der Regelstruktur können für alle Beteiligten besondere Anreize bieten. Die Leitung eines Projektes stellt eine Form der Nachwuchsförderung dar.

- *Sonderaufgaben:* Die Gelegenheit, sich in neuen über die Routinetätigkeit hinausgehenden Aufgabenstellungen zu versuchen, fördert Motivation und Verantwortungsübernahme.

- *Verantwortung als Nachfolger/in oder Assistent/in:* Bei dieser Form der Nachwuchsförderung werden Mitarbeiter/innen Teilaufgaben übertragen, die Führungsverantwortung verbleibt jedoch bei den Vorgesetzten.

- *Auslandseinsatz:* Die Gelegenheit, sich in einem anderen Umfeld und einer Fremdsprache zu beweisen, fördert Flexibilität und die Auseinandersetzung mit dem eignen Arbeitsfeld aus einer neuen Perspektive.

Wissensmanagement oder *Interne Wissensmultiplikation* bedeutet, dass das in der Organisation vorhandene Wissen verwaltet und für alle Mitarbeiter nutzbar gemacht wird. Es dient der Sicherung und Weitergabe von Expertenwissen und schützt die Organisation davor, dass bei Fluktuation erfolgskritische Informationen und Kompetenzen verloren gehen. Die interne Wissensmultiplikation kann mit sehr einfachen Mitteln geschehen, indem Mitarbeiter/innen ausgewählte Themen oder Methoden über eine Präsentation oder im Rahmen schriftlicher Information für ihre Kollegen aufbereiten. Eine andere Möglichkeit besteht darin, dass die Wissensbestände in ein geeignetes EDV-Netzwerk eingestellt werden und intern abgerufen werden können (vgl. Bröckermann 2003, Gehle/Mülder 2001, Weidemann/Paschen 2002; zur Organisation von organisationalen Lernprozessen, Wissensspeicherung und -transfer vgl. Güldenberg/Meyer 2002).

Als Maßnahmen zur *Förderung des Führungskräftenachwuchses* bieten sich insbesondere Vertretungen von Führungskräften auf Zeit, Projektleitung und systematische Job-Rotation an, indem z. B. über einen Zeitraum von zwei Jahren alle Bereiche einer Organisation durchlaufen werden. Die Verweildauer in den einzelnen Bereichen kann je nach Zielsetzung variieren. Job-Rotation fördert das Verständnis des unternehmerischen Gesamtzusammenhangs, ermöglicht die Herstellung von fachlichem und menschlichem Kontakt zu allen Organisationseinheiten sowie prozessorientiertes und multiperspektivisches Denken (Oppermann-Weber 2001).

4.4.4 Qualifizierung im Umfeld des Arbeitsplatzes "Training near the job"

Neben den im engeren Sinne aufgaben- und arbeitsplatzbezogenen Fördermöglichkeiten gibt es eine Reihe von Entwicklungsmaßnahmen, die, abgelöst von der unmittelbaren Arbeitstätigkeit, der allgemeinen Produktivitäts- oder Effizienzsteigerung, der Organisationsentwicklung sowie der Bewältigung von beruflichen Belastungen dienen. Sie werden in der Regel als Gruppenarbeit konzipiert. „Mit der Einrichtung von Arbeitsgruppen wird ein hierarchieverdünnter Raum geschaffen, der es ermöglicht, die Vorteile der Selbstorganisation in einer im Prinzip hierarchisch aufgebauten Organisation zu nutzen, ohne die Hierarchie als Koordinationsprinzip in Frage zu stellen (v. Eckardstein 2002 b, S. 319).

Qualitätszirkel und KVP-Gruppen

Neben den o.g. Formen der Gruppenarbeit, wie Teamarbeit, teilautonome Arbeitsgruppen und Projektgruppen, können Qualitätszirkel und KVP-Gruppen eingesetzt werden (vgl. v. Eckardstein 2002 b).

Qualitätszirkel sind Gruppen, die sich in regelmäßigen Abständen (zwei bis vier Wochen) relativ kurz (ein bis zwei Stunden) zusammen finden, um gezielt Vorschläge für die Lösung von Problemen, Verbesserung der Produktivität oder der Arbeitsbedingungen zu entwickeln. Teilnehmer/innen sind in der Regel Mitarbeiter/innen aus einem Arbeitsbereich, die ihr Expertentum einbringen, um die Arbeitsorganisation und die Bedingungen für die Leistungserstellung zu verbessern.

Ein ähnliches Konzept verfolgen die sog. *KVP-Gruppen*, wobei KVP für kontinuierlicher Verbesserungsprozess steht. Dieser Ansatz entstammt den Konzepten des Lean Managements (vgl. Geißler/Behrmann/Petersen 1995) und basiert auf einem japanischen Ansatz, der mit „Kaizen" bezeichnet wird. Mit diesem Konzept wird das Ziel verfolgt, systematisch Verschwendung aufzuspüren. Als Verschwendung gelten alle Prozesse, die nicht der unmittelbaren Erstellung von Leistungen dienen. In solchen Gruppen arbeiten neben einzelnen Beschäftigten auch Vorgesetzte oder externe Berater mit. In der industriellen Produktion konnten mit diesem Ansatz beachtliche Produktivitätssteigerungen erzielt werden (vgl. v. Eckardstein 2002 b, Geißler/Behrmann, Petersen 1995).

Supervision, Kollegiale Beratung und Coaching

Um die gerade in der Sozialen Arbeit auftretenden beruflichen Belastungen bewältigen und sich in der Fallarbeit qualifizieren zu können, bieten sich

Tabelle 6: Modell der Kollegialen Beratung

Zeit (Min.)	Arbeitsschritte	Ratsuchende/r	Moderator/in, Beratende Gruppe	Regeln
5	Rollenverteilung: Wer bringt den Fall ein? Wer moderiert? Wer berät?			
5–10	Vorstellung des Falles	Schildert die Situation und formuliert eine Beratungsfrage	Hört zu, macht Notizen	Keine Zwischenfragen!
10	Befragung und Klärung	Hört zu, antwortet kurz und präzise	Sammlung von Fragen: „Was ist unklar, offen?" Moderator/in bündelt Fragen und stellt sie der/dem Rat Suchenden	Nur Verständnis- und Informationsfragen – keine Probleminterpretation!
10	Hypothesen	Hört zu	Äußert Vermutungen, Eindrücke und Hypothesen über mögliche Ursachen/Problemzusammenhänge	Brainstorming – noch keine Lösungen
5	Resonanz und Stellungnahme	Was erreicht mich? Was wird bei mir ausgelöst?	Hört zu, nur kurze Rückmeldung bei Missverständnissen	Keine Diskussion
10	Lösungen suchen	Hört zu	Vorschläge: Was würde ich an Stelle der/s Rat Suchenden tun?	Keine Diskussion
5	Entscheidung, Vorsatzbildung, Unterstützung	Welche Ideen und Vorsätze möchte ich aufgreifen und umsetzen? Welche Unterstützung wünsche ich mir?	Hört zu	Keine Diskussion
5	Auswertung	Teilt eigene Empfindungen mit Was war hilfreich?	Kurze Statements: Was nehme ich aus dieser Fallbesprechung mit?	

Quelle: Haug-Benin(1998, S. 6); modifiziert und erweitert von der Autorin

Supervision, Kollegiale Beratung und Coaching als weitere Personalentwicklungsmaßnahmen an. Diese Maßnahmen stellen Reflexionshilfen für die Bearbeitung beruflicher Problemsituationen dar und dienen der Entlastung, Problemlösung und Klärung. Während das Coaching in erster Linie eine personenbezogene Klärungshilfe und Beratung für Leitungskräfte oder Mitarbeiter darstellt und im Vieraugengespräch stattfindet, erfolgt in der Supervision und der Kollegialen Beratung eine gruppenbezogene Klärung von klienten- oder arbeitsplatzbezogenen Problemen.

Die Maßnahmen können unternehmensintern oder -extern erfolgen. Wichtig ist in jedem Fall der Vertrauensschutz, d. h. dass der Coach/ Supervisor die beratende Gruppe bzw. dem Ratsuchenden absolute Vertraulichkeit zusichert und die Ergebnisse nicht in die interne Kommunikation der Organisation zurückfließen. (vgl. v. Eckardstein 2002 b, Maelicke 2003 a).

Ein Modell für die Strukturierung einer kollegialen Beratung findet sich in Tabelle 6. Für eine effektive Beratung ist es wichtig, dass die Struktur und Moderationsanleitung genau eingehalten wird, weil nur so zu gewährleisten ist, dass die Fallbesprechung stringent verläuft und für den Ratsuchenden passende Lösungsvorschläge erbringt.

4.4.4 Qualifizierung außerhalb des Arbeitsplatzes „Training off the job"

Als *„Training off the job"* werden Qualifizierungsmaßnahmen bezeichnet, die abgelöst von der Arbeitstätigkeit stattfinden. Diese Maßnahmen eignen sich vor allem für die Vermittlung von neuem Wissen, das in der Organisation noch nicht vorhanden ist und für den Erwerb von komplexen Wissensinhalten oder Kompetenzen. Externe Qualifizierungsmaßnahmen können auf die Erweiterung von Fach-, Methoden- oder Sozialkompetenzen abzielen.

Nach Bröckermann (2003) eignet sich ein strukturiertes Bildungsangebot in vielen Fällen besser zur Vermittlung komplexer Zusammenhänge im Bereich der Fach- und Methodenkompetenz.

Zur Stärkung der persönlichen bzw. Sozialkompetenz ist nach Maelicke (2003 a) ebenfalls ein umfangreiches Weiterbildungsangebot erforderlich. So können z. B. zur Bewältigung der vielfältigen Belastungen im Rahmen Sozialer Arbeit Trainings zur Stressbewältigung, Prävention des Burn-out-Syndroms, Konflikt- und Krisenmanagement etc. eingesetzt werden.

Bei allen externen Trainingsmaßnahmen besteht die Anforderung, dass die Lernergebnisse in den Arbeitsalltag übertragen werden müssen. Sinnvoll sind deshalb didaktische Formen, die den Transfer erleichtern bzw. eine Simulation der Arbeitsanforderungen beinhalten. Folgende Möglichkeiten bieten sich nach Bröckermann (2003, S. 437) an:

Training off the job

- *Programmierte Unterweisung:* der gesamte Lernprozess ist nach dem Prinzip des Regelkreises strukturiert; die in Lerneinheiten zerlegten Inhalte werden im Selbststudium in programmierter Folge von Information, Frage, Antwort, Kontrolle aufgearbeitet

- *Lehrvortrag:* die Teilnehmer/innen sind ausschließlich Zuhörer

- *Lehrgespräch:* Teilnehmer/innen werden nach einer Einleitung und der Schaffung einer Gesprächsgrundlage in einer Diskussion aktiv in die Erarbeitung der Inhalte einbezogen

- *Gruppenarbeit und Fallmethode:* Simulation der Wirklichkeit anhand eines Falls aus der Praxis, wobei ein Problem im Team gelöst wird

- *Rollenspiel:* Teilnehmer/innen übernehmen auf Grund einer vorher geschilderten Situation die anfallenden Rollen

- *Planspiel:* Simulation komplexer, realer Unternehmensprozesse innerhalb derer die Teilnehmer/innen in verantwortlichen Rollen Lösungen erarbeiten

- *gruppendynamisches Training:* eine Gruppe wird durch einen Trainer mit der Bewältigung einer unstrukturierten Situation konfrontiert, in der keine bestimmten Themenkreise und Verfahrensregeln vorgegeben sind

- *Förderkreise:* die Teilnehmer/innen haben in zeitlichen Abständen Gelegenheit, sich über bestimmte Probleme, Erfahrungen und Meinungen auszutauschen.

- *Fernunterricht:* verschiedene Themenangebote von Fernlehrinstituten

Verschiedene der genannten Angebote (z. B. programmierte Unterweisung, Fallmethode, Rollen- und Planspiele) werden auch in Form von Computerprogrammen unter dem Schlagwort *Computer Based Training* und *E-Learning* angeboten. *Online-Learning* oder *Web Based Training* bedeutet, dass die skizzierten Qualifizierungsmaßnahmen über das Internet oder das Intranet angeboten werden (Bröckermann 2003, Schwarz/Beck 2000). Diese Lehr- und Lernformen tragen stark zur individuellen Gestaltbarkeit der Lernsituation bei. Lernen kann unabhängig von Zeit und Ort stattfinden, das Lerntempo kann individuell bestimmt werden. Zusätzlich kann bei verschiedenen Angeboten auch das Feed-back und die Kommunikation mit Fachkräften/Lehrpersonen über E-Mail ermöglicht werden.

Die Qualifizierungsmaßnahmen sind schnell und mit geringen Vorlaufzeiten zu organisieren. Zudem sind die Maßnahmen kostengünstig, da Abwesenheitszeiten und Reisekosten entfallen.

4.4.5 Leistungs- und Potenzialbeurteilung

Sämtliche personellen Maßnahmen innerhalb von Organisationen basieren auf mehr oder weniger fundierten Urteilen über Mitarbeiter/innen. Angesichts der Bedeutung von Beurteilungen für die Personalpolitik sind die Großunternehmen aller Branchen, Verwaltungen, aber auch viele größere Mittelbetriebe zu einem systematisierten Beurteilungswesen übergegangen. Auch in Einrichtungen der Sozialen Arbeit finden, ausgehend von Managementkonzepten, die Zielvereinbarungen und Delegation in den Mittelpunkt stellen, Personalbeurteilungen Eingang in Personalentwicklungskonzepte. Im Mittelpunkt steht die turnusmäßige Beurteilung der Mitarbeiter/innen durch den unmittelbaren Vorgesetzten, die durch definierte Kriterien methodisch abgestützt wird. In der Fachwelt wird der Begriff Mitarbeiterbeurteilung heute weitgehend synonym mit einer solchermaßen systematisierten Personalbeurteilung verwendet (vgl. Flügge 1994).

Ziel der Personalbeurteilung ist es nach Flügge (1994, S. 249), durch gezielte Beobachtung von fassbaren Leistungen und arbeitsbezogenen Verhaltensweisen Erkenntnisse über Mitarbeiter zu gewinnen, sie im Beurteilungsbogen fest zu halten und zu sammeln, sie auszuwerten und praktisch als Grundlage für eine geordnete und methodische Personalpolitik zu nutzen.

Mitarbeiterbeurteilungen können für drei unterschiedliche Zwecke eingesetzt werden (Bröckermann 2003, Oppermann-Weber 2001, Stehle 1999):

- als Grundlage für personelle Entscheidungen auf individuellem oder kollektivem Niveau,
- als Instrument der Personalführung und Personalentwicklung
- als Hilfsmittel zur Entgeltfindung.

Personalbeurteilungen bilden die *Grundlage für personelle Entscheidungen* wie interne und externe Personalbeschaffung, Beförderung, Versetzung und im Extremfall Entlassung. Sie stellen darüber hinaus auch eine Grundlage dar für die quantitative und qualitative Personalplanung. Wird Personalbeurteilung für Zwecke eingesetzt, bei denen Mitarbeiter miteinander verglichen werden, sind höchste Ansprüche an die Qualität und Transparenz des Verfahrens und die Kompetenz der Beurteiler zu stellen (Stehle1999). Eine systematisierte Personalbeurteilung mindert nach Beck/Schwarz (1997) die Gefahr von Pauschalurteilen und versteckter Beurteilung. Eine als objektiv erlebte Leistungsbeurteilung gibt dem/r Mitarbeiter/in das Gefühl, nicht willkürlich, sondern ehrlich beurteilt zu werden.

Im Rahmen der *Personalführung und Personalentwicklung* dienen Beurteilungen als Planungsgrundlage für Fort- und Weiterbildungen sowohl auf individueller als auch kollektiver Ebene. Die Ergebnisse der Personalbeurteilung können als Basis für die Planung von individuellen oder betrieblichen Qualifizierungsmaßnahmen, Laufbahn- und Personaleinsatzplanung dienen. Sie sind die Grundlage für Feedback-Verfahren im Rahmen von Mitarbeitergesprächen, Beratung und Förderung der Mitarbeiter/innen. Die Beurteilung der Arbeitsergebnisse und der erreichten Ziele, als wichtiger Bestandteil des Jahresmitarbeitergespräches, stellt ein wichtiges Instrument der Personalführung und -motivierung dar. Durchschaubare Leistungskriterien, die für alle Mitarbeiter/innen gelten, steigern die Leistungsbereitschaft und ermöglicht den Führungskräften den Leistungsstand und das -potenzial der Mitarbeitenden einzuschätzen. Die Anerkennung ihrer Leistung und Entwicklungsbedarfe unterstützt die realistische Selbsteinschätzung der Mitarbeiter/innen (Maelicke 2003).

Personalbeurteilungen zur Entgeltfindung, bzw. zur Ermittlung von Gehaltszulagen erfordern die Erfüllung der bereits oben genannten hohen Ansprüche an die Qualität des Verfahrens, wenn es um personelle Entscheidungen geht.

Es lassen sich zwei Dimensionen der Beurteilung unterscheiden, die Leistungsbeurteilung und die Potenzialbeurteilung:

Bei der *Leistungsbeurteilung* werden für einen festgelegten Zeitraum von ein bis zwei Jahren die Leistung, die Zielerreichung sowie das Arbeitsverhalten bei der Erstellung der Leistung beurteilt.

Die Leistungsbeurteilung ist immer vergangenheitsorientiert, während die *Potenzialbeurteilung* zukunftsorientiert ausgerichtet ist. Sie hat das Ziel, fachliche Qualifikationen und persönliche Merkmale eines Mitarbeiters mit Blick auf betrieblich bedeutsame Entwicklungen und Ziele festzustellen. Sie richtet sich auf die Eignung einer Mitarbeiterin für eine zukünftige Aufgabe /Position und die Möglichkeiten ihrer beruflichen Weiterentwicklung. Potenzialbeurteilungen stellen die Basis für interne Stellenbesetzungen, Laufbahnplanung und die Nachwuchsplanung der Fach- und Führungskräfte dar (Oppermann-Weber 2001).

Die *Beurteilungskriterien* können *merkmalsorientiert* sein, d. h. auf einem Kriterienkatalog basieren, der z. B. vom Anforderungsprofil abgeleitet wird. Die Beurteilung kann auch *zielorientiert* vorgenommen werden, z. B. im Rahmen von jährlichen Mitarbeitergesprächen. Maßstab für die Beurteilung sind dann die zeitlich terminierten und mit klar kommunizierten Indikatoren vereinbarten Ziele. Die wichtigsten Beurteilungskriterien sind nach Beck/Schwarz (1997, S. 97) die

- Qualität der Leistung
- Quantität der Leistung
- Verhaltensmerkmale:
  Fachwissen und -können
  Arbeitsbereitschaft (Fleiß, Selbständigkeit, Eigeninitiative, Verantwortungsbereitschaft)
  Soziales Verhalten (Zusammenarbeit, Teamfähigkeit)
- Führungsverhalten (nur bei Vorgesetzten)

Verschiedene *Beurteilungsformen* lassen sich unterscheiden (Beck/Schwarz 1997, Oppermann-Weber 2001):

Bei der *Mitarbeiterbeurteilung* beurteilen Vorgesetzte die ihnen unterstellten Mitarbeiter. Sie stellt die am meisten verbreitete Form der Beurteilung dar und wird im Rahmen betrieblicher Hierarchie auch als Abwärtsbeurteilung bezeichnet.

Bei der *Kollegen- oder Gleichgestelltenbeurteilung* befinden sich Beurteilende und Beurteilte auf der gleichen Hierarchiestufe. Ziel ist hier die Reflexion der gemeinsamen Arbeit und Leistung.

Bei der *Selbstbeurteilung* sind die beurteilte und die beurteilende Person identisch. Sie ist Bestandteil des Beurteilungsgespräches, bei dem die Mitarbeiter aufgefordert sind, sich bezüglich der Kriterien selbst einzuschätzen. Diskrepanzen zwischen Selbst- und Fremdbild können auf diese Weise produktiv geklärt werden.

Bei der *Vorgesetztenbeurteilung* beurteilen Mitarbeiter/innen ihre Vorgesetzten anhand von Fragebögen, wobei die Mitarbeiter/innen in der Regel anonym bleiben. Sie wird auch als Aufwärtsbeurteilung bezeichnet. Ziel ist es, den Führungsstil durch die Mitarbeiter beurteilen zu lassen, um so der Leitungskraft Feedback zu geben und Führungsfehler erkennen zu können. Neben dem Vorteil der aktiven Beteiligung der Mitarbeiter und den auch im Sozialbereich „durchweg positiven Erfahrungen" (Maelicke 2003 d, S. 532) wird als möglicher Nachteil gewertet, dass kurzfristige und situative Eindrücke, wie z. B. unpopuläre Entscheidungen, die für die Gesamtorganisation von Bedeutung sind, das Urteil beeinflussen können (vgl. Oppermann-Weber 2001).

Das *360-Grad-Feedback* stellt eine erweiterte Form der Vorgesetztenbeurteilung dar. Die Beurteilenden sind Vorgesetzte, Kollegen der gleichen Hierarchiestufe und unterstellte Mitarbeiter, bisweilen auch Kunden. Ziel ist es, ein möglichst umfassendes Bild der Leistung einer Führungskraft zu erhalten. Einseitige, situativ oder emotional bedingte Urteile wie bei der Vorgesetztenbeurteilung können damit vermieden werden.

Die *Beurteilungen* können *periodisch* angelegt sein und in *regelmäßigen Abständen* durchgeführt werden im Kontext von Beurteilungs-, Mitarbeiter-, Zielerreichungs-, Förder- und Potenzialgesprächen. Solche Beurteilungen finden im Abstand von ein bis zwei Jahren auf der Basis eines systematischen Beurteilungssystems statt.

Anlassbezogene Beurteilungen werden z. B. nach der Probezeit, bei Versetzungen, Beförderungen, Wechsel des Vorgesetzten, Wechsel der Aufgabe/ Position, Zwischenzeugnis auf Wunsch des Mitarbeiters, bei Disziplinarmaßnahmen, bei der Zeugniserstellung und dem Ausscheiden aus dem Unternehmen durchgeführt. Diese Beurteilungen bedürfen keines systematisierten Beurteilungssystems.

Für eine Erfolg versprechende *Einführung eines Leistungsbeurteilungssystems* ist die wichtigste Voraussetzung, dass sowohl Vorgesetzte als auch Mitarbeiter/innen den Sinn und Zweck von Leistungsbeurteilungen nachvollziehen können und das Verfahren akzeptieren. Wenn diese Voraussetzung nicht gegeben ist, ist mit blockierendem Verhalten und einer entsprechend unbefriedigenden Durchführungspraxis zu rechnen. Folgende Schritte sind bei der Einführung zu beachten (Beck/Schwarz 1997, S. 97, Oppermann-Weber 2001, S. 213).

Zunächst sollte eine Beurteilungskonzeption durch eine betriebliche Projektgruppe/evtl. mit externer Beratung erarbeitet werden. Dabei sind folgende Fragen zu klären:

Fragen zur Beurteilungskonzeption

• Wann und wie oft wird beurteilt?
• Wer beurteilt und wer wird beurteilt?
• Welche Beurteilungskriterien werden angelegt?
• In welcher Form findet die Beurteilung statt?
• Werden die Mitarbeiter von einem oder zwei Vorgesetzten beurteilt?
• Findet nach der Beurteilung ein erläuterndes Gespräch statt?
• Hat der Betriebsrat Einsicht in die Beurteilungsunterlagen?
• Welche Konsequenzen ergeben sich aus der Beurteilung (Gehalt, Versetzung, Beförderung)?
• Wo werden die Beurteilungsergebnisse aufbewahrt?
• Wie werden die Beurteiler/innen für ihre Aufgabe geschult?
• Wie können die Mitarbeiter frühzeitig und ausführlich informiert werden?

Das Konzept sollte dann mit der Organisationsleitung und den Führungskräften diskutiert werden. Eine frühzeitige Beteiligung des Betriebs-/ Personalrates ist empfehlenswert.

Grundsätzlich ist der Arbeitgeber frei hinsichtlich der Einführung eines Beurteilungssystems. Allerdings hat der Betriebsrat ein Mitbestimmungsrecht bei der Aufstellung allgemeiner Beurteilungsgrundsätze (vgl. Oppermann-Weber 2001, S. 236, Bröckermann 2003, S. 199).

Nach der Verabschiedung des Konzeptes im Einvernehmen mit dem Betriebsrat sollten die Mitarbeiter/innen umfassend informiert werden. Weiterhin ist eine gründliche Schulung der Vorgesetzten/Beurteiler notwendig. Nach Durchführung und Dokumentation der Beurteilungsergebnisse sollten die Ergebnisse ausgewertet und das Verfahren evaluiert werden.

Es wurde bereits darauf hingewiesen, dass Beurteilungen mit dem Ziel der Entgeltfindung oder zur Begründung personeller Entscheidungen insbesondere den Gütekriterien der Objektivität, Reliabilität und Validität entsprechen und Beurteilungsfehler weitgehend ausgeschlossen werden müssen (zu den Gütekriterien und Beurteilungsfehlern vgl. Kap. 3, Personalauswahl). Diese Kriterien sind nur mit hohem Aufwand zu erfüllen. Andererseits muss das Verfahren auch praktikabel sein, d. h. es muss ein Kompromiss zwischen inhaltlichem Anspruch und Kosten-Nutzen-Relation gefunden werden.

Die Tatsache, dass innerbetriebliche Auswahlentscheidungen nur sehr selten auf systematisierten Beurteilungsverfahren basieren, führt Stehle (1999) darauf zurück, dass die Entscheidungsträger um die Problematik der Beurteilungsverfahren und der unterschiedlichen Beurteilungskompetenz von Vorgesetzten wissen und deshalb in diesem Kontext systematische Beurteilungen eher vermeiden. Die Schwierigkeiten der adäquaten und gerechten Beurteilung haben auch zu einer eher zurückhaltenden Praxis in der Verkoppelung von Leistungsbeurteilungen und finanziellen Zulagen geführt (Stehle 1999).

Der Zweck der Entgeltfindung oder leistungsabhängigen Beförderung verhält sich außerdem kontraproduktiv zu den Zielen der Personalentwicklung: Jedes Beurteilungsverfahren ist mit einem Gespräch zwischen dem Vorgesetzten und dem Beurteilten abzuschließen. Bei diesem Gespräch geht es um einen Abgleich der Sichtweisen, um mögliche Ursachen für Leistungsschwächen und Ansätze zu deren Überwindung. Die für Maßnahmen der Personalentwicklung notwendige Offenheit und Bereitschaft zu Selbstkritik ist aber nicht zu erreichen, wenn finanzielle oder berufliche Konsequenzen von dem Gesprächsergebnis abhängen. Im diesem Kontext werden Mitarbeiter deshalb eher dazu neigen, Gründe von Leistungsschwächen nicht bei sich selbst, sondern auf äußere Umstände und andere Personen zurück zu führen (vgl. Stehle a.a.O., Lueger 1995).

4.5 Maßnahmen zur Realisierung von Chancengleichheit – Gender Mainstreaming, Diversity Management, Worklife-Balance

Im Vergleich zu Konzepten wie Frauenförderung sind die Konzepte „Gender Mainstreaming" und „Diversity Management" (vgl. Kap. 2.2.3) viel umfassender und als Querschnittsaufgabe angelegt, die in der obersten Leitungsebene angesiedelt werden sollte.

Der Entwicklungsbedarf wird entsprechend nicht schwerpunktmäßig bei den weiblichen Beschäftigten gesehen, sondern in erster Linie bei der Organisation, speziell in der betrieblichen Personalpolitik, den Führungskräften und der Organisationskultur.

Als potenziell Diskriminierte werden in beiden Konzepten nicht nur Frauen berücksichtigt. Es wird überhaupt nicht in stereotyper Weise zwischen Frauen und Männern differenziert, sondern Diversity wird als Aspekt von

Gender und Gender als ein Aspekt von Diversity betrachtet (vgl. Krell 2004, S. 16).

Gemeinsam ist beiden Konzepten, dass sie präventiv und integrativ angelegt sind sowie als Querschnittsaufgabe und als Aufgabe der obersten Leitungsebene betrachtet werden müssen.

- Integrativ, weil Chancengleichheit (nicht nur) der Geschlechter zum Teil-Ziel und zur Querschnittsaufgabe erklärt wird und alle betrieblichen Maßnahmen, von der Planung bis zur Evaluation, auf ihre Auswirkungen im Hinblick auf Geschlechtergerechtigkeit untersucht, bewertet und gestaltet werden.
- Präventiv, weil bei einer konsequenten Umsetzung der Konzepte bereits die Entstehung von Benachteiligung und diskriminierenden Praktiken vermieden wird.

Krell (2004, S. 17) nennt vier gleichstellungspolitische Handlungsfelder, die zur Realisierung von Chancengleichheit systematisch in den Managementprozess von Unternehmen, Verwaltungen und Non-Profit-Organisationen eingebunden werden sollten:

1. Realisierung von Chancengleichheit beim Zugang zu und in Führungspositionen und anderen männerdominierten Bereichen.
2. Abbau von Diskriminierungen in Arbeitsgestaltung und Entgeltpolitik bei herkömmlicher „Frauenarbeit".
3. Erleichterung der Vereinbarkeit von Beruf und Privatleben für Frauen und Männer ohne diskriminierende Folgen.
4. Erhöhung der Gleichstellungskompetenz und -motivation von Führungskräften.

Ad 1. *Realisierung von Chancengleichheit beim Zugang zu und in Führungspositionen* trägt der Tatsache Rechnung, dass Frauen in Führungspositionen immer noch deutlich unterrepräsentiert sind (Holst 2002). Hier ist zu untersuchen, inwieweit bei der Personalauswahl bzw. bei der Beförderung, Aufstiegsförderung und -weiterbildung diskriminierende Praktiken und Verfahren zur Anwendung kommen. Aber auch Frauen, die es in eine Führungsposition geschafft haben, sind Diskriminierungen ausgesetzt. Empirische Studien in Deutschland belegen erhebliche Einkommensunterschiede zwischen männlichen und weiblichen Führungskräften, die nicht sachlich begründet sind. Frauen in Führungspositionen sind mit deutlich weniger Mitarbeiter/inne/n ausgestattet und werden bei Auslandseinsätzen benachteiligt (Bischoff 1999, Holst 2002).

Ad 2. *Abbau von Diskriminierungen in Arbeitsgestaltung und Entgeltpolitik bei herkömmlicher „Frauenarbeit".* Typisches Merkmal von Frauenarbeitsplätzen ist nach Krell (2004, S. 18) eine qualitative Unterforderung, oft gepaart mit quantitativer Überforderung. Eine Arbeitsplatzgestaltung und Personalentwicklungsmaßnahmen, die diesen Mangel ausgleichen, können als korrigierende Maßnahmen eingesetzt werden.

Was die Entgeltpolitik anbelangt, kann festgestellt werden, dass nach wie vor „Frauenarbeiten" niedriger bewertet und bezahlt werden als „Männerarbeiten" und dieser Tatbestand auch eine Quelle von Demotivation und Unzufriedenheit darstellt. Nach den Angaben des statistischen Bundesamtes erhielten im Jahre 2002 vollzeitbeschäftigte weibliche Angestellte im produzierenden Gewerbe, Handel, im Kredit- und Versicherungsgewerbe in den alten Bundesländern 30 %, in den neuen 23 % weniger, Arbeiterinnen erhielten in den alten Bundesländern 26 %, in den neuen Bundesländern 22 % weniger Entgelt als ihre männlichen Kollegen (Krell/Winter 2004, S. 310). Nicht nur Frauen, sondern auch Männer können zu Diskriminierungsopfern werden, wenn sie z. B. in frauendominierten Bereichen beschäftigt sind, Elternzeit nehmen oder Teilzeit arbeiten.

Ad 3. Die *Vereinbarkeit von Beruf und Privatleben* bezieht sich nicht nur auf das Thema der Vereinbarkeit von Familie und Beruf (Knauth et al. 2000, Lange 2003), sondern thematisiert unter dem Stichwort *„Worklife Balance"* auch die Frage, wie Beruf und Privatleben in eine gesunde Balance gebracht werden können und welche (negativen) individuellen, gesundheitlichen und organisationsbezogenen Auswirkungen mit sehr hoher beruflicher Belastung verknüpft sind. Zur Illustration einige Ergebnisse einer internationalen Studie an Führungskräften (Hunzinger 2003): Danach arbeiten über 70 % der Führungskräfte der ersten und zweiten Ebene mehr als 50 Stunden pro Woche, jede fünfte sogar mehr als 60 Stunden – eine Arbeitszeit, die kaum Raum für Privatleben und Familie lässt. Über 90 % der Führungskräfte sind verheiratet bzw. leben in fester Partnerschaft. Während die männlichen Führungskräfte Haushalt und Kindererziehung in der Regel an ihre Frauen delegieren, ist dies für die weiblichen Führungskräfte zumindest in Deutschland kaum möglich. „80 % der weiblichen Führungskräfte in Deutschland haben keine Kinder, während nur ein Drittel ihrer Kolleginnen in anderen Ländern kinderlos ist" (Hunzinger 2003, S. 54). Diese berufliche Belastung schränkt nicht nur das Familien- und Privatleben ein und zeitigt erhöhte Scheidungsraten (Risch 1999). Darüber hinaus ergibt sich daraus Unzufriedenheit v. a. der mittleren Führungsebene, Gesundheitsstörungen und Burnout (Hunzinger 2003)

Sollen nicht alte Rollenstereotype verfestigt werden, müssen Maßnahmen zur Erleichterung der Vereinbarkeit von Beruf und Privatleben/Familie Frauen und Männer gleichermaßen einbeziehen und ansprechen. Dies bedeutet, dass z. B. Teilzeitregelungen für Männer und Frauen (geschlechtsneutral) sowie für alle Hierarchiestufen (statusneutral) angeboten werden müssen.

Exemplarisch werden im Folgenden zu dem Leitziel, die Vereinbarkeit von Familie und Beruf zu erleichtern, zehn mögliche Handlungsfelder, Maßnahmen und der damit verbundene Nutzen für die Organisation dargestellt (Tabelle 7). Dabei wird deutlich, dass hier nicht nur personalpolitische Maßnahmen zu ergreifen sind, sondern die institutionellen Rahmenbedingungen und die Organisationskultur transformiert werden müssen.

Tabelle 7: Vereinbarkeit von Familie und Beruf

Handlungsfeld	Kurzbeschreibung	Nutzen
Arbeitszeit	Flexible Gestaltung von Umfang, Lage und Abrechnungszeitraum der Arbeitszeit Freistellungsregelungen	Flexibler Einsatz von Personalressourcen
Arbeitsabläufe und -inhalte	Flexible Gestaltung und Verteilung von Arbeitsaufträgen (zum Beispiel Mitarbeiterbeteiligung oder Teamarbeit)	Multifunktionaler Personaleinsatz
Arbeitsort	Flexibler Arbeitsort (zu Hause, im Büro, auf Reisen) und seine Anbindung an den Betrieb	Zeit und Kosteneinsparungen
Informations- und Kommunikationspolitik	Unternehmensinterne Informations- und Öffentlichkeitsarbeit über familienunterstützende Aktivitäten des Betriebes	Unterstützung der Wirksamkeit personalpolitischer Maßnahmen
Führung	Familienbewusstes Verhalten der Führungskräfte; aktive Unterstützung familienbewusster Vereinbarungen; Förderung der Kommunikations- und Konfliktfähigkeit	Kompetenzentwicklung und -erweiterung der Führungskräfte
Personalentwicklung	Fortbildungs- und Förderungsmöglichkeiten für Beschäftigte mit Familie: positive Bewertung von Patchwork-Erwerbsbiografien	Qualifikationserhalt und -ausbau sowie Nutzung von in der Familie erworbenen Kompetenzen
Entgeltbestandteile und geldwerte Leistungen	Finanzielle und soziale Unterstützung für Beschäftigte mit Familie	Bedarfs- und sozial gerechte Entgeltpolitik
Flankierender Service für Familien	Versorgungsarrangements für Kinder und pflegebedürftige Angehörige	Reduzierung der Wiedereinarbeitungskosten, Amortisation der Aus-, Fort- und Weiterbildungskosten
Unternehmens- und personalpolitisches Datenmodell	Erfassung, Verknüpfung und Analyse betriebswirtschaftlicher Daten und Informationen zur mittel- bis langfristigen Kosten-Nutzen-Analyse familienbewusster Maßnahmen	Strategische Unternehmens- und Personalplanung
Betriebsspezifika	Innovative familienbewusste Maßnahmen, die keinem der Handlungsfelder zuzuordnen sind	Vorreiterrolle für weitere zukunftsweisende Familienbewusste Maßnahmen

Quelle: o.V.: Personalwirtschaft 1998, S. 26

Ad 4. Leitungskräften kommt bei der Realisierung von Chancengleichheit eine Schlüsselrolle zu. Sie haben im Rahmen der Personalarbeit großen Einfluss auf Entscheidungen der Personalauswahl, -entwicklung und Beförderung. Nach Krell (2004, S. 20 f.) können die z. T. beträchtlichen Wissens- und Akzeptanzdefizite bezüglich *Gleichstellungskompetenz und -motivation bei Führungskräften*, durch zwei Strategien verbessert werden: Selektion und Modifikation.

- Selektion bedeutet, dass Genderkompetenz zu einem Kriterium der Führungskräfteauswahl gemacht wird und geprüft wird, ob Qualifikationen oder Weiterbildungen im Bereich Genderkompetenz und/oder Diversity-Management vorliegen.

- Modifikation im Sinne einer Verbesserung der Genderkompetenz kann durch Weiterbildung erreicht werden und indem dieses Kriterium in die Potenzial- und Personalbeurteilung von Führungs(nachwuchs)kräften eingebunden wird. Somit wird auf oberster Leitungsebene signalisiert, dass es sich nicht nur um Absichterklärungen handelt, sondern das Verhalten und die Ergebnisse bzgl. Realisierung von Chancengleichheit tatsächlich überprüft werden.

4.6 Evaluation der Maßnahmen

Zum Management-Regelkreis gehört das Kontrollieren der Ergebnisse, die durch die vorangegangenen Aktivitäten Ziele setzen, Planen, Entscheiden und Realisieren erzielt wurden. „Nur durch Kontrollieren und Feedback bekommen Leitungskräfte die erforderlichen Informationen, um eine effiziente Systemsteuerung vornehmen zu können (Maelicke 2003 e, S. 567).

Die Erfolgskontrolle von Personalentwicklungsmaßnahmen wird oft vernachlässigt, obwohl dieser Schritt für die Optimierung des Personalwesens entscheidend ist (Schöni 2001). Die Aufgabe der Evaluation besteht darin, zu prüfen, ob die geplanten und mit den Mitarbeitern vereinbarten Ziele mit den durchgeführten Maßnahmen erreicht wurden. Dies betrifft nach Schöni (2001, S. 42 f.).

- die angestrebten Lern- und Verhaltenswirkungen bei Mitarbeitenden und im Team
- die angestrebten Veränderungen auf Abteilungsebene oder im Geschäftsfeld
- das Controlling der Kosten und allfälligen Erträge.

Auch von der Personalentwicklung wird, wie von anderen Unternehmensfunktionen, erwartet, dass sie ihre Mittel wirksam einsetzt, d. h. sich als effektiv und effizient erweist.

Effektiv ist eine Personalentwicklungsmaßnahme, wenn die angestrebten Wirkungen bzw. Ziele mit den bereit gestellten Maßnahmen erreicht wurden, wenn z. B. mit einer Trainingsmaßnahme die erwarteten Verbesserungen auch tatsächlich herbeigeführt wurden. Voraussetzung ist hier, dass bereits bei der Planung der Maßnahme genau definiert wird,

1. welche Ziele (Wirkungen) in welchen Feldern erreicht werden sollen,
2. anhand welcher qualitativen und quantitativen Indikatoren (Merkmale, Kennzahlen) die Zielerreichung überprüft werden soll (Schöni 2001, S. 44).

Bereits in Kapitel 4.3 wurde darauf hingewiesen, dass sich erst durch die genaue Planung der Ziele und Wirkungen, die z. B. im Arbeitsfeld, der Abteilung, dem Geschäftsfeld erreicht werden sollen, die notwendigen Trainingsmaßnahmen ableiten lassen. Die Überprüfung der Wirksamkeit mit entsprechenden messbaren Erfolgsindikatoren sollte bei allen Maßnahmen frühzeitig geplant und nach Abschluss derselben vorgenommen werden (zur Indikatorenbildung vgl. Schöni 2001, S. 44).

Zur Überprüfung des Lernerfolges bzw. des Erfolges aus Teilnehmersicht eignen sich Teilnehmerbefragungen. Sie können in mündlicher, besser schriftlicher Form anhand von Beurteilungsbögen vorgenommen werden. Dabei sollten Inhalte und Methoden, Qualifikation und Didaktik der Referenten, die Organisation sowie die Lernerfolge und Umsetzungsmöglichkeiten aus Teilnehmersicht erfasst werden (vgl. Bröckermann 2003, S. 445, Schöni 2001, S. 206).

Personalentwicklung ist aber für das Unternehmen/ die Organisation erst dann effektiv, wenn die erworbene Qualifikation in berufliche Handlungskompetenz transformiert wird und sich als Anwendungserfolg beobachtbar und messbar niederschlägt. Hinweise für den Erfolg von Qualifizierungsmaßnahmen können nach Bröckermann (a.a.O) Personalbeurteilungen vor und nach Qualifizierungsmaßnahmen sowie die Befragung von Vorgesetzten liefern. Besser geeignet sind allerdings klar messbare Indikatoren oder Kennzahlen, wie in Kap. 4.3. beschrieben.

Als weiterer Bewertungsmaßstab ist die *Beurteilung der Effizienz* des Mitteleinsatzes (Wirtschaftlichkeit) von Bedeutung. Ein Training kann z. B. die erwünschten Veränderungen im Arbeitsfeld und in den Kooperationsbeziehungen herbeiführen, also effektiv sein.

Wirtschaftlich ist es allerdings nur dann, wenn sich die Ziele mit vertretbarem Einsatz von Zeit und Finanzmitteln erreichen lassen. Die Dynamik von Lern- und Transferprozessen erschwert eine eindeutige Kosten-Nutzen-Analyse nicht nur in NPO, sondern auch in gewerblichen Unternehmen. Auch wenn viele Personalentwicklungsmaßnahmen aus qualitativen Gründen vorgenommen werden, muss die Bedarfs- und Maßnahmenplanung sowie die Umsetzung eine Optimierung von Kosten und Leistungen anstreben.

Eine vollständige Kostenerfassung von Personalentwicklungsmaßnahmen muss nach Bröckermann (2003, S. 442) folgende Kostenarten berücksichtigen:

- das Arbeitsentgelt für die ausgefallene Arbeitszeit der Teilnehmerinnen und Teilnehmer, soweit Qualifizierung und Arbeitsleistung nicht Hand in Hand gehen
- die Ausbildungsvergütungen bei der Berufsausbildung,
- gegebenenfalls ein Arbeitsentgelt für Überstunden eingesetzter Ersatzkräfte,
- Kosten für An- und Abreise, Räume, Verpflegung, Arbeitsunterlagen und Ähnliches,
- Honorare bzw. anteiliges Entgelt für Referenten oder
- Teilnahmegebühren für externe Veranstaltungen sowie
- die Kosten, die im Personalwesen und den Fachabteilungen für die Ermittlung des Personalentwicklungsbedarfs, die Planung und die Umsetzung anfallen. Diese Kosten kann man anhand der Zeit errechnen, die die Betroffenen für diese Aufgaben aufgewendet haben,
- kalkulatorische Abschreibungen für Einrichtungen des Bildungswesens.

Erst nach einer vollständigen Kostenerfassung können Kostenvergleiche z. B. zwischen internen oder externen Qualifizierungsmaßnahmen vorgenommen werden. So fallen z. B. bei Inhouse-Seminaren Honorarkosten für Referenten an, diese sind aber meist geringer als die Seminarkosten für mehrere Beschäftigte, wenn man Reisekosten und reisebedingte Ausfallzeiten berücksichtigt.

Erfasste und planbare Kosten sind zugleich die Planungsgrundlage für künftige Qualifizierungsmaßnahmen und Personalentwicklungsbudgets (vgl. auch Bröckermann 2003, S. 443).

Zusammenfassend lässt sich festhalten, dass Personalentwicklung mit der Zielrichtung einer lernenden Organisation an Leitungskräfte die Anforderung stellt, umfassende Lernprozesse zu organisieren. Eine strategisch ausgerichtete Personalentwicklung erfordert, Organisationsziele in Entwicklungsziele für Bereiche, Abteilungen und einzelne Mitarbeiter/innen zu übersetzen, entsprechende Ziele mit klaren Indikatoren für die Zielerreichung zu vereinbaren, ganzheitliche Lernprozesse möglichst arbeitsplatznah zu organisieren und die Ergebnisse mit aussagekräftigen Feedback-Systemen zu überprüfen. Um die Motivation und Kooperation der Mitarbeiter/innen zu sichern müssen deren Entwicklungsziele systematisch mit den Organisationszielen verknüpft werden. Eine ressourcenorientierte und kostenbewusste Personalstrategie verlangt, die vorhandenen Potenziale der Mitarbeiter/innen genau zu kennen und sie für interne Qualifizierungsprozesse sowie die Entwicklung von Organisationszielen zu nutzen.

5. Kommunikative Kompetenzen im Bereich Personalmanagement

Alle Prozesse im Rahmen der Personalarbeit und der Leitungstätigkeit basieren auf Kommunikationsprozessen. Zu den Aufgaben von Personalverantwortlichen und Leitungskräften gehört u.a., dass sie

- ihre Mitarbeiter/innen wirksam motivieren,
- effektive Zielvereinbarungsgespräche und Beurteilungsgespräche mit ihnen führen,
- Mitarbeiter/innen in Entscheidungen einbinden,
- Sach- und Beziehungsprobleme erkennen und lösen,
- qualifizierte Informationen einholen und geben,
- die adäquaten Aufgaben an die einzelnen Mitarbeiter/innen delegieren,
- auf Beschwerden richtig eingehen,
- Widerstände im Team erkennen und bearbeiten,
- Bei Konflikten die Ursachen erkennen und entsprechende Problemlösestrategien entwickeln,
- künftige Aktivitäten Arbeitsschwerpunkte und Arbeitsmethoden planen und koordinieren
(modifiziert nach Neumann 1999, S. 238)

Mit steigender Hierarchie erhöht sich der Kommunikationsanteil an der Arbeitszeit (Regnet 1999), wobei erfolgreiche Führungskräfte besonders viel mit ihren Mitarbeitern sprechen (Lauterburg 1990).

Obwohl die Bedeutung der Kommunikation für erfolgreiche Personalführung und -förderung bekannt ist, findet in der Einschätzung der Mitarbeiter/innen aller Hierarchieebenen zu wenig Kommunikation statt. Regnet (1999, S. 218) referiert die Ergebnisse verschiedener empirischer Untersuchungen zur Zufriedenheit von Mitarbeiter/inne/n mit der Kommunikation ihrer Vorgesetzten. Im Rahmen einer Studie mit 1.200 Teilnehmern aus 17 Branchen benannten Mitarbeiter folgende *Kommunikationsdefizite* im Umgang mit ihren Vorgesetzten:

- Mitarbeiter/innen fühlen sich insgesamt zu wenig informiert
- Mitarbeiter/innen erhalten kein regelmäßiges Feedback zu ihrer Leistung
- Mitarbeiter/innen vermissen eine systematische Karriereentwicklung durch ihre Vorgesetzten
- Es gibt keine Gespräche mit den Vorgesetzten zu Arbeitsergebnissen, -methoden und -verhaltensweisen.

Diese Befunde verweisen auf einen quantitativen und qualitativen Mangel an ausreichenden und befriedigenden Gesprächen.

Im Folgenden sollen deshalb zunächst einige grundlegende Überlegungen zur Gestaltung befriedigende Kommunikationsprozesse dargestellt werden. In den anschließenden Abschnitten wird dann auf besonders schwierige Kommunikationssituationen, den Umgang mit Widerstand und den Umgang mit Konflikten eingegangen.

5.1 Merkmale gelingender Kommunikation

Kommunikation findet immer statt, wenn Menschen zusammen sind – „Man kann nicht nicht kommunizieren" (Watzlawick/Beavin/Jackson 1982). Dieses Grundaxiom der Kommunikation bedeutet, dass jede Handlung im sozialen Kontext kommunikative Bedeutung erhält und vom Kommunikationspartner interpretiert wird. Dabei ist nicht nur von Bedeutung, was auf der inhaltlichen Ebene kommuniziert wird (Inhaltsaspekt), sondern auch wie die Kommunikation im Bezug zum Adressaten gestaltet wird (Beziehungsaspekt).

Jede Kommunikation enthält darüber hinaus eine Mitteilung über den Sender der Nachricht (Selbstoffenbarungsaspekt), und da Kommunikation immer zielgerichtet ist, enthält sie auch eine explizite oder implizite Aufforderung an den Empfänger, wie die Mitteilung aufzufassen ist (Appell) (Schulz von Thun 2003).

Abbildung 6: Kommunikationsmodell

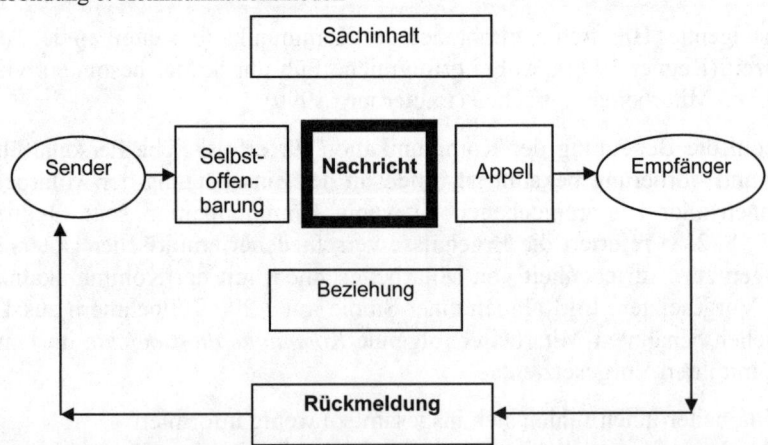

Quelle: nach Schulz von Thun 2003

Somit stellt die Nachricht ein komplexes Paket von vier Botschaften dar, die vom Sender verschlüsselt werden und vom Empfänger decodiert werden müssen. Die Kanäle, auf denen Nachrichten vermittelt werden, sind sprachlich (mündlich/schriftlich) oder nonverbal (Blickkontakt, Mimik, Gestik, Stimmausdruck, Körperhaltung, Bewegung, Kleidung, Symbole).

Kommunikation gelingt aus Sicht des Senders dann, wenn Sendeabsicht und Empfangsresultat miteinander übereinstimmen, d. h. wenn der Empfänger die Nachricht so aufnimmt, wie der Sender sie verstanden haben will. Soll z. B. aus Sicht der Führungskraft ein Mitarbeiter eine bestimmte Aufgabe übernehmen, so kann er nicht davon ausgehen, dass die von ihm vermittelte Aufgabe tatsächlich in der gewünschten Art und Weise ausgeführt wird.

An welchen Stellen der Kommunikationsprozess gestört werden kann, zeigt die nachfolgende Illustration (Birker 2000, S. 30)

Tabelle 8: Störungspotenziale im Kommunikationsprozess

		gesagt
gesagt	ist nicht gleich	gehört
gehört	ist nicht gleich	verstanden
verstanden	ist nicht gleich	einverstanden
einverstanden	ist nicht gleich	gewusst, wie zu handeln
gewusst, wie zu handeln	ist nicht gleich	motiviert sein zum Handeln (aktiv zu werden)

Die Tabelle 8 verdeutlicht, dass zwischen der Aufgabenvermittlung im Rahmen einer Information und der Ausführung dieser Aufgabe komplexe Informationsverarbeitungsprozesse auf sensorischer, affektiver, kognitiver und motivationaler Ebene stattfinden.

Ob und inwieweit diese Prozesse gelingen, kann in unserem Beispiel der Vorgesetzte nur erfassen, wenn er die Reaktion des Mitarbeiters wahrnimmt und korrekt interpretiert. Dies bedeutet, dass er auf *Feedback-Prozesse* seitens des Mitarbeiters angewiesen ist und in der Lage sein muss, die Reaktion des Empfängers adäquat zu verarbeiten.

Auch bei der Rückmeldung besteht nun in gleicher Weise die Möglichkeit, dass die Kommunikation misslingt, weil der Vorgesetzte dem Mitarbeiter nicht zuhört, dessen Aussage nicht richtig versteht oder missversteht, sie innerlich nicht akzeptiert, nicht weiß, welche Schlussfolgerungen er daraus ableiten soll oder nicht aktiv werden möchte.

Kommunikative Kompetenz setzt somit voraus, als Sender und Empfänger adäquat agieren zu können. Die wünschenswerten kommunikativen Kompetenzen werden auch im Rahmen anderer Kommunikationsmodelle thematisiert und sind in einer Vielzahl von Publikationen aufgelistet worden (z. B. Birker 2000; Bröckermann 2003; Comelli 1999; Neuberger 1992; Oppermann-Weber 2001; Regnet 1999; Schulz von Thun 1994; Schulz von Thun/Ruppel/Stratmann 2002).

Sie lassen sich gemäß des Kommunikationsmodells von Schulz von Thun (1994) den vier Seiten der Kommunikation zuordnen, womit auch zum Ausdruck kommt, dass die Dimensionen nicht unabhängig voneinander sind, sondern gleichzeitig realisiert werden müssen, um Kommunikation erfolgreich zu gestalten.

Tabelle 9: Kommunikative Kompetenzen für gelingende Kommunikation bei Sender und Empfänger

Sender	Empfänger
Inhaltsaspekt: Sachlichkeit und Verständlichkeit	Aktives Zuhören und Empathie
Selbstoffenbarung: Authentizität und Transparenz	Überprüfung des Verstandenen, Paraphrasieren
Beziehung: Positive Wertschätzung	
Appell: Offene und begründete Erwartungen, Ziele und Wünsche	Konstruktives Feedback: Ich-Botschaften, Beschreibung statt Beurteilung

Eigene Darstellung

Inhaltsaspekt: Sachlichkeit und Verständlichkeit

Sachlichkeit und Verständlichkeit sichern auf der Inhaltsebene den reibungslosen Informationsfluss. Sachaspekte können aber nicht vermittelt werden, ohne den Gesprächspartner gleichzeitig in einer bestimmten Art und Weise zu behandeln (vgl. Watzlawick et al., a.a.O.).

Abbildung 7: Sachdiskussion mit konstruktiven Begleitbotschaften

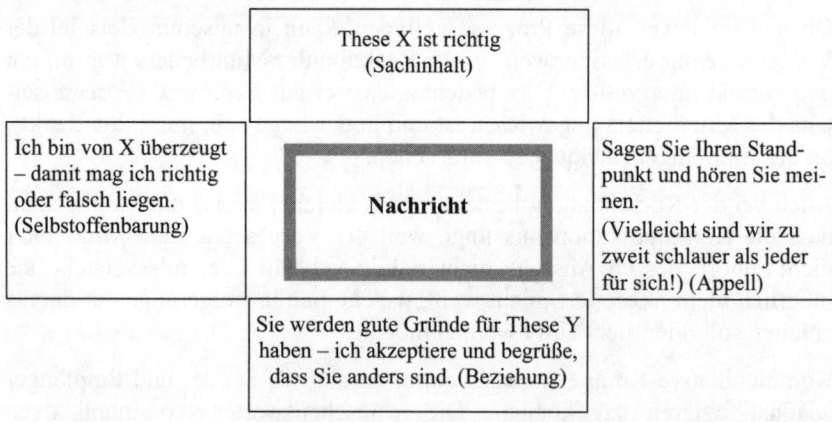

Dies bedeutet, dass *Sachlichkeit* nur erreicht werden kann, wenn neben der Vermittlung von Sachinhalten keine störenden Begleitbotschaften die Oberhand gewinnen. Der störungsfreie Austausch von Informationen ist deshalb nur zu erreichen, wenn der/die Gesprächspartner/in gleichzeitig mit Wertschätzung behandelt wird, wenn der eigene Standpunkt relativiert werden kann und die Absicht kommuniziert wird, bei der Zielfindung Konsens herzustellen und verschiedene Sichtweisen miteinander zu verknüpfen. Schulz von Thun (1994, S. 131) charakterisiert die Begleitbotschaften, die einer sachlich- konstruktiven Zusammenarbeit zuträglich sind. Sie verweisen auf eine Grundhaltung der Wertschätzung und Toleranz.

Werden dagegen Sachinformationen gekoppelt mit entwertenden Äußerungen gegenüber dem Gesprächspartner (Beziehungsseite), mit Überheblichkeit (Selbstoffenbarungsseite) und Druck oder Zwang (Appellseite) ist ein sachlicher Dialog nicht mehr möglich.

Abbildung 8: Sachdiskussion mit destruktiven Begleitbotschaften

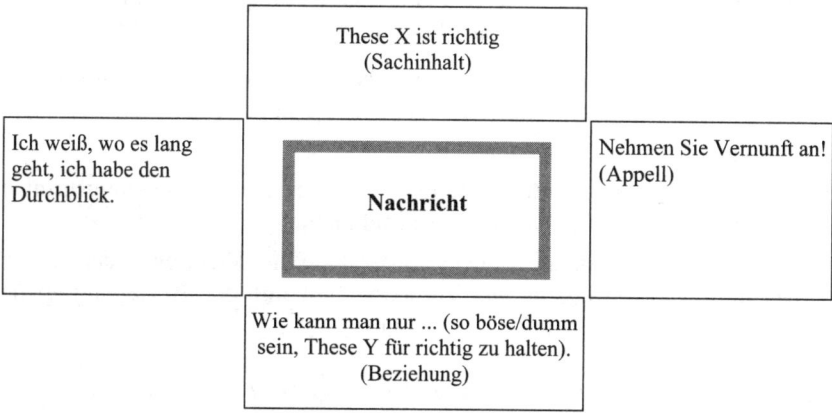

Quelle: Schulz von Thun 1994, S. 130

Neben der Sachlichkeit spielt auch die *Verständlichkeit* eine wichtige Rolle, ob Informationen in der gewünschten Weise aufgenommen werden können. Informationen werden verständlich, wenn sie nach den folgenden Kriterien dargeboten werden (Langer/Schulz von Thun/Tausch 2002, S. 21f)

- *Einfachheit* (kurze, einfache Sätze, geläufige Wörter, Fachwörter erklärt, konkret, anschaulich)
- *Gliederung/Ordnung* (folgerichtig, übersichtlich, Unterscheidung von Wesentlichem und Unwesentlichem, der rote Faden bleibt sichtbar)
- *Kürze/Prägnanz* (auf das Vermittlungsziel konzentriert, knapp, jedes Wort ist notwendig, auf das Wesentliche beschränkt)
- *Anregende Zusätze* (anregend, interessant, abwechslungsreich, persönlich)

Weitschweifige, komplizierte Monologe, ohne erkennbaren roten Faden, die uninteressant und unpersönlich vorgetragen werden, sind das Gegenteil einer verständlichen Informationsvermittlung. Sie erhöhen die Wahrscheinlichkeit, dass die Informationen, die z. B. im Rahmen einer Teambesprechung so vermittelt werden, nicht verstanden und behalten werden können.

Neben der Verständlichkeit ist von Bedeutung, dass die Information vollständig und wahr ist sowie kontinuierlich und umfassend vermittelt wird.

Unvollständige, eingeschränkte Informationen begünstigen Gerüchte, Mutmaßungen und Misstrauen. Werden Mitarbeiter nicht ausreichend informiert, so sinkt die Produktivität durch Nachfragen, Suchen, Zeitverzögerung und Doppelarbeiten. Darüber hinaus entstehen leicht Spannungen, Konflikte, Unzufriedenheit und ein schlechtes Arbeitsklima (vgl. Oppermann-Weber 2001) Wer Verantwortung in seinem Bereich übernehmen möchte, muss den Zugang zu umfassenden Informationen in seinem Arbeitsgebiet sowie übergeordneten Planungen, Strategien und Innovationen haben. Ausreichende, korrekte und kontinuierliche Information

- schafft Sicherheit und Orientierung, was gerade im Umgang mit Innovationen und Veränderungen besonders wichtig ist,
- motiviert die Mitarbeiter/innen,
- steigert die Akzeptanz der Leitungskraft, wenn sie Entscheidungsgründe und den Sinn von Maßnahmen vermitteln kann,
- hat eine wichtige soziale Dimension, weil sie die Wichtigkeit der Person bestätigt, Zugehörigkeit und Verbundenheit auf der Beziehungsebene schafft (vgl. Oppermann-Weber, a.a.O.)

Selbstoffenbarung: Authentizität und Transparenz

Auch auf der Ebene der Selbstoffenbarung kann man nicht nicht kommunizieren (vgl. Watzlawick et al., a.a.O), d. h. jede Äußerung enthält eine mehr oder weniger freiwillige Enthüllung von Gefühlen, Befindlichkeit, Interessen und Motiven des Sprechers. Fassadentechniken, die darauf abzielen, nur bestimmte Aspekte der eigenen Person zu präsentieren oder andere zu verstecken, werden in der Regel von den Adressaten als mangelnde Transparenz, Unehrlichkeit oder Falschheit wahrgenommen und lösen Misstrauen und Unbehagen aus. Gelungene Kommunikation setzt voraus, dass die Gesprächspartner authentisch sind, d. h. dass die Kommunikation übereinstimmt mit den Gedanken und Gefühlen des Senders (vgl. Alterhoff 1994).

Authentizität ist sprachlich an den sog. „Ich-Botschaften" erkennbar, d. h. die Person ist in der Lage, ihre eigene Meinung, ihre Wünsche und Absichten transparent werden zu lassen (z. B. „Ich vertrete die Auffassung, dass ..."). Fehlende Transparenz zeigt sich in fassadenhaften Formulierungen, hinter denen die Person sich verstecken kann, wie „Man kann nicht umhin ...", „Es ist allgemein üblich ...".

Diese Kongruenz beinhaltet auch, dass die verbalen und nonverbalen Signale übereinstimmen. Wenn z. B. ein Vorgesetzter im Rahmen eines Mitarbeitergespräches seinen Mitarbeiter verbal ermuntert. „Sie können mir jetzt alles sagen, was Sie an meinem Verhalten Ihnen gegenüber stört" und dabei missmutig mit verschränkten Armen zum Boden blickt, gerät der Mitarbeiter in eine Zwickmühle (double-bind). Widersprüche zwischen verbaler und non-verbaler Botschaft wirken verunsichernd und lähmend. Transparenz oder Authentizität bedeutet nicht, alles sagen zu müssen, was man meint, aber das Gesagte sollte aufrichtig und ehrlich sein und der eigenen Meinung entsprechen (*selektive Authentizität*). Denn nur so lässt sich Berechenbarkeit und Verlässlichkeit in der zwischenmenschlichen Interaktion erreichen (Regnet 1999, Schulz von Thun 2003).

Beziehung: Positive Wertschätzung

Anerkennung bzw. *Akzeptanz* stellt ein menschliches Grundbedürfnis und eine wesentliche Bedingung für störungsfreie Entwicklung dar. Sozialpsychologische Untersuchungen an Schulkindern, deren Lehrer aufgrund einer falschen Vorinformation bestimmte Schüler für sehr begabt hielten, zeigten, dass die Lehrer ihre Schüler – natürlich unbewusst – gemäß den Erwartungen wahrnahmen und deren intellektuelle Entwicklung damit stärker förderten (Rosenthal & Jacobsen, 1968). Dieser, in der Psychologie als „Pygmalion-Effekt" beschriebene Mechanismus besagt, dass Erwartungshaltungen im Sinne einer sich selbst erfüllenden Prophezeiung wirksam werden. Ähnliches ist nach v. Rosenstiel (1999) auch im Umgang mit Mitarbeiter/inne/n zu erwarten:

„Ein Vorgesetzter, der – in realistischem Rahmen – Hoffnungen in seinen Mitarbeiter investiert, gute Leistungen anerkennt, unerwünschtes Verhalten vorsichtig und konstruktiv korrigiert, wird Selbstsicherheit bei ihm stärken und ihn langfristig zu einem besseren Mitarbeiter machen. Wer dagegen in seiner Kritik destruktiv ist, den Mitarbeiter entmutigt, z. B. mit Formulierungen wie: ‚Schon wieder Sie, bei Ihnen habe ich auch gar nichts anderes erwartet!', der wird den Mitarbeiter verunsichern und ihn schließlich dazu führen, dass er häufig an den Anforderungen scheitert" (ebd., S. 247).

Positive Wertschätzung bedeutet, Menschen grundsätzlich mit Respekt, Achtung, Wohlwollen und Freundlichkeit zu begegnen. Es bedeutet, sie mit ihren Möglichkeiten, Fähigkeiten, Grenzen und Potenzialen wahr zu nehmen und so anzuerkennen, wie sie sind. Akzeptanz bedeutet nicht, jedes Verhalten akzeptieren oder gutheißen zu müssen (Rogers 1994). Doch sollte bei Kritik zwischen der Person und ihrem Verhalten unterschieden werden, so dass die Person weder entwertet noch entmutigt wird, sondern sich trotz der Rückmeldung von Fehlern angenommen und geachtet fühlen kann.

Nicht nur die Qualität, sondern auch die Quantität der Interaktion wird von Mitarbeitern auf der Beziehungsebene interpretiert. Fehlende oder zu wenig Kommunikation kann von Mitarbeitern, ohne dass dies von Vorgesetzten beabsichtigt ist, als Missachtung oder Geringschätzung interpretiert werden. Vorgesetzte schätzen das Ausmaß der Information an Mitarbeiter sehr viel höher ein, als dies von Mitarbeitern wahrgenommen wird (Regnet 1999, S. 221).

Damit ausreichend Kommunikation stattfinden kann, müssen auch strukturelle Voraussetzungen, wie regelmäßige Abteilungsgespräche, Mitarbeitergespräche und feste Zeiten, in denen die Leitungskraft ansprechbar ist, geschaffen werden. Dies bedeutet, dass im Rahmen des Personalmanagements sowohl für ausreichende Information und Kommunikation, als auch für einen wertschätzenden Umgang mit allen Mitarbeiter/inne/n Sorge zu tragen ist. Störungen auf der Beziehungsebene behindern die sachliche Zusammenarbeit und sollten nach dem Prinzip „Störungen haben Vorrang" (Cohn 1970) vordringlich bearbeitet werden (vgl. Kap. 5.3).

Appell: Offene und begründete Erwartungen, Ziele und Wünsche

Kommunikation bedeutet immer, Einfluss zu nehmen und Wirkungen zu erzielen. Kommunikation dient, insbesondere im betrieblichen Kontext, nicht nur dem Austausch dessen, was ist, sondern vor allen Dingen dazu „... einen Zustand hervorzubringen, der noch nicht ist, oder einen Zustand zu verhindern, der einzutreten droht (Schulz von Thun 1994, S. 209). Dabei ist nach Schulz von Thun die richtige Balance zwischen Ausdruck und Wirkung essentiell wichtig.

Kommunikationstrainings lassen sich grundsätzlich danach unterscheiden, ob sie eher ausdrucksorientiert oder eher wirkungsorientiert angelegt sind. Während therapeutische und Selbsterfahrungsgruppen dazu tendieren, den emotionalen Ausdruck zu fördern, sind Kommunikationstrainings im Managementbereich, z. B. mit Titeln wie „Wie motiviere ich Mitarbeiter richtig?" in erster Linie auf Wirkung angelegt. Wird jeweils nur ein Aspekt besonders betont, so birgt dies unterschiedliche Gefahren für die Kommunikation:

> „Wer (bewusst oder unbewusst) nur auf Wirkung orientiert ist und dabei den authentischen Ausdruck vernachlässigt, entfremdet sich von sich selbst und von anderen, macht den Mitmenschen zum bloßen Objekt der Behandlung, der Manipulation. Wer nur auf den Ausdruck orientiert ist, und sich nicht darum kümmert, was er damit anrichten könnte, handelt unverantwortlich, wird unter den Wirkungen zu leiden haben und verzichtet darauf, seine Sache zur Geltung zu bringen und Einfluss zu nehmen." (Schulz von Thun 1994, S. 211 f.)

Es kommt also darauf an, Ausdruck und Wirkung stets in die richtige Balance zu bringen und Kommunikation nach dem von Ruth Cohn benannten „Prinzip der selektiven Authentizität" zu gestalten, z. B.: „Ich möchte meinem Mitarbeiter sagen, was mich stört (Ausdruck), ohne ihn zu entmutigen oder zu verletzen" (Wirkung).

Direkte Appelle in Form von Anordnungen, Befehlen, Anweisungen erzeugen beim Empfänger Widerstand, weil er sich in seiner Freiheit und seinem Anspruch auf Selbstbestimmung eingeschränkt fühlt. Dieses in vielen sozialpsychologischen Untersuchungen nachgewiesene Phänomen der Reaktanz besagt, dass Menschen, die von außen in ihren gewohnten Handlungs- und Kontrollmöglichkeiten eingeschränkt werden, auf der emotionalen Ebene mit Wut und Ärger reagieren, auf der Verhaltensebene den gewünschten Zustand und die vorher bestehenden Kontrollmöglichkeiten wiederherzustellen versuchen (Brehm 1972).

Innere Kündigungen als Reaktion auf einen autoritären Führungsstil, bei dem Mitarbeiter/innen zu wenig Handlungs- und Entscheidungsfreiraum zugestanden wird, sind vielfach reaktanztheoretisch zu erklären.

Dies bedeutet, dass die intendierten Wirkungen im Rahmen des Leitungshandelns nur dann zu erwarten sind, wenn die Übernahme der Aufgabe auch von den Mitarbeiter/innen innerlich akzeptiert wird. Diese Akzeptanz ist umso eher zu erwarten, wenn die Bedeutung der Aufgabe von dem Vorgesetzten authentisch und überzeugend vermittelt wird, die Vorstellungen des Mitarbeiters/der Mitarbeiterin einbezogen werden und er/sie genügend Freiraum in der Gestaltung und Erledigung der Aufgabe erhält. Somit lässt sich ein kooperativer Führungsstil und ein Leitungsstil, der auf Zielvereinbarungen (und nicht Zielvorgaben) basiert, psychologisch begründen.

Neben den genannten Kompetenzen, als Sender adäquat handeln zu können und die postulierten Grundhaltungen umsetzen zu können, gehören zur Leitungstätigkeit bzw. Personalarbeit auch die entsprechenden „Empfängerqualitäten".

Aktives Zuhören und Empathie

Erfolgreiche Gesprächsführung hängt nach einer sehr pointierten Äußerung von Neuberger (1980, S. 112) von drei Dingen ab. *1. vom Zuhören, 2. vom Zuhören, 3. vom Zuhören.* Mitarbeitergespräche lassen sich nach Neumann (1999) danach unterscheiden, wie stark Vorgesetzte das Gespräch nach ihren eigenen Vorstellungen, Konzepten und Wünschen steuern oder wie sehr sie auf die Belange, Vorstellungen und Bedürfnisse der Mitarbeiter eingehen.

Eine direktive Gesprächsführung zeichnet sich dadurch aus, dass der/die Vorgesetzte das Gespräch lenkt und die Belange des Mitarbeiters weitgehend vernachlässigt werden.

„Das mitarbeiterorientierte oder nondirektive Gespräch ist dadurch gekennzeichnet, dass der Vorgesetzte das Gespräch kaum nach seinen *eigenen* Vorstellungen steuert, sondern nach dem, was er den Äußerungen des Mitarbeiters entnehmen kann. Er versucht, den Sachverhalt mit den Augen des Mitarbeiters zu sehen, sich auf die persönliche Sichtweise des Mitarbeiters einzustellen." (Neumann 1999, S. 230)

Aufmerksames Zuhören, Paraphrasieren des verstandenen Sachinhaltes und die Verbalisierung der Wünsche, Befürchtungen, Interessen und Befindlichkeit des/der Mitarbeiters/in trägt zu einer deutlicheren Wahrnehmung des Mitarbeiters bei, so dass dieser sich von seinem Vorgesetzten auch tatsächlich adäquat gesehen und verstanden fühlen kann. Diese mitarbeiterorientierte Haltung bedeutet keineswegs, dass der Vorgesetzte sich im Gespräch nur von den Vorgaben und Vorstellungen des Mitarbeiters leiten lassen muss – er kann und er sollte das Gespräch thematisch durchaus strukturieren. Es bedeutet aber, dass der Vorgesetzte neben seinem eigenen Bezugsystem auch das innere Bezugsystem des Mitarbeiters zu erfassen sucht. Mit dieser Haltung ist es auch möglich, Widerstände des Mitarbeiters zu erkennen und zu bearbeiten oder die Selbstwahrnehmung des Mitarbeiters mit der Fremdwahrnehmung, z. B. der Sicht des Vorgesetzten, zu konfrontieren.

Nach Neumann (1999, S. 238) lassen sich *nondirektive Gespräche* bei verschiedenen Anlässen und Mitarbeitergesprächen gewinnbringend einsetzen, so z. B.

- bei Einstellungsgesprächen (um Stärken und Schwächen von Bewerbern zu diagnostizieren).
- bei neueingestellten Mitarbeitern (um zu ihnen schnell einen guten Kontakt aufzubauen),
- bei Motivationsgesprächen (um die Arbeitsmotive des Mitarbeiters zu erkennen und darauf passende Anreize zu finden),
- nach gescheiterten Projekten (um die Ursachen zu analysieren und das weitere Vorgehen zu besprechen),
- bei persönlichen Problemen des Mitarbeiters (um dafür mehr Verständnis zu entwickeln und evtl. gezielt Hilfestellung geben zu können),
- bei Konflikten im Team oder zwischen verschiedenen Teams (um deren Ursachen zu klären, zu beseitigen oder wenigstens zu mildern),
- bei Austrittsgesprächen (um die Gründe für die Kündigung erfahren und ggf. zukünftig abstellen zu können)

Zu den *positiven Wirkungen* der Grundhaltung des aufmerksamen und Aktiven Zuhörens im Mitarbeitergespräch zählen nach Neumann (1999, S. 238),

- die *Entlastungswirkung* für den Mitarbeiter durch die Möglichkeit, eigene Themen, Vorstellungen, Ideen und vor allem akute oder aufgestaute Gefühle äußern zu können;
- die *diagnostische Wirkung für den Vorgesetzten*. Durch genaues Zuhören bekommt er ein genaues Bild zu den subjektiven und objektiven Einflussfaktoren, die eine Problemlösung erleichtern oder behindern;
- die *Selbstklärung des Mitarbeiters* im Sinne einer vertieften Auseinandersetzung mit der gegenwärtigen Situation, eigenen Gedanken, Vorstellungen, Gefühlen und Interessen. Vertiefendes Nachfragen durch den Vorgesetzten gibt Denkanstöße und fördert neue Ideen zur Problemlösung;

- die *Entwicklung von Lösungsansätzen*, die eine hohe Akzeptanz und Qualität erreichen, da sie von oder zumindest unter starker Beteiligung des Mitarbeiters entwickelt wurden. Bei diesen gemeinsamen Lösungsansätzen ist die Umsetzung eher gewährleistet und Widerstände und Reaktanz sind eher unwahrscheinlich;

- die *Verbesserung der Beziehung zu den Mitarbeitern*. Wenn sie im Gespräch mit ihrem Vorgesetzten ausreichend zu Wort kommen, fühlen sich Mitarbeiter ernst genommen und bauen Vertrauen zu dem Vorgesetzten auf. Umgekehrt kann der Vorgesetzte den Mitarbeiter besser verstehen und als Folge davon auch besser akzeptieren;

- die *Verbesserung des Führungsstils,* als Folge eines guten und produktiven Arbeitsklimas und der von den meisten Mitarbeitern gewünschten Mitarbeiterorientierung.

Nondirektive Gespräche sind nicht angezeigt, wenn es um die Vermittlung von Sachverhalten geht, wenn der Vorgesetzte Instruktionen, Aufgabenbeschreibungen, Berichte, Aufträge, zeitliche Vorgaben für Arbeitsabläufe o. ä. vermitteln muss. Allerdings kann das Einholen von Feedback des Mitarbeiters wiederum in nondirektiver Weise geschehen, so dass die Akzeptanz und mögliche Widerstände des Mitarbeiters frühzeitig erkennbar werden.

Die Bereitschaft, sich in andere Menschen hinein zu versetzen und ihr inneres Bezugssystem erfassen zu wollen, setzt ein Mindestmaß an Wertschätzung voraus. Hat ein Vorgesetzter ein sehr angespanntes oder schlechtes Verhältnis zu seinem Mitarbeiter, so kann er mit großer Wahrscheinlichkeit nicht auf authentische Weise Wertschätzung und Interesse für den Mitarbeiter aufbringen. Geheuchelte oder gespielte Wertschätzung und Empathie werden in der Regel schnell als unecht oder fassadenhaftes Verhalten erkannt.

Mitarbeiterorientierte Gesprächsführung kann und sollte deshalb nie als Technik verstanden werden, sondern kann nur dann positive Wirkung entfalten, wenn das Interesse und die Wertschätzung für den Mitarbeiter echt sind. Forschungsergebnisse im Bereich der personzentrierten Beratung belegen, dass Echtheit die wichtigste Voraussetzung darstellt, damit die beiden anderen Grundhaltungen Akzeptanz und Aktives Zuhören/Empathie ihre positive Wirkung entfalten können (vgl. Rogers 1994, Tausch/Tausch 1990). Zur Vertrauensbildung gehört neben Zuhören und Präsenz, Verbindlichkeit, Vorhersehbarkeit und Prognostizierbarkeit, d. h. es gibt klare Spielregeln und die Mitarbeiter/innen können sich auf das Gesagte verlassen.

5.2 Umgang mit Widerstand

Im zweiten Kapitel wurde darauf eingegangen, dass im Rahmen einer lernenden Organisation die Bereitschaft zum Lernen, zu Veränderung, Wandel und Innovation als zentrale Werte im Rahmen der Organisations- und Personalentwicklung verankert werden müssen. Die Verankerung von Lern- und Veränderungsbereitschaft im Leitbild oder der Philosophie des Unternehmens kann aber nicht verhindern, dass bei der Umsetzung von Neuerungen und der Implementierung innovativer Konzepte Widerstände auftreten. In diesem Abschnitt sollen deshalb Erscheinungsformen, mögliche Ursachen und hilfreiche Strategien im Umgang mit Widerständen vermittelt werden.

Jede Veränderung im persönlichen oder beruflichen Leben, gleichgültig, ob es sich um erwünschte oder unerwünschte Veränderungen handelt, bedeutet eine Veränderung des Gewohnten und der Routine, und stellt somit einen potenziellen Auslöser für Stress und Widerstand dar. Widerstände sollten deshalb nicht in erster Linie als Störung, sondern als notwendige und übliche Begleiterscheinung von Veränderung begriffen werden. Maelicke (2003 c, S. 563) empfiehlt, Widerstände analog zu Schmerzen im menschlichen Organismus zu betrachten und entsprechend als symptomatisches Warnsignal zu verstehen, das nicht in erster Linie abzustellen ist, sondern dessen tiefere Ursachen erforscht und behandelt werden müssen. Bleibt man in dieser Modellvorstellung, so geht es zunächst darum, Symptome zu erkennen, Ursachen zu diagnostizieren und die entsprechenden Ursachen zu beseitigen.

Es gibt verschiedene Symptome, die in einer Organisation auf Widerstand deuten. Sie lassen sich danach klassifizieren, ob es sich eher um Angriffs- oder Flucht-, verbale oder nonverbale Strategien handelt (Doppler/Lauterburg 1995, Maelicke 2003 c).

Tabelle 10: Symptome für Widerstand

	Verbal (Reden)	Nonverbal (Verhalten)
Aktiv (Angriff)	Widerspruch Gegenargumentation Vorwürfe Drohungen Polemik Sturer Formalismus	Aufregung Unruhe Streit Intrigen Gerüchte Cliquenbildung
Passiv (Flucht)	Ausweichen Schweigen Bagatellisieren Blödeln Ins Lächerliche ziehen Unwichtiges debattieren	Lustlosigkeit Unaufmerksamkeit Müdigkeit Fernbleiben Innere Emigration Krankheit

Quelle; Maelicke 2003c, S. 564

Betrachtet man Widerstände als Anpassungs- bzw. Abwehrreaktionen im Rahmen von Umweltveränderungen, so lohnt sich ein Blick auf die Ergebnisse der Stressforschung (vgl. Lazarus 1999). Sie besagen, dass es nicht die objektiven Veränderungen sind, die subjektiv Stress, und in Folge Kampf- oder Fluchtreaktionen auslösen, sondern dass das Stresserleben und die Stressreaktionen im Wesentlichen von zwei Bewertungsprozessen moduliert werden,

1. *der Situationsbewertung*, ob die neue Situation als Chance und Herausforderung oder eher als Bedrohung, Verlust oder Schädigung betrachtet wird.

2. *der Bewertung eigener Bewältigungsmöglichkeiten*, d. h. welche Möglichkeiten die Person sieht, mit der veränderten Situation umzugehen.

Folgende Bedrohungen und/oder Verluste und Einbußen werden häufig mit Organisationsentwicklung und Veränderungen assoziiert (vgl. Maelicke 2003c, S.564):

- *Sicherheit* (besteht die Furcht vor Verlust oder Wechsel des Arbeitsplatzes?)
- *Lohn/Gehalt* (werden Einkommenseinbußen oder andere indirekte finanzielle Nachteile erwartet?)
- *Kontakt* (besteht die Angst vor Verlust guter persönlicher Beziehungen oder vor dem Zwang zur Zusammenarbeit mit unangenehmen und schwierigen Kollegen?)
- *Anerkennung* (besteht die Angst vor persönlicher oder fachlicher Überforderung durch die neuen Aufgaben oder die Angst, nicht mehr über die Mittel zu verfügen, um die Aufgabe erfolgreich erfüllen zu können?)
- *Selbständigkeit und Kontrolle* (besteht die Befürchtung, eigene Entscheidungskompetenzen oder Handlungsspielraum zu verlieren?)
- *Entwicklung* (besteht die Befürchtung, dass Lern- und Karrierevorstellungen beeinträchtigt werden?

Bei der Implementierung eines neuen Personalentwicklungssystems muss nach Weber (2000, S. 374 f.) mit folgenden Widerständen gerechnet werden:

- Die Ankündigung von Personalentwicklungsmaßnahmen beunruhigt v.a. ältere Mitarbeiter. Ängste tauchen auf, Neues erlernen zu müssen und die Umstellung nicht zu schaffen.
- Stellen- oder Funktionsbeschreibungen sind unverzichtbar für die Personalplanung und -förderung. Einzelne Mitarbeiter befürchten jedoch ein undurchschaubares Kontrollinstrument.
- Personalbeurteilungen können ähnliche Ängste hervorrufen, obwohl sie als Instrument zur Bildungsbedarfsanalyse oder zur Verbesserung der Beförderungsgerechtigkeit eingeführt werden.
- Mitarbeitergespräche erhöhen in der Regel den Führungsaufwand. Werden neben Zielvereinbarungen auch Aspekte der Förderung und Entwicklung besprochen, so können bei Leitungskräften Ängste auftauchen, entweder ihren Mitarbeitern nichts bieten zu können oder besonders fähige Mitarbeiter durch Fördermaßnahmen zu verlieren.
- Wenn Mitarbeiter negative Erfahrungen mit angekündigten, aber nicht realisierten Reformen gemacht haben, begegnen sie neuen Vorhaben mit Skepsis und betätigen sich zumindest nicht von Anfang an als Promotoren des Prozesses.

Prävention und Abbau von Widerstand

Diese realen oder phantasierten Bedrohungen stellen die Ursache für Widerstand dar. Um Widerstände vermeiden oder sie abbauen zu können, empfiehlt sich nach Maelicke (a.a.O.) eine frühzeitige Partizipation der Betroffenen, sowohl bei der Planung wie auch der Implementierung von Innovationen. Es muss frühzeitig informiert werden über die Ursachen und Ziele der Veränderung. Genügend Aussprachemöglichkeiten, die Berücksichtigung langjähriger und bewährter Arbeits- und Sozialbeziehungen sowie verbindliche und verlässliche Zusagen schaffen Sicherheit und ein Klima des Vertrauens.

Die Bearbeitung der Widerstände beinhaltet auch Gespräche, die es den Mitarbeiter/innen ermöglichen die zugrunde liegenden Befürchtungen und Ängste zu thematisieren. Aktives Zuhören und Akzeptanz sind wichtig, um ein vertrauensvolles Klima schaffen zu können, so dass Mitarbeiter/innen den Mut finden, offen über ihre Ängste zu sprechen. Korrigierende Informationen, Vereinbarungen über den Schutz der Personen, die von Wandel und Umstrukturierung betroffen sind (z. B. Zusagen, dass keine Entlassungen erfolgen, die Übernahme neuer Aufgabengebiete mit Fortbildungsmaßnahmen flankiert wird etc.), und Hilfestellung zur Bewältigung der Veränderungsprozesse begünstigen die Akzeptanz von Neuerungen.

Maelicke (2003c) formuliert in Anlehnung an Doppler/Lauterburg (2002) vier Grundsätze, die im Umgang mit Widerstand zu beachten sind:

Tabelle 11: Vier Grundsätze zum Umgang mit Widerstand

1. Grundsatz	Es gibt keine Veränderung ohne Widerstand! Widerstand gegen Veränderung ist etwas ganz Normales und Alltägliches. Wenn bei einer Veränderung keine Widerstände auftreten, bedeutet dies, dass von vornherein niemand an ihre Realisierung glaubt. • *Nicht das Auftreten von Widerständen, sondern deren Ausbleiben ist Anlass zur Beunruhigung!*
2. Grundsatz	Widerstand enthält immer eine „verschlüsselte Botschaft"! Wenn Menschen sich gegen etwas sinnvoll oder sogar notwendig Erscheinendes sträuben, haben sie irgendwelche Bedenken, Befürchtungen oder Angst. • *Die Ursachen für Widerstand liegen im emotionalen Bereich!*
3. Grundsatz	Nichtbeachtung von Widerstand führt zu Blockaden! Widerstand zeigt an, dass die Voraussetzungen für ein reibungsloses Vorgehen im geplanten Sinne nicht bzw. *noch nicht* gegeben sind. Verstärkter Druck führt lediglich zu verstärktem Gegendruck. • *Denkpause einschalten- nochmals über die Bücher gehen!*
4. Grundsatz	Mit dem Widerstand, nicht gegen ihn gehen! Die unterschwellige emotionale Energie muss aufgenommen – d. h. zunächst einmal ernst genommen – und sinnvoll kanalisiert werden. Die Kunst im Umgang mit Widerstand heißt „Judo"! 1. Druck wegnehmen (dem Widerstand Raum geben) 2. In Dialog treten, Ursachen erforschen 3. Gemeinsame Absprachen (Vorgehen neu festlegen)

Quelle: Modifiziert nach Maelicke 2003 c, S. 565

Als weitere *Maßnahmen zur Unterstützung von Wandel und Innovation* sind nach Maelicke (2003, S. 566) auch materielle und immaterielle Anreizsysteme von Bedeutung. Die Akteure und Unterstützer/innen des Wandels sollten Anerkennung erfahren und für ihre Innovationsfreudigkeit belohnt werden.

Geeignete immaterielle Anreize sind nach Schwarz (1986, S. 41):
- Lob
- Information,
- Ausbildung
- Übertragung von Verantwortung
- Beförderung
- Symbolische Preise (Prestige)
- Arbeitszeit/-flexibilität
- Urlaub
- Cafeteria-System

Zu den materiellen Anreizen gehören nach Schwarz (a.a.O):
- Grundgehalt
- Bonus
- Leistungsprämie
- Gewinnbeteiligung
- Kapitalbeteiligung
- Sozialleistungen/Nebenleistungen
- Cafeteria-System

Als Cafeteria-System wird eine Lohnform bezeichnet, bei der Arbeitnehmer/innen, im Rahmen eines festgelegten individuellen Budgets, aus einer Palette von Sozialleistungen nach ihren Bedürfnissen betriebliche Zusatzleistungen auswählen und zusammenstellen können. So kann ein/e Mitarbeiter/in den Wert eines Firmenwagens höher einschätzen als die Auszahlung einer Prämie.

Insgesamt ist darauf zu achten, dass Anreize individualisiert und situationsspezifisch eingesetzt werden müssen, um ihre Wirkung entfalten zu können. Ein Belohnungseffekt ist nur dann zu erwarten, wenn Anreize individuell auf die Bedürfnisse der Mitarbeiter/innen zugeschnitten sind und sich deutlich von den üblichen Gratifikationen unterscheiden.

5.3 Umgang mit Konflikten

Obwohl allgemein bekannt ist, dass Konflikte im beruflichen wie privaten Miteinander unausweichlich und immer auch eine Chance für Entwicklung sind, werden sie – v. a. wenn sie einen selbst betreffen – doch als sehr unangenehm erlebt. Entsprechend gehört das Konfliktmanagement zu den ungeliebten Aufgaben einer Leitungstätigkeit. Die Widerstände, sich mit Konflikten zu befassen, haben nach Zauner/Simsa (2002) verschiedene Gründe:

- Konflikte stören das Grundbedürfnis nach Harmonie, Akzeptanz und Einheit.
- Sie erzeugen Anspannung und sind fast immer mit emotionaler Belastung verbunden.
- Sie sind in ihrem Verlauf nicht immer beherrschbar und haben das Potenzial, Einheit und Gemeinschaft zu zerstören.
- Die Offenheit des Ausgangs erzeugt Angst. Gelingt es in Organisationen nicht, mit den vorhandenen Ordnungsstrukturen Konflikte aufzulösen, so besteht die Tendenz, Konflikte zu personalisieren und sie den handelnden Personen als Defizit, Schuld oder Versagen zuzuschreiben.

Im Folgenden sollen nach einer Definition von Konflikten, mögliche Konfliktursachen aufgezeigt und Lösungsansätze vorgestellt werden.

5.3.1 Konfliktanalyse

Um Konflikte analysieren und sie konstruktiv bearbeiten zu können, bedarf es zunächst einer Klärung, was unter Konflikten zu verstehen ist. Dabei ist zu berücksichtigen, dass alle, auch organisationsbedingte Konflikte, zwischen Menschen ausgetragen werden, somit alle Konflikte als interpersonelle Konflikte in Erscheinung treten.

„Ein interpersoneller Konflikt liegt dann vor, wenn eine Partei Verhaltenstendenzen verfolgt, die mit den Verhaltenstendenzen einer anderen Partei nicht zu vereinbaren sind oder mindestens einer Partei nicht vereinbaren zu sein scheinen." (Deutsch 1976, S. 18)

Unter Verhaltenstendenzen sind dabei auch Wünsche, Interessen, Meinungen und Wertvorstellungen zu verstehen. Konsens herrscht in der Literatur, dass Konflikte auf einander widersprechenden und/oder unvereinbaren Strebungen, Motiven, Interessen oder Verhaltenstendenzen beruhen (vgl., Müller-Fohrbrodt 1999, Thomann 2000, Zauner/Simsa 2002, Zuschlag/Thielke 1989).

Einige Autoren betonen, dass man erst dann von Konflikten reden könne, wenn neben der Unvereinbarkeit der Interessen auch Handlungen einer Partei auftreten, die von der anderen Partei als Beeinträchtigung der eigenen Ziele, Interessen oder Vorstellungen empfunden wird (Glasl 1990, Beck/Schwarz 2000 a).

Ähnlich wie Widerstände sind Konflikte im zwischenmenschlichen Umgang nicht nur unvermeidlich, sondern als Normalfall in der Kommunikation zu betrachten. Mit einem innovativen Verständnis von Personalarbeit, d. h. mit dem zunehmenden Anspruch an Selbstständigkeit, Selbstbestimmung und an Kooperationsformen, die auf einer Vereinbarungskultur basieren, steigt das Potenzial von Interessenskollisionen und Konflikten. „Je weniger in einer Organisation Anweisungen nur ausgeführt, Dienstpläne nur vollzogen werden, d. h. je öfter Menschen auf wechselseitige Kommunikation angewiesen sind, desto alltäglicher, selbstverständlicher, normaler werden auch Konflikte (Beck/Schwarz 2000 a, S. 232). „Sie sind Ausdruck des in komplexen Situationen erwartbaren Aufeinandertreffens unterschiedlicher Sichtweisen und Erwartungen" (Zauner/Simsa 2002, S. 444).

Wenn es gelingt, Konflikte nicht als Störfall, sondern als Regelfall im Rahmen der Kooperation zu betrachten und sie nicht zu personalisieren im Sinne von Schuld und Versagen, Täter und Opfer, kann der Blick frei werden für das produktive Potenzial von Konflikten.

Die *positive Funktion von Konflikten* kann nach Beck/Schwarz (2000, S. 234) folgendermaßen beschrieben werden:

- Sie weisen auf Probleme hin.
- Sie fördern Innovation.
- Sie erfordern Kommunikation.
- Sie verhindern Stagnation.
- Sie regen Interesse an.
- Sie lösen Veränderungen aus.
- Sie stimulieren Kreativität.
- Sie festigen Gruppen.
- Sie führen zu Selbsterkenntnissen.
- Sie verlangen nach Lösungen.

Um das produktive Potenzial von Konflikten erkennen und für die Konfliktlösung nutzen zu können, bedarf es allerdings einer systemischen im Gegensatz zu einer linear-kausalen Betrachtungsweise (vgl. Beck/ Schwarz 2000).

Bei traditionellen Formen der Konflikthandhabung werden Konflikte in der Regel individualisiert, indem Ereignisse linear-kausal auf eine Ursache zurückgeführt werden, die dem Verhalten einer Person zugeschrieben wird. Charakter, Einstellungen und Verhalten einer oder mehrerer Personen werden dann als Konfliktursachen identifiziert. Die Konfliktbearbeitung konzentriert sich auf die Aufarbeitung und Klärung personenbezogener Ursachen, wie Kränkungen, Einstellungen, Arbeitsmoral, Wertvorstellungen etc. Der einseitige Anspruch an Verhaltensänderung wird von den Beteiligten oft als Zumutung betrachtet und entsprechend mit Widerstand und Abwehr beantwortet, so dass nicht selten der nächste Konflikt vorprogrammiert ist.

Bei dieser individualisierenden Betrachtungsweise wird vernachlässigt, dass Konflikte und Verhalten situations- kontext- und strukturabhängig sind. Die Neigung zur Personalisierung von strukturell bedingten Konflikten wird als typisches Merkmal von sozialen Einrichtungen und NPOs charakterisiert (vgl. Beck/Schwarz a.a.O., Zauner/Simsa a.a.O.). Unter dem Dach gemeinsamer humanitärer Wertvorstellungen wird die Idee einer großen Gemeinschaft oder Familie konstituiert, deren Mitglieder mit dem entsprechenden Berufsethos und Engagement zur Verwirklichung der Ziele beitragen sollen. Diese Sichtweise begünstigt ebenso wie das mangelnde Verständnis von Organisationen und ihren konflikterzeugenden Strukturen eine Personalisierung und Psychologisierung von Konflikten.

Demgegenüber werden bei einer systemischen Betrachtungsweise Personen in ihren jeweiligen Positionen als Beteiligte eines Systemproblems gesehen:

> „Sie sind Akteure, deren Verhalten nicht ausschließlich von ihren individuellen Persönlichkeitsstrukturen (Werte, Interessen, Gefühlen, ‚Charaktereigenschaften' usw.) bestimmt wird, sondern auch vom äußeren Kontext, d. h. von den Merkmalen des Systems (z. B. der Kultur, den Normen und Regeln einer Organisation, den hierarchischen Positionen und den damit verbundenen Erwartungen)." (Beck/Schwarz 2000, S. 236)

Diese Sichtweise erweitert den Blick und trägt der Tatsache Rechnung, dass Konflikte in Organisationen häufig weiter bestehen oder sich wiederholen, auch wenn Personen ausgetauscht werden.

Der Systemkontext wirkt aber nicht in gleicher Weise auf die Organisationsmitglieder ein, sondern es hängt von dem individuellen Bezugs- und Bewertungsrahmen der Organisationsmitglieder ab, wie die Ereignisse in der Organisation interpretiert werden. Traditionen, explizite und implizite Regeln, Erwartungen und Normen schaffen zwar den Kontext, in dem die Organisationsmitglieder handeln, doch wird das System von den Mitgliedern der Organisation jeweils unterschiedlich subjektiv wahrgenommen und bewertet.

Konflikte haben somit in der Regel immer einen äußeren und systembedingten Aspekt sowie auch einen subjektiven Aspekt, der auf subjektiver Wahrnehmung, Interpretation und emotionaler Betroffenheit basiert. „Dieser Sichtweise liegt die Annahme zu Grunde, dass ‚Wirklichkeiten' durch die Wirklichkeitsvorstellungen von Menschen konstruiert, geschaffen werden (Beck/Schwarz 2000, S. 236). Aus einer konstruktivistisch-systemischen Perspektive gibt es im Extremfall so viele Wirklichkeiten wie es Personen in einer Organisation gibt. Eine Beurteilung nach Gesichtspunkten wie richtig oder falsch wird damit in vielen Fällen obsolet. Für die Bearbeitung von Konflikten ist es deshalb notwendig, neben dem Systemkontext auch die subjektiven Betrachtungsweisen der Organisationsmitglieder sowie den jeweils zu Grunde liegenden Bezugs- und Bewertungsrahmen zu erfassen.

In sozialen Einrichtungen gibt es, was das Organisations- und Selbstverständnis betrifft, typische Spannungsfelder, aus denen Konflikte resultieren. Ähnlich wie die von Neuberger (1990) beschriebenen Leitungsdilemmata (vgl. „Leitung in Einrichtungen der Sozialen Arbeit") handelt es sich um Widersprüche, die weder logisch, noch durch Kompromissbildung, noch grundsätzlich zu lösen sind, sondern nur jeweils situationsspezifisch zu handhaben sind, wobei die Entscheidung für eine der Alternativen immer anfechtbar und immer konflikthaft bleibt.

In Anlehnung an Zauner /Simsa (2002, S. 446) werden *vier typische Spannungsfelder* beschrieben, die in Sozialen Einrichtungen und Non-Profit-Organisationen eine besondere Herausforderung für das (Personal-)Management darstellen.

- *Spannungsfeld: Person und Funktion*
  „Organisationen werden dadurch zu Organisationen, dass sie sich vom Einzelnen ,freimachen'" (Zauner/Simsa 2002, S. 446), d. h. Organisationen schaffen Strukturen, in denen einzelnen Menschen v. a. in ihrer funktionalen Bedeutung für das Bestehen und die Entwicklung der Organisation betrachtet werden, als „Leistungsträger", als „Kostenfaktor" oder als „Humanressource". Auf der anderen Seite ist das Funktionieren einer Organisation in hohem Maße vom Engagement und der Kreativität der in ihr arbeitenden Menschen abhängig. Als individuelle Subjekte tragen und entwickeln sie die Organisation. Soziale Einrichtungen und NPOs neigen aufgrund ihrer Wertvorstellungen und ihrer „Mission" dazu, in ihren Mitgliedern v.a. die Subjektseite zu sehen und die instrumentelle Perspektive der Organisation zu leugnen. Dabei wird der Sachverhalt ausgeblendet, dass Organisationen Menschen für ihre Organisationszwecke instrumentell einsetzen und sie immer auch ersetzbar sind.

- *Spannungsfeld: Nähe und Distanz*
  Soziale Einrichtungen bevorzugen im Rahmen ihrer Kooperation ein freundschaftlich-kameradschaftliches Klima, was sich auch an der verbreiteten Du-Anredeform zeigt. Sie neigen dazu, das Spannungsfeld von Nähe und Distanz zu ignorieren. Bei zunehmender Größe und der damit verbundenen Arbeitsteilung und Differenzierung erfordern die Leitungsstrukturen auch die Etablierung eher unpersönlicher Kommunikationsformen, wie z. B. Berichtswesen, schriftliche Arbeitsaufträge und Mitteilungen, was von den Mitgliedern der Organisation nicht selten als Verlust von Nähe und negativ im Sinne des Gruppenklimas bewertet und erlebt wird.

- *Spannungsfeld: Vertrauen und Kontrolle*
  Vertrauen wird in sozialen Einrichtungen explizit oder implizit als normative Grundlage der Zusammenarbeit postuliert. Daher „… muss sich auch der begründete Bedarf nach Kontrolle mit einem ungemütlichen Platz im Informellen abfinden" (Zauner/Simsa 2002, S. 447). Diese Abwehrhaltung gegen Kontrolle erschwert den rationalen Umgang mit Leistungs- und Personalbeurteilungssystemen. Sie werden, ebenso wie die begründeten Ansprüche an Evaluation der erbrachten Leistungen durch die Geldgeber, auf diesem Hintergrund oft als Zumutung, Misstrauen oder Kränkung erlebt.

- *Spannungsfeld: Veränderung und Bewahrung*
  Die in sozialen Einrichtungen dominante Organisationskultur („wir sind
  alle gleich", „seid nett zueinander!") trägt dazu bei, dass Konflikte geleugnet, geglättet oder personalisiert werden. Dies hat den Nachteil, dass
  die zugrunde liegenden Strukturkonflikte nicht bearbeitet werden können
  und deshalb Strukturen auch nicht wirkungsvoll verändert werden können. Damit erweisen sich viele Einrichtungen letztlich als strukturkon-
  servativ. Besonders deutlich zeigt sich die Tendenz zur Bewahrung in
  Organisationen, die aus politischen oder Selbsthilfebewegungen mit ba-
  sisdemokratischem Selbstverständnis hervorgegangen sind. Der Aufbau
  professioneller Leitungsstrukturen wird in diesem Bereich oft als Verrat
  an der demokratischen Gründungsidee bewertet.

All die hier genannten Konfliktfelder beruhen auf möglichen Gegensätzen
zwischen den Interessen der Organisation – vertreten durch Leitungskräfte
– und den Interessen bzw. Wertvorstellungen der Mitarbeiter, die nicht nur
individuell, sondern auch als Teil der Organisationskultur zu betrachten
sind.

5.3.2 Möglichkeiten der Konfliktregelung

Sind Konflikte entstanden, so kommt es darauf an, sie möglichst konstruktiv beizulegen, so dass eine sachorientierte Kooperation wieder möglich
wird und die Beziehungen zwischen den Konfliktpartnern geklärt und verbessert werden.

Im folgenden Abschnitt sollen die prinzipiellen *Formen möglicher Konfliktregelungen* dargestellt und ihre Vor- und Nachteile erörtert werden. Alt-
mann/Fiebiger/Müller (1999, S. 125) fassen die möglichen Verläufe von
Konfliktregelungen zusammen (vgl. Abb. 9).

Bei der Konfliktanalyse ist es zunächst wichtig zu sehen, dass bei der Entstehung von Konflikten immer Sach- und Beziehungsaspekte zusammen-
wirken. Die Unvereinbarkeit von Verhalten, Interessen, Zielen führt in der
Regel zu einer Blockade oder Störung von Abläufen in der sachorientierten
Kooperation und beinhaltet auch eine Störung der Beziehungen.

Für die Regelung von Konflikten stehen prinzipiell drei Möglichkeiten zur
Verfügung – Ignorieren, Beseitigen, Regeln.

Das *Ignorieren von Konflikten* entspricht einer Fluchtstrategie (vgl.
Schwarz 1999).Werden Konflikte ignoriert, indem sie geleugnet oder mit
Harmonisierungsstrategien überdeckt, oder „unter den Teppich gekehrt"
werden, kann das Vorteile bieten, weil zunächst wenig Energie und Aufwand in die Konfliktlösung investiert werden muss, kein Risiko vorhanden
ist und sich einige Probleme auch von selbst erledigen.

Abbildung 9: Verläufe von Konfliktregelungen
Konflikt = Sachproblem x Beziehungsproblem

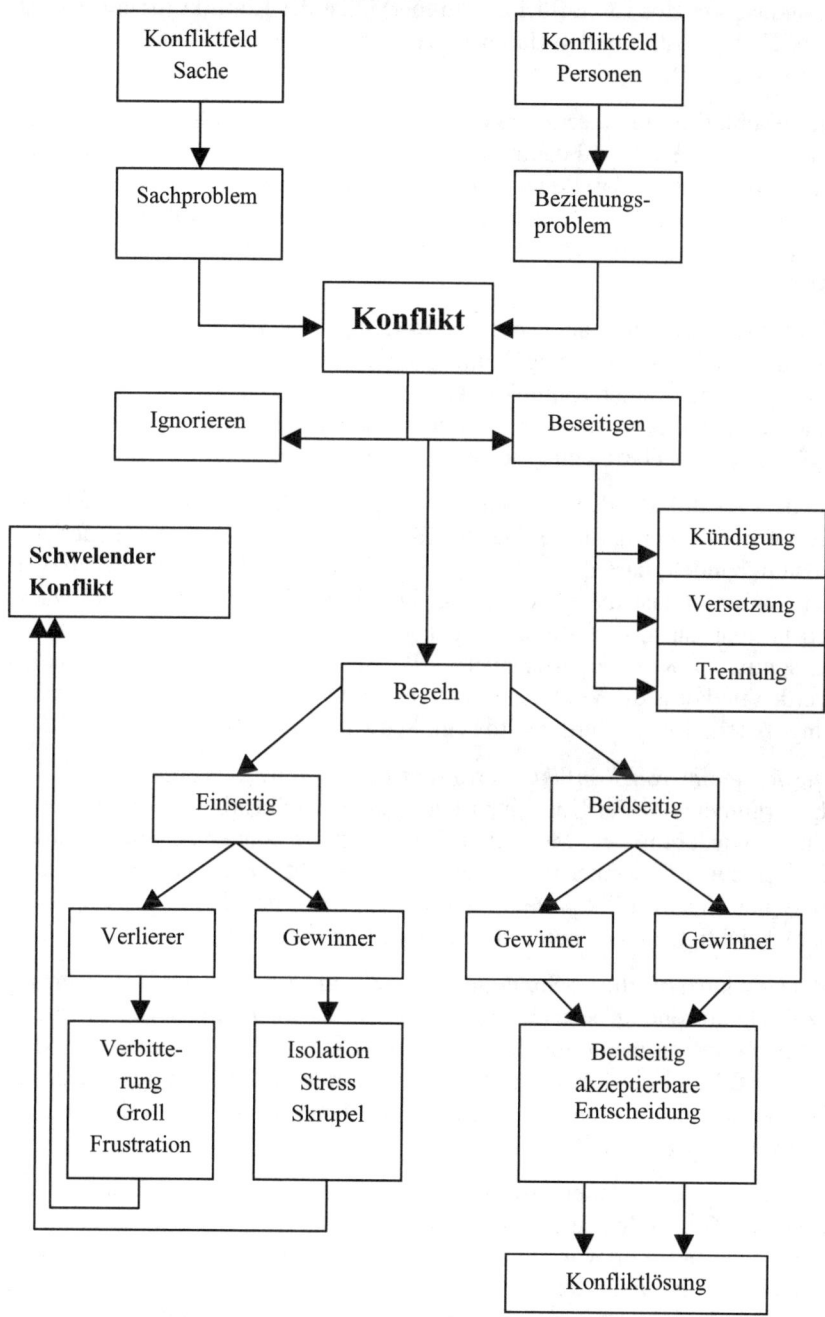

Quelle: Altmann/Fiebiger/Müller 1999, S. 125

„Vorteile des Fluchtverhaltens liegen darin, dass man rasch einer Konfliktsituation entkommt, dass es keine Verlierer gibt, dass es oft einfach und schmerzlos ist zu flüchten. Immerhin ist der Konflikt für eine gewisse Zeit gelöst, nämlich durch Hinausschieben einer Lösung." (Schwarz 1999, S. 220)

Der Nachteil besteht darin, dass ungelöste Konflikte häufig in verschärfter Form wiederkehren und dann auch eskalieren können. Ein anderer Nachteil ist darin zu sehen, dass keine Weiterentwicklung möglich ist, die Beteiligten resignieren und dass die ungelösten Probleme bei den Mitarbeiter/inne/n zu (psychosomatischen) Erkrankungen oder innerer Kündigung führen können.

Konflikte lassen sich auch mit der *Beseitigung einer Konfliktpartei*, d. h. durch Versetzung, Trennung, Kündigung aus der Welt schaffen. Diese Strategie entspricht einer Kampf- oder Vernichtungsstrategie, wobei Schwarz betont, dass Flucht- und Aggressionsverhalten als „Motivschaukel" (ebd. 1999, S. 219) zu bezeichnen seien.

Beide Verhaltenstendenzen kommen oft gleichzeitig vor und ergänzen sich. Der Vorteil kann darin gesehen werden, dass es sich um eine dauerhafte Lösung handelt, dass damit auch eine gewünschte Selektion betrieben werden kann und dass dieser Ansatz nur kurzfristig Energie bindet. Der Nachteil besteht darin, dass diese Art der Konfliktlösung nicht korrigierbar ist, dass mit der Konfliktpartei auch u. U. richtige Argumente ausgeschaltet werden und dass die Weiterentwicklung der Organisation durch den Verlust einer Alternative gefährdet wird (vgl. Schwarz 1999, Zauner/Simsa 2002).

Die *Regelung von Konflikten* erfordert ein geordnetes Vorgehen, bei dem die Argumente beider Konfliktparteien gehört und bearbeitet werden. Dabei gibt es wiederum zwei Möglichkeiten: Konflikte können so gelöst werden, dass es einen Gewinner und einen Verlierer gibt, oder dass ein Ausgleich zwischen den Konfliktparteien geschaffen wird, der die Interessen beider berücksichtigt, so dass beide als Gewinner hervorgehen.

Die Gewinner-Verlierer-Strategie kann auch als Strategie der Unterwerfung bzw. Unterordnung bezeichnet werden. Sie ist im Rahmen von hierarchischen Systemen institutionalisiert. „Hier ist von vornherein festgelegt, dass im Konfliktfall die Inhaber der jeweils zentraleren Position gegenüber der Peripherie (die Obertanen gegenüber den Untertanen) im Recht bleiben" (Schwarz 1999, S. 227).

Im Rahmen der Weiterentwicklung von Hierarchien hat sich jedoch ein weiteres Konfliktlösungsmuster etabliert. Es besteht darin, dass die Konfliktlösung delegiert wird und Dritte (Richter, Vorgesetzte) mit einer Entscheidung beauftragt werden. Eine Konfliktlösung kommt dann über die Anwendung von Normen und Vermittlungsverfahren zustande.

Der Vorteil dieser Verfahren besteht darin, dass sachliche und objektive Kriterien herangezogen und verbindliche Regelungen produziert werden können.

Als Nachteil ist zu bewerten, dass die Art der Konfliktregelung keine nachhaltigen Lerneffekte hervorbringt und sich die Kontrahenten nicht oder nur teilweise mit der Konfliktlösung identifizieren können, da in der Regel die Position nur einer Konfliktpartei gestärkt wird und es somit einen Gewinner und einen Verlierer gibt. Da die Konfliktregelung häufig von der Verliererpartei als ungerecht empfunden wird, entsteht Ärger, Verbitterung und Frustration. Diese Gefühle können den Nährboden liefern für neue Auseinandersetzungen oder schwelende Konflikte.

Der Gewinner bei dieser Form der Konfliktlösung mag zwar zunächst Triumph und Genugtuung empfinden, doch können auch auf der Seite des Gewinners Schuldgefühle und Skrupel entstehen. Wird eine Konfliktlösung im Rahmen einer Organisation als ungerecht empfunden, so kann dies auch zu Polarisierungen in der Mitarbeiterschaft führen, so dass der Gewinner mit Isolation und Ausgrenzung zu rechnen hat.

Wird die Konfliktregelung so gestaltet, dass die Positionen beider Konfliktparteien Berücksichtigung finden und beide Parteien einen Fortschritt in der Verwirklichung ihrer Interessen erzielen, so spricht man von einer *win-win-Strategie,* die dadurch gekennzeichnet ist, dass es keine Verlierer gibt.

Das Ziel ist es, eine Lösung herbei zu führen, die von beiden Seiten akzeptiert werden kann. Der Weg kann darin bestehen, Verhandlungen zu führen, um eine (Teil) -Einigung zu erzielen oder den Konflikt aus einer neuen Perspektive/Ebene zu betrachten, so dass der Konflikt und dessen Lösungsmöglichkeiten in neuem Licht erscheinen und kreativ weiterentwickelt werden können.

Der Vorteil dieser Art von Konfliktregelung besteht darin, dass die Betroffenen Verantwortung übernehmen für die Konfliktbewältigung und dass es zu einer Einigung kommt, bei der die wesentlichen Interessen der Konfliktparteien berücksichtigt sind. Da die Argumente des Gegners nicht vernichtet, sondern in die Lösung einbezogen werden, kann über den Perspektivenwechsel auch beidseitiges Lernen bei den Betroffenen initiiert werden. Es entstehen nachhaltige Lösungen, mit denen sich beide Konfliktparteien identifizieren können.

Der Nachteil dieser Konfliktregelung besteht darin, dass sie einen hohen Zeit- und Energieaufwand erfordert, bei unbefriedigenden Kompromissen kann der Konflikt wieder aufleben (vgl. Schwarz 1999, Zauner/Simsa 2002).

Trotzdem stellt dieser Ansatz der Konfliktregelung, bei dem beide Parteien einen Konsens erarbeiten und eine Übereinkunft erzielen, eine aussichtsreiche und mittlerweile stark verbreitete Form der Konfliktregelung dar. Auch im Rahmen der Rechtsprechung findet diese Form der Konfliktregelung unter dem Begriff „Mediation" zunehmend als außergerichtliche Form der Konfliktlösung Verbreitung (vgl. Altmann/Fiebiger/Müller 1999, Montada/ Kals 2001).

Es soll an dieser Stelle betont werden, dass alle genannten Formen der Konflikthandhabung anwendbar sind und in der Praxis Anwendung finden. Unter dem Aspekt, dass Konflikte immer auch Lernchancen darstellen, muss allerdings festgestellt werden, dass zweiseitige Konfliktlösungsstrategien sowohl die nachhaltigsten Lernerfahrungen als auch die dauerhaftesten Lösungen hervorbringen.

5.3.3 Grundhaltungen und Regeln für die konstruktive Konfliktbewältigung

Von einer konstruktiven Bearbeitung eines Konfliktes kann nach Müller-Fohrbrodt (1999) gesprochen werden,

- wenn die wechselseitige Blockade der Anliegen gelockert bzw. aufgehoben wurde,
- wenn die Anliegen beider Parteien möglichst gleichmäßig, also gerecht verteilt befriedigt wurden,
- wenn die Befriedigung auf dem höchstmöglichen Niveau geschah und nicht auf dem niedrigsten; im letzteren Fall herrscht zwar Gerechtigkeit, aber beide Seiten sind wegen der Nichterfüllung ihrer Interessen und Anliegen frustriert,
- wenn die Suche nach der gerechten Auflösung der Blockade so vor sich ging, dass die Beziehung der Parteien dabei keinen Schaden nahm, sondern sich im Gegenteil eher verbessert hat (ebd., S. 23/24).

Die wichtigen *Grundhaltungen und Regeln für eine konstruktive Konfliktbewältigung* lassen sich folgendermaßen zusammenfassen (vgl. Beck/ Schwarz 2000, S. 254, Brommer 1994, Fisher/Ury/Patton 1993, Oppermann-Weber 2001, S. 192 f.).

1. Versuch, sich in die Lage aller Konfliktbeteiligten zu versetzen
2. Offenheit und Aufgeschlossenheit für die Interessen und Argumente der anderen anregen
3. Konfliktparteien ermutigen, den Konflikt aus verschiedenen Perspektiven zu betrachten; erhöht das Verständnis und führt zu tragfähigen Lösungen.
4. Darauf achten, dass alle gemeinsam an der Aufgabe arbeiten. Daran denken, dass Konflikte konstruktiv nur bei Zufriedenheit aller gelöst werden können
5. Keine Schuldzuweisungen, keine Suche nach Sündenböcken

6. Keine Interpretation der Aussagen, sondern konkretes Erfragen der Hintergründe

7. Konflikte so schlichten, dass es keine Verlierer/innen gibt

8. Emotionen nicht unterdrücken, sondern zulassen

9. Aufmerksames Zuhören und Feed-back geben

10. Jeder muss die Möglichkeit haben, sein Gesicht zu wahren

11. Konflikte als natürlichen Bestandteil der Zusammenarbeit mit anderen akzeptieren

12. Metakommunikation (Kommunikation über die Art und Weise der Kommunikation) nutzen, um Beziehungen zu klären, tiefer liegende Konflikte anzusprechen und Vereinbarungen zum gemeinsamen Umgang zu treffen.

13. Bei (kalten) Konflikten, bei welchen die Konfliktparteien sich aus dem Weg gehen und nicht mehr miteinander sprechen, sollten vor einer gemeinsamen Konfliktmoderation Einzelgespräche geführt werden. Behutsames und einfühlsames Vorgehen ermutigt die Parteien, sich zu öffnen und den Konflikt anzugehen.

Eine *Konfliktbearbeitung durch Verhandlung* konzentriert sich auf die Frage, wie die Handlungs- und Entscheidungsspielräume der Konfliktparteien genutzt, erweitert und optimiert werden können, um eine sinnvolle Lösung für beide Konfliktparteien zu erreichen. „Sie verlangt die Auseinandersetzung mit eigenen Zielvorstellungen und genaue Klärung dessen, was die Parteien als `gewünschtes Ergebnis´ der Verhandlung anstreben. Dies impliziert eine Fokusänderung: von der Problem- zur Lösungs- und Zielorientierung" (Beck/Schwarz S. 252 f.). Verhandlungsgegenstand ist somit nicht das geäußerte Problem, sondern sind die Interessen, Ziele und erwünschten Ergebnisse der Konfliktparteien. Fisher/Ury/Patton (1993) haben mit dem von ihnen entwickelten *„Harvard-Konzept"* deutlich gemacht, dass es zu unterscheiden gilt zwischen dem Feilschen um Positionen und dem Verhandeln von Interessen.

Wichtig ist es, die Konfliktparteien frühzeitig darauf einzustimmen, dass eine Konfliktklärung nur dann zu einer dauerhaften Lösung führen wird, wenn beide Parteien zu einer zufriedenstellenden Lösung gefunden haben. Dazu ist es nach Beck/ Schwarz (1999, S. 253) wichtig, dass beide Parteien Einigungsbereitschaft zeigen, eigene Interessen einbringen und vertreten, Wünsche, Absichten, Interessen und die Interessen der Gegenseite erforschen und eventuelle Missverständnisse aufdecken und klären. Wenn die Interessen beider Seiten klar sind, kann es zur Einigung, Vernetzung von Interessen und Kooperation kommen.

Dabei ist zu berücksichtigen, dass Interessen in hohem Maße emotional verankert sind, weshalb bei Interessenskonflikten auch der Ausdruck von Gefühlen ermöglicht und gefördert werden sollte. Wenn es möglich ist, emotionale Reaktionen wie Ärger, Wut, Empörung, Verletzung, Enttäuschung zum Ausdruck zu bringen und die oft dahinter liegenden Gefühle zu verstehen und mit diesen Gefühlen akzeptiert zu werden, können sich die Personen und die Situation beruhigen.

„Die beste Strategie ist es wohl, beim Dampfablassen des Gegners ganz ruhig zuzuhören, ohne auf die Angriffe einzugehen und den Redner gelegentlich zu bitten, doch fortzufahren , bis er fertig ist. Auf diese Weise schütten Sie nicht weiter Öl zu, ermutigen den Redner zur Artikulation und haben kaum oder gar keine Nebenwirkungen zu erwarten." (Fisher/Ury/Patton 1993, S. 58)

Der Ausdruck von Gefühlen schafft somit häufig die Grundlage für die konstruktive Erarbeitung von Lösungsansätzen (vgl. auch Beck/Schwarz 2000, Thomann 2000).

Interessen statt Positionen verhandeln

Bei der Verhandlung von Lösungsansätzen ist zu berücksichtigen, dass eine effiziente und für beide Seiten befriedigende Konfliktlösung nur möglich ist, wenn Interessen und nicht Positionen verhandelt werden. Es ist das Verdienst von Fisher/Ury/Patton (1993) diesen Unterschied im Rahmen des „Harvard-Konzeptes" herausgearbeitet zu haben. Positionen sind in der Regel Schlussfolgerungen aus Interessen, die Interessen liegen dahinter und sind nicht ohne Weiteres zu erkennen. Um Interessen ermitteln zu können ist es notwendig, die hinter den Forderungen stehenden Wünsche, Motive, Sorgen, Nöte und Bedürfnisse zu erfassen.

Diese Form der Verhandlungsführung hat sich selbst in hochgradig eskalierten und verhärteten politischen Verhandlungen bewährt. Dazu ein illustratives Beispiel:

Bei den ägyptisch-israelischen Friedensverhandlungen 1978 ging es um die Sinai-Halbinsel, die von den Israelis seit dem Sechstagekrieg von 1967 besetzt gehalten wurde. Israel bestand darauf, Teile des Sinai zu behalten, Ägypten bestand darauf, die Souveränität über die gesamte Halbinsel zurück zu bekommen. Die Positionen waren unvereinbar. Alle Versuche, Teilungslinien auf dem Sinai zu finden, scheiterten. Eine Lösung ergab sich erst, als nach den hinter den Positionen liegenden Interessen gefragt wurde. Die Israelis hatten v. a. Sicherheitsinteressen und wollten keinesfalls jederzeit einsetzbare ägyptische Panzer an ihren Grenzen. Das ägyptische Interesse galt der Souveränität. Der Sinai war seit der Zeit der Pharaonen ägyptisches Staatsgebiet gewesen und immer wieder von anderen Nationen umkämpft und erobert worden. Den Ägyptern lag an der Wiedererlangung ihrer vollständigen Souveränität. Sie einigten sich schließlich auf eine tragfähige Lösung, bei der beide Interessen berücksichtigt wurden: Die Ägypter bekamen die vollständige Souveränität über den Sinai. Durch eine weiträumige Entmilitarisierung vor den israelischen Grenzen wurden die Sicherheitsinteressen der Israelis gewahrt (vgl. Fisher/Ury/Patton 1993, S. 69 f.).

Bei den hinter den Positionen verborgenen Interessen spielen nach Ansicht der Autoren die menschlichen Grundbedürfnisse nach Sicherheit, wirtschaftlichem Auskommen, Zugehörigkeitsgefühl, Anerkennung und Selbstbestimmung eine zentrale Rolle.

Trennung zwischen Person und Verhandlungsgegenstand

Da in allen Konfliktfällen die Sach- und Beziehungsebene betroffen sind, gibt es zwei Grundinteressen – den Verhandlungsgegenstand und die Beziehung. Sowohl im privaten, beruflichen, wie auch politischen Kontext besteht häufig ein großes Interesse der verschiedenen Parteien in der Sicherung langfristiger Kooperationsmöglichkeiten.

„Es ist daher wesentlich, jede Verhandlung so zu führen, dass die künftigen Beziehungen und Verhandlungen gefördert und nicht etwa beeinträchtigt werden. Tatsächlich ist die Aufrechterhaltung der Beziehung zu langjährigen Kunden, Geschäftspartnern, Familienmitgliedern, Berufskollegen, Beamten, Nationen weit wichtiger, als das Ergebnis irgendeiner speziellen Verhandlung." (Fisher/Ury/Patton 1993, S. 42 f.)

Wertschätzung für die Person(en) und Anerkennung ihrer Interessen sind deshalb notwendige Grundhaltungen für eine konstruktive und interessenorientierte Verhandlungsführung. Als hilfreiches Gedankenmodell empfehlen die Autoren eine kognitive Trennung zwischen der Gestaltung der Beziehung und der Verhandlung von Sachfragen vorzunehmen, nach dem Motto: hart in der Sache, aber sanft gegenüber den Menschen. „Zwei Verhandlungspartner, von denen jeder seine Interessen mit aller Härte vertritt, stimulieren gegenseitig ihre Kreativität beim Nachdenken über eine Lösung, die für beide vorteilhaft ist" (ebd. S. 86).

Brainstorming zur Erweiterung von Optionen

Um zu beiderseits befriedigenden Lösungen zu kommen, müssen zunächst die möglichen Optionen erweitert werden, d. h., dass jenseits der bisherigen Lösungsansätze nach Möglichkeiten und Maßnahmen zu suchen ist, die eine möglichst weitgehende Berücksichtigung der Interessen beider Konfliktparteien ermöglichen.

Um den Pool der Optionen zu erweitern bietet sich die *Methode des Brainstormings* an.

„Wer kreative Wahlmöglichkeiten entwickeln will, muss
1. den Prozess des Findens von Optionen von der Beurteilung eben dieser Optionen trennen:
2. danach trachten, die Zahl der Optionen eher zu vermehren als nach der ‚einen' Lösung zu suchen;

3. nach Vorteilen für alle Seiten Ausschau halten;
4. Vorschläge entwickeln, die den anderen die Entscheidung erleichtern"
(Fisher/Ury/Patton 1993, S, 94).

Dazu ist es wichtig, eine entspannte Atmosphäre zu schaffen und im Rahmen der Moderation konsequent darauf zu achten, dass keine vorschnellen Bewertungen stattfinden und alle Optionen zugelassen werden.

Bewertung der Lösungsalternativen

Nach dem Brainstorming werden die aussichtsreichsten Ideen ausgewählt und einer Bewertung unterzogen. Zur Bewertung sollten möglichst objektive Kriterien oder beiderseits akzeptierte Wertvorstellungen herangezogen werden, wie z. B. Anforderungsprofile, Stellenbeschreibungen, Prinzipien wie Gleichbehandlung, Kriterien von Sachverständigen, frühere Vergleichsfälle, Kosten etc. Auf jeden Fall sollten objektive Kriterien unabhängig vom Willen der einzelnen und möglichst legitimiert sein. Wenn z. B. zwei Mitarbeiter/innen im Konflikt sind, weil ein Mitarbeiter das Gefühl hat, die ganze Arbeit laste nur auf seinen Schultern, der andere übernehme zu wenig Aufgaben, so können, nach der Erarbeitung von Einzelinteressen und möglichen Optionen zur Konfliktlösung, genaue Stellenbeschreibungen und Anforderungsprofile herangezogen werden, um die Optionen zu bewerten. Oder es kann der Grundsatz der Gleichbehandlung als Grundlage dienen, um die Aufgaben gerecht zu verteilen.

Realisierung der gemeinsamen Lösung

Nach Auswahl einer oder mehrerer kombinierter Lösungsvorschläge müssen diese konkretisiert und die Einzelschritte zur Umsetzung zeitlich festgelegt werden. Wichtig ist es auch, ein Verfahren zu vereinbaren, das unmittelbar greift, wenn die Lösungen nicht umgesetzt werden oder misslingen (vgl. Thomann 2000). Ebenfalls sollte ein Zeitpunkt zur Evaluation der Maßnahmen festgelegt werden. Die Schritte der Konfliktlösung und die dabei zu klärenden Fragen werden in der nachfolgenden Übersicht (Abb. 10) nochmals dargestellt.

Die Moderation von Konflikten zwischen Mitarbeiter/inne/n, Teams und Abteilungen stellt eindeutig eine Leitungsaufgabe dar. Allerdings kann eine Konfliktklärung nicht in eigener Sache moderiert werden (vgl. Schwarz 1999, Thomann 2000). Bei Konflikten, in welche die Leitungskraft unmittelbar selbst involviert ist, und bei denen die Leitungstätigkeit von einzelnen Mitarbeitern oder Teams angeprangert wird, ist es die Aufgabe der hierarchisch übergeordneten Leitungskraft die Moderationsfunktion zu übernehmen. Alternativ dazu kann auch ein externer Moderator mit der Konfliktmoderation beauftragt werden (vgl. Thomann 2000).

Abbildung 10: Vorgehen beim lösungsorientierten Konfliktgespräch

1. Gespräch vereinbaren
Teilen Sie Ihrem/n Kollegen/Ihrer Mitarbeiterin direkt mit, wenn ein Problem oder ein Konflikt vorliegt und schlagen Sie ein Gespräch vor („Störungen haben Vorrang")!

2. Konstruktiver Gesprächsauftakt
Formulieren Sie Ihre (positiven) Erwartungen an das Gespräch.
Gehen Sie auf eventuelle Befürchtungen ihres Gesprächspartners ein. Benennen sie aus Ihrer Sicht die Ziele des Gesprächs.
Gehen Sie kurz ein auf Ablauf und Umfang des Gesprächs.

3. Problemdefinition
Über welche Probleme sprechen wir in diesem Gespräch?
Benennen sie die Probleme ganz konkret.

4. Problembeschreibung
Die Problembeschreibung umfasst sowohl sachliche als auch emotionale Aspekte (Sachebene und Beziehungsebene).
Wie sehen, empfinden Sie das Problem? (Aktives Zuhören!)
Wie sehe, empfinde ich das Problem ? (Ich-Botschaften)

5. Bedeutung des Problems und Konsequenzen
Was geschieht, wenn das Problem nicht gelöst wird?
Wodurch könnte sich das Problem verschlimmern?

6. Interessen, Ziele und Wünsche
Beide Gesprächspartner formulieren aus ihrer Sicht Interessen, Wünsche und Ziele in Bezug auf das Problem. Welche Interessen stehen hinter den Positionen?

7. Lösungsmöglichkeiten
Welche Lösungsmöglichkeiten bieten sich an, um die Interessen, Wünsche und Ziele der Gesprächspartner zu erfüllen?

8. Bewertung der Lösungsalternativen
Welches sind die Vorteile und Nachteile der verschiedenen Lösungsmöglichkeiten?
Welches ist die bestmögliche Lösung? Bewertung der Optionen nach objektiven Kriterien.

9. Realisierung
Wie soll die Lösung in die Tat umgesetzt werden?
Welche einzelnen Schritte sind erforderlich?
Welche Unterstützung erwarten Sie von mir?

10. Vereinbarung
Wann wollen Sie was tun?
Was werde ich wann tun? .

11. Überprüfung
Wann werden wir das nächste Mal über das Problem sprechen?
Wie können wir das Ergebnis unserer Bemühungen am besten überprüfen?

12. Abschluss
Kurzer Rückblick auf das Gespräch.
Was war positiv an diesem Gespräch?

6. Zusammenfassung

Im „Teil A Grundlagen" wird Personalarbeit zum einen in ihrer strategischen Dimension beleuchtet. Personalmanagement umfasst demnach eine planvolle, vorausschauende Konzeption und Umsetzung von Maßnahmen, die darauf ausgerichtet sind, eine optimale Zusammensetzung des Personals zu erreichen, um die gegenwärtigen und zukünftigen Aufgaben der Organisation bewältigen und die Organisationsziele erreichen zu können. Andererseits muss der Tatsache Rechnung getragen werden, dass die Qualität sozialer Dienstleistungen in hohem Maße von der Qualifikation und Motivation der Mitarbeiter/innen abhängig ist und das Personal „die wichtigste und zugleich sensibelste Einflussgröße" (Maelicke 2003, S. 497) für den Erfolg sozialer Organisationen darstellt.

Es wurde gezeigt, dass für die Leitung und das Personalmanagement in Organisationen der Sozialen Arbeit v.a. die Prinzipien Ziel- und Leistungsorientierung, Partizipation/Mitarbeiterorientierung und Transparenz miteinander verknüpft werden müssen, um den komplexen Anforderungen gerecht werden zu können(vgl. auch Merchel 2004).

Eine klare Leistungs- und Zielorientierung dient der Umsetzung der Organisationsziele und der Bereitstellung hochwertiger Leistungsangebote. Eine ausgeprägte Partizipation/Mitarbeiterorientierung ist darauf angelegt, Motivation, Engagement und Eigeninitiative der Mitarbeiter/innen zu stärken und die Organisationsinteressen mit den Entwicklungsbedürfnissen der Mitarbeiter/innen in Einklang zu bringen.

Transparenz bedeutet, dass Entscheidungen und Prozesse der Systemgestaltung begründet, nachvollziehbar, durchschaubar und kommunikativ ausreichend vermittelt werden.

Neben grundsätzlichen Überlegungen zur Ausrichtung des Personalmanagements im Zusammenhang mit strategischen Zielen, Leitbild und Organisationsentwicklung wurde ein Überblick gegeben über die operativen Aufgaben der quantitativen und qualitativen Personalarbeit. Schließlich wurden die kommunikativen Kompetenzen benannt, die für eine transparente und mitarbeiter/innen/orientierte Personalarbeit, die Implementierung einer Vertragskultur und die konstruktive Bearbeitung von Widerständen und Konflikten hilfreich sind. Gelingendes Personalmanagement stellt eine sehr befriedigende, aber auch sehr anspruchsvolle Tätigkeit dar.

Es erfordert von der Leitungskraft

- die Fähigkeit strategisch zu denken und zu handeln,
- Organisationsziele und zentrale Werte der Organisation in quantitative und qualitative Maßnahmen der Personalarbeit zu übersetzen und gleichzeitig
- die größtmögliche Partizipation der Mitarbeiter/innen, die Berücksichtigung deren Ressourcen, Interessen und Entwicklungsbedürfnisse sicher zu stellen,
- dabei die Ziele und den „roten Faden" im Auge zu behalten,
- für eine Weiterentwicklung von Chancengleichheit und Geschlechtergerechtigkeit zu sorgen und Benachteiligungen abzubauen,
- den Erfolg der Maßnahmen zu evaluieren,
- Widersprüche und unterschiedliche Interessen auszubalancieren,
- mit Widerständen und Konflikten konstruktiv umzugehen.

All diese Anforderungen zu bewältigen, ist wahrlich keine leichte Aufgabe. Hilfreich ist es deshalb, die eigene Tätigkeit im Rahmen von Leitung und Personalmanagement mit gezielten Reflexionshilfen zu flankieren. Kollegiale Beratung mit anderen Leitungskräften, Supervision und Coaching sollten nicht erst in Anspruch genommen werden, wenn Probleme und Konflikte auftreten. Vielmehr tragen sie als kontinuierliche Reflexionshilfen dazu bei, sich zu entlasten, neue Ideen und Lösungsansätze zu entwickeln, das Spektrum der eigenen Handlungsmöglichkeiten zu erweitern und mehr Sicherheit im Leitungshandeln zu erlangen.

Teil B
Instrumente des Personalmanagements

Teil B „Instrumente des Personalmanagements" widmet sich in Ergänzung zu Teil A „Grundlagen" der Umsetzung des Personalmanagements auf der operativen Ebene.

Die Darstellung der Vorgehensweise und Instrumente erfolgt prozessorientiert. Aus der Sicht eines/r Personalverantwortlichen beginnt die operative Personalarbeit mit der Rekrutierung von geeignetem Personal, richtet sich dann auf Maßnahmen der Integration, Führung und Entwicklung von Mitarbeiter/inne/n und beschäftigt sich schließlich mit der Frage der Beurteilung von Arbeitsergebnissen und Leistungspotenzialen. Die Ausstellung eines Zeugnisses beschließt die Beziehung zu dem/der Mitarbeiter/in. Der Aufbau von Teil B orientiert sich an dieser Prozessfolge.

Bei der Darstellung wurde ein Kompromiss zwischen Reflexion und Handlungsorientierung gesucht. Im Gegensatz zu vielen gängigen Praxisratgebern im Bereich Personalmanagement, soll hier keine vereinfachende Rezeptesammlung vorgelegt werden. Vielmehr soll jeweils die Bedeutung und Funktion des Aufgabenbereiches beschrieben werden. Es werden Problemfelder benannt, die bearbeitet werden müssen. Die einzelnen Instrumente werden mit ihren Vor- und Nachteilen vorgestellt und schließlich gibt es auch konkrete Arbeitshilfen in Form von Gesprächsleitfäden und Checklisten.

Bei der Ausgestaltung der einzelnen Aufgaben des Personalmanagements wird darauf geachtet, dass die Leitungsprinzipien *Ziel- und Leistungsorientierung, Transparenz und Partizipation* (vgl. Merchel 2004) auf der operativen Ebene umgesetzt werden.

Ziel- und Leistungsorientierung bedeutet hier, dass alle Schritte im Rahmen des Personalmanagements zielgerichtet und anforderungsbezogen erfolgen.

Transparenz heißt, dass Maßnahmen und Entscheidungen nachvollziehbar und für die Mitarbeiter/innen durchschaubar gestaltet werden, d. h. die Verfahren sind geplant und strukturiert, Entscheidungen und Auswahlprozesse werden anhand klar definierter Kriterien vorgenommen und kommuniziert.

Im Sinne der *Partizipation* und Entwicklung von Mitarbeiter/innen geht es bei allen Maßnahmen des Personalmanagements auch immer darum, die (Entwicklungs-)Bedürfnisse und Zielvorstellungen der Mitarbeiter/innen zu erfassen, zu berücksichtigen und nach Möglichkeit derart mit den Organisationszielen zu verknüpfen, dass Mitarbeitende und Organisation gleichermaßen davon profitieren.

Neben der Beschreibung und Funktionsbestimmung, werden mögliche Schwierigkeiten bei der Einführung und beim Einsatz der einzelnen Maßnahmen thematisiert. Das methodische Vorgehen wird genau erläutert und es werden konkrete Arbeitshilfen und Instrumente vorgestellt, die eine Implementierung ermöglichen und erleichtern.

7. Personalbeschaffung und Personalauswahl

Die Personalbeschaffung stellt eine wichtige Maßnahme zur Absicherung des gegenwärtigen und zukünftigen Personalbedarfes dar. Da die Qualität sozialer Dienstleistungen in hohem Maße von der Kompetenz der handelnden Personen abhängig ist, bekommt die Beschaffung geeigneter Mitarbeiter/innen eine überragende Bedeutung für die Sicherung qualitativ hochwertiger Dienstleistungsangebote.

Dieses Kapitel gibt Ihnen einen Überblick über die Ziele, Prozessschritte und Wege der Personalbeschaffung. Es werden verschiedene Auswahlverfahren diskutiert, unter dem Aspekt, wie die Eignung der Bewerber/innen im Hinblick auf das Anforderungsprofil erfasst werden kann und eine fundierte Entscheidung zur Auswahl passender Mitarbeiter/innen getroffen werden kann.

7.1 Ziele und Funktion der Personalbeschaffung

Unter der Prämisse, dass gerade im Sozialbereich das Personal den wesentlichen Erfolgsfaktor darstellt und daher in der Lage sein sollte, die Entwicklungen der Zukunft mit zu tragen und aktiv zu gestalten, sind bei der Personalbeschaffung nicht nur die aktuellen Bedarfe, sondern auch die Aufgaben und Herausforderungen der Zukunft mit einzubeziehen.

Die Zukunftsfähigkeit von Organisationen, ihre Lern- und Anpassungsfähigkeit ist nicht zuletzt an die Fähigkeit und Bereitschaft der Mitarbeiter/innen gebunden, neue Entwicklungen aufzugreifen und voranzutreiben, ständig Neues zu lernen und ihre Fähigkeiten und Kompetenzen kontinuierlich zu erweitern. Neben der Fach-, Methoden- und Sozialkompetenz werden deshalb in zunehmendem Maße sog. Schlüsselqualifikationen gefordert, d. h. Fertigkeiten, die notwendig sind, um erfolgreich zu arbeiten, neues Wissen zu erschließen und Fachwissen in der gesellschaftlichen Praxis wirkungsvoll umzusetzen (vgl. Chur 2004, Kadishi 2001, Lenzen 1998).

Eine vorausschauende Personalbedarfsplanung hat die Aufgabe, sowohl in quantitativer wie qualitativer Hinsicht für eine rechtzeitige Bereitstellung von Personal zu sorgen. In Abstimmung mit den kurz-, mittel- und längerfristigen Organisationszielen, den vorhandenen Personalressourcen und dem vorhandenen Konzept zur Personalentwicklung muss entschieden werden, wie Vakanzen und der zukünftige Stellenbedarf abgedeckt werden sollen.

Die Personalbeschaffung hat die Aufgabe, qualifizierte und für die Position geeignete Personen zu einer Bewerbung zu veranlassen und anschließend diejenigen auszuwählen, deren Qualifikationsprofil dem Anforderungsprofil entspricht. Die Anforderung für die Organisation besteht darin, potentielle Bewerber/innen anzusprechen, sie zu einer Bewerbung zu motivieren und den Auswahlprozess so zu gestalten, dass eine verlässliche Prognose zur Eignung der Bewerber/innen und eine entsprechende Auswahl getroffen werden können. Dabei sollte die Personalbeschaffung unter zeitlichen und finanziellen Aspekten ökonomisch sein.

Um das geeignete Personal zu beschaffen und eine größtmögliche Passung zwischen dem Anforderungsprofil der Stelle und dem Eignungsprofil der Bewerber zu erzielen, sind klare, messbare Kriterien und qualitativ hochwertige Auswahlverfahren einzusetzen, die einen Vergleich der Bewerber/innen und die Auswahl der am besten geeigneten Person erlauben. In den folgenden Abschnitten werden die Prozessschritte und die verschiedenen Verfahren der Personalbeschaffung und der Eignungsdiagnostik dargestellt.

Prozessschritte der Personalauswahl

Ausgangssituation:

- Der Personalbestand mit den Qualifikationsmerkmalen der vorhandenen Mitarbeiter/innen ist erfasst,
- Der Personalbedarf ist ermittelt, d. h. es steht fest, für welche Position und welche Aufgaben ein/e Mitarbeiter/in gesucht wird
- Es liegt eine genaue Stellenbeschreibung für die zu besetzende/n Stelle/n vor (vgl. S. 44 ff.)
- Es liegt ein Anforderungsprofil vor, d. h. die zur Aufgabenbewältigung notwendigen Qualifikationen und Eigenschaften sind genau beschrieben (vgl. S. 46 ff.)

Feld der Rekrutierung bestimmen:

- Rekrutierung aus der eigenen Organisation
- Abwerbung von anderen Organisationen
- Ausschreibung

Bewerbungsverfahren einleiten:

- Stellenausschreibung (intern – extern)
- Entscheidungskriterien erarbeiten
- Auswahlverfahren festlegen
- Beteiligte festlegen

Bewerbungsverfahren durchführen:

- Dokumentation der Ergebnisse

Entscheidung über die Einstellung

Abschluss des Bewerbungsverfahrens – Information der Bewerber/innen

7.2 Interne vs. externe Personalbeschaffung

Zur Rekrutierung von Personal stehen prinzipiell zwei Wege zur Verfügung – die interne und die externe Personalbeschaffung.

Die *interne Personalbeschaffung* eignet sich vor allem als Maßnahme der Personalentwicklung und für die Besetzung von Aufstiegspositionen. Voraussetzung dafür ist allerdings, dass in der Organisation Personen mit den geforderten Qualifikationen vorhanden sind. Besondere Berücksichtigung sollten Mitarbeiter/innen finden, die das Anforderungsprofil erfüllen, und die sich um Maßnahmen der Personalentwicklung, Versetzung oder Beförderung bemüht haben.

Nach § 93 des Betriebsverfassungsgesetzes und der analogen Regelung der Personalvertretungsgesetze des Bundes und der Länder kann der Betriebs- bzw. Personalrat verlangen, dass alle oder spezifizierte Stellen zunächst betriebsintern ausgeschrieben werden. Ausgenommen davon sind die Positionen leitender Angestellter. Kommt die Organisation diesem Verlangen nicht nach, so kann der Betriebs- bzw. Personalrat die Zustimmung zur Einstellung verweigern. Allerdings muss internen Bewerbungen kein Vorrang vor externen Bewerbungen eingeräumt werden (vgl. Bröckermann 2003).

Die Bekanntmachung erfolgt in der Regel über eine innerbetriebliche Stellenausschreibung, die in einem betriebsinternen Mitteilungsblatt, dem Intranet, einem Rundbrief oder am schwarzen Brett veröffentlicht wird.

Eine interne Stellenausschreibung sollte alle wichtigen Informationen für potenzielle Bewerber/innen enthalten. Durch die Verwendung einheitlicher Formulare (s. Abb. 11) kann die Berücksichtigung wesentlicher Angaben sichergestellt werden (vgl. Bröckermann 2003, Mentzel 1997).

Die interne Personalbeschaffung hat gegenüber der externen Beschaffung Vor- und Nachteile (vgl. Bröckermann 2003, Prohaszka 1999).

Mögliche Vorteile sind:

- Aufstiegsmöglichkeiten für Nachwuchskräfte auf die frei werdende Stelle
- Aufstiegsmöglichkeiten schaffen Motivation
- Organisation kennt den/die Mitarbeiter/in und umgekehrt
- Stärkere Bindung an die Organisation
- Niedrigere Beschaffungskosten
- Lohn- und Gehaltsvorstellungen interner Bewerber/innen liegen häufig niedriger, als die Forderungen externer Bewerber/innen
- Zeitersparnis: kürzere Beschaffungs- und Einarbeitungszeit

Mögliche Nachteile sind:

- Betriebsblindheit – die Produktivität des „fremden Blicks" kann nicht genutzt werden
- Geringere Auswahl

Abbildung 11: Muster für eine innerbetriebliche Stellenausschreibung

Innerbetriebliche Stellenausschreibung

Kennziffer ☐☐☐☐/☐☐

In (Ort/Abteilung) _____

ist ab _____ eine Stelle als _____

zu besetzen.

Aufgaben: _____

_____

_____

Lohn/Gehaltseinstufung:

Anforderungen:

Ausbildung:

Berufserfahrung:

spezielle Kenntnisse:

Sonstiges:

Erwünschte Bewerbungsunterlagen bzw. das in der Personalabteilung erhält-
liche Bewerbungsformular sind unter Angabe der oben genannten Kennziffer
bis zum _____ einzureichen bei _____

Für Rückfragen steht Ihnen Frau/Herr _____
auch telefonisch unter _____ zur Verfügung.

Personalabteilung

Datum _____ Unterschrift _____

- Gefahr abnehmender Leistungsbereitschaft, wenn interne Personalbeschaffung das übliche Verfahren darstellt
- Unter Umständen höhere Fortbildungskosten als bei externen Bewerbern, die dem Anforderungsprofil besser entsprechen
- Entstehung von Spannungsfeldern: Neid und Frustration im ehemaligen Kollegenkreis, Befangenheit bei Entscheidungen durch kollegiale Bindung, mangelnde Durchsetzungsfähigkeit auf Seiten der neuen Leitungskraft (Kolleg/in/e wird Vorgesetzte/r)

Die *externe Personalbeschaffung* kann in Kooperation mit der Personalabteilung der Organisation vorgenommen oder an professionelle Personalvermittler delegiert werden.

Abbildung 12: Bausteine einer externen Stellenanzeige

Wir über uns	*Vorstellung der Einrichtung:* Name, Logo, Arbeitsfeld Aufgabenstellung Standort Größe Ausschreibungsgrund
Ihre Aufgaben	*Stellenbeschreibung:* Aufgabenbeschreibung Stellung innerhalb der Hierarchie Umfang der Verantwortung Vertretungsmacht Entwicklungschancen
Ihr Profil	*Anforderungen an den/die Bewerber/in:* Berufsbezeichnung Ausbildung Kenntnisse Fähigkeiten Fertigkeiten Berufserfahrung Persönliche Eigenschaften Sozialkompetenzen
Wir bieten	*Aussagen über die Leistungen der Organisation:* Hinweis auf Lohn- oder Gehaltshöhe Spesen, Urlaub, Fahrkostenzuschuss, Dienstwagen Unterstützung bei der Wohnungssuche Entwicklungs- und Aufstiegsmöglichkeiten
Wir bitten um	*Nennung der gewünschten Bewerbungsunterlagen:* Lebenslauf-Zeugnisse, Referenzen, Arbeitsproben
Kontaktadresse	Bewerbung an _____ Bis zum _____ Für Rückfragen steht Ihnen Frau/Herr _____ zur Verfügung

Quelle: Danne 1997, S. 49 modifiziert von der Autorin

Nach einer Umfrage bei 300 deutschen Personalleitern nahmen ca. 60 % private *Arbeitsvermittlungen* in Anspruch, weil sie sich davon eine zügige, passgenaue und unbürokratische Vermittlung erhofften (vgl. Prohaszka 1999). Der Vorteil liegt vor allen Dingen in der Entlastung der eigenen Personalabteilung bzw. der für die Personalauswahl zuständigen Leitungskräfte und Teams:

Die Qualifikation der Bewerber/innen wird geprüft, so dass nur Kandidat/inn/en vorgeschlagen werden, die das Anforderungsprofil erfüllen. Somit wird der Auswahlprozess verkürzt, die Personalsuche kann vertraulich stattfinden, und es kann fachkundige Beratung für die Gestaltung des Auswahlprozesses, des Arbeitsvertrages und der Probezeit in Anspruch genommen werden.

Voraussetzung für die Delegation der Personalauswahl ist eine genaue Beschreibung und Definition des Anforderungsprofils und der Auswahlkriterien. Die Stellenausschreibung oder Stellenanzeige hat die Aufgabe, gezielt potenzielle Kandidat/inn/en, die das Anforderungsprofil erfüllen, zu einer Bewerbung zu motivieren. Im Gegensatz zu einer internen Stellenausschreibung müssen potenzielle Bewerber/innen zunächst über die Organisation informiert werden. Somit stellt eine Stellenanzeige immer auch Öffentlichkeitsarbeit für die Organisation dar. Folgenden Informationen gehören in eine externe Stellenausschreibung (s. Abb. 12; Bröckermann 2003, Danne 1997).

Je nach Stelle werden die einzelnen Anzeigensegmente unterschiedlich gewichtet.

Beschaffungswege

Als Medien für die Publikation der Stellenanzeigen stehen regionale und überregionale Zeitungen, Fachzeitschriften, die „Bundesagentur für Arbeit" oder andere Arbeitsvermittler, *Personalberatungen* und zunehmend auch das Internet zur Verfügung (e-recruitment).

Im Internet können Anzeigen in Jobbörsen geschaltet werden. Gute Jobbörsen sind so aufgebaut, dass Interessenten über einen gesteuerten Auswahlprozess, das sog. Matching, z. B. nach Auswahlkriterien wie Region, Organisation, Stellenbezeichnung, Ausbildung, Anforderungsprofil eine Position aussuchen und über einen Link direkt mit der Internetseite/Homepage des Stellenanbieters verbunden werden.

Der Stellenanbieter/Arbeitgeber hat bei Jobbörsen die Wahl, ob er in Erscheinung treten oder anonym bleiben möchte. Im letzteren Fall können Bewerbungen an die Agentur gerichtet werden.

Neben der Stellenanzeige auf der Homepage der Organisation und der Jobbörse besteht eine weitere Möglichkeit darin, Stellenanzeigen in Newsgroups (Diskussionsforum oder „Pinnwand im Internet") oder im Rahmen eines Portals (Kommunikations- und Informationsplattform im Internet) zu veröffentlichen (vgl. Bröckermann 2003, S. 70 ff.).

Um den potenziellen Bewerbern den Abgleich der eigenen Qualifikation mit dem Anforderungsprofil zu ermöglichen, bieten einige Unternehmen auch ein Self-Assessment oder Online-Tests an.

Bewerbungen können vielfach anhand vorgefertigter Bewerbungsformulare über E-Mail direkt an die Organisation oder Personalberatung gerichtet werden.

Im Folgenden finden Sie Beispiele für Stellenausschreibungen im Internet.

Beispiel einer chiffrierten Internetanzeige bei einer Jobbörse

Im Auftrag unseres Kunden, einer Einrichtung für behinderte Menschen, suchen wir ab sofort für den Standort Langenfeld einen

Abteilungsleiter für den Förderbereich (m/w)

Ihre Aufgaben:
Diese Position kann entweder vollzeit (38,5 Std.) oder teilzeit (25-30 Std.) ausgeübt werden. Ihre Aufgabe beinhaltet die personelle, fachliche und organisatorische Leitung einer Abteilung des Förderbereichs. Sie übernehmen auch die Sachbearbeitung „Reha-Dienstleistungen". Sie bieten den Gruppenleitern fachliche Unterstützung bei der Förderplanung. Die Tätigkeit umfasst auch administrative Tätigkeiten (Sozialhilfe-, Grundsicherungs-, Rentenleistungen etc.). Sie kümmern sich außerdem um die Organisation von Fortbildungen und arbeitsbegleitenden Maßnahmen der Mitarbeiter.

Ihr Profil:
Sie verfügen über einen Abschluss als Dipl. Sozialpädagoge/Sozialarbeiter oder eine vergleichbare Qualifikation. Sie haben einen kooperativen Führungsstil sowie praktische Fähigkeiten in Förderplanung und deren Umsetzung. Sie besitzen Kenntnisse im Sozialrecht, im Qualitätsmanagement sowie in der Förderung und Betreuung von Menschen mit schweren und mehrfachen Behinderungen. Über Erfahrung in der Anleitung von Fach- und Hilfskräften verfügen sie.
Organisationsgeschick und wirtschaftliches Denken prägen Ihren Arbeitsstil. Der Umgang mit den gängigen EDV-Programmen (MS-Office Anwendungen) ist für Sie kein Problem.

> Jetzt bew erben

Kontakt:
Adecco Personaldienstleistungen GmbH
Bereich Personalvermittlung
Heinrich-Heine-Allee 21
40213 Düsseldorf
Tel. 0211/********
******@adecco.de

Beispiel einer offenen Internetausschreibung auf der Homepage eines Wohlfahrtsverbandes

> **Stellenausschreibung**
>
> Die Carl-Puricelli'sche Stiftung ist Träger des Altenheims St. Martin in Bingen, in dem 110 alte und pflegebedürftige Menschen betreut und gepflegt werden.
>
> Die Stiftung ist korporatives Mitglied beim Caritasverband für die Diözese Mainz, dem Wohlfahrtsverband der katholischen Kirche. Da der bisherige Stelleninhaber in den Ruhestand tritt, ist **zum 01.01.200x oder später** die Stelle der
>
> # Heimleitung
>
> neu zu besetzen.
>
> Diese verantwortungsvolle Führungsaufgabe bietet Ihnen Raum für selbständiges Arbeiten, in dem Kreativität und Eigeninitiative gefragt sind.
>
> Unterstützt werden Sie durch ein engagiertes Mitarbeiterteam, ein konstruktiv begleitendes Kuratorium der Stiftung sowie das Angebot von Fort- und Weiterbildung. Sie verfügen über fachliche und persönliche Kompetenzen, über eine Qualifikation nach § 2 HeimPersVO, sowie über fundiertes betriebswirtschaftliches Denken. Darüber hinaus besitzen Sie die erforderliche Teamfähigkeit und praktizieren einen kooperativen Führungsstil, gepaart mit Innovationskraft und Gestaltungswille. Ihre positive Einstellung zum Dienst am alten Menschen und Ihre Zugehörigkeit zur katholischen Kirche prägen Ihr Führungshandeln.
>
> Wenn Sie die Herausforderung der Leitung unseres Altenheimes reizt und Sie über die erforderlichen Anforderungen an diese Position verfügen, freuen wir uns über Ihre aussagekräftige Bewerbung, die Sie bitte an den Geschäftsführer unseres Kuratoriums, Herrn Hans Böhm, Im Mittelpfad 1, 55410 Bingen richten.

Eine weitere Form der Personalbeschaffung besteht im *Personalleasing*, auch Arbeitnehmerüberlassung, Leiharbeit, Zeitarbeit oder Personalleihe genannt.

Dabei wird mit einer Agentur, die von der „Bundesagentur für Arbeit" zur Vermittlung von Leiharbeitnehmern berechtigt wurde, die zeitweise Überlassung einer Arbeitskraft vereinbart. Grundlage für die Vermittlungstätigkeit ist das Arbeitnehmerüberlassungsgesetz (AÜG), das die Modalitäten der Entleihung und die Arbeitgeberpflichten klärt.

Das Personalleasing ist durch ein Dreiecksverhältnis zwischen Verleiher, Entleiher und Leiharbeitnehmer gekennzeichnet. Dabei schließen der Arbeitnehmer und der Personalleasing-Arbeitgeber (= Verleiher) einen Arbeitsvertrag ab, während zwischen Arbeitnehmer und Entleiher grundsätzlich keine vertraglichen Bindungen existieren. Der Vergütungsanspruch der Arbeitnehmer besteht gegenüber dem Verleiher, der Anspruch auf Arbeitsleistung und das Weisungsrecht gehen auf den Entleiher über. Dafür zahlt er dem Verleiher eine vereinbarte Gebühr.

Der Vorteil für die Organisation besteht darin, dass mit diesem Angebot vorübergehende personelle Engpässe bewältigt oder zeitlich befristete Personalbedarfe überbrückt werden können. Der Einsatz von Personalleasing macht eine saisonale oder projektbezogene Ausweitung der Personalkapazitäten möglich und kann temporäre Personalausfälle z. B. durch Krankheit oder Mutterschaftsurlaub ohne Schaffung einer betrieblichen Personalreserve kompensieren.

Mittlerweile gibt es auch Modelle von Arbeitsvermittlungsagenturen, die es erlauben, speziell qualifizierte Teams für einen definierten Zeitraum, z. B. zur Durchführung eines Projektes, zu entleihen. Der Vorteil des Personalleasings für die Organisation liegt somit in der schnellen Beschaffung, dem geringen Risiko einer Fehleinstellung und der Vermeidung einer Auseinandersetzung nach Ablauf der vorgegebenen Beschäftigungszeit.

Ein Nachteil für die Organisation sind die höheren Personalkosten, denn die Kosten für Zeitarbeitnehmer liegen höher als für einen eigenen Arbeitnehmer, weil auch die Personalleasing-Firma entsprechend verdienen will. Das Honorar fließt vom Auftraggeber zur Verleihfirma und wird erst nach Abzug der Verwaltungskosten, Personalzusatzkosten und einer Gewinnspanne an den Leasing-Arbeitnehmer weitergegeben.

Eine weitere Einschränkung ergibt sich im Sozialbereich daraus, dass der Einsatz von Personal aus Leasing-Agenturen nur in solchen Bereichen sinnvoll und verantwortbar ist, in denen Personalwechsel keine negativen Auswirkungen auf die Arbeitsqualität hat (z. B. Bewirtschaftung, Reinigung, begrenzte Bildungsmaßnahmen etc.) In vielen Bereichen der Sozialen Arbeit, in denen langfristige Vertrauensbeziehungen zu Klienten aufgebaut und gesichert werden müssen, verbietet sich der kurzfristige Einsatz von Arbeitnehmern. Bedenklich ist in diesem Zusammenhang, dass bei der Beschaffung von Kranken- und Altenpflegekräften das Personalleasing bereits sehr verbreitet ist.

Für Arbeitnehmer/innen, vor allem Berufsanfänger/innen kann es von Vorteil sein, in kürzerer Zeit verschiedene Berufsfelder oder berufliche Einsatzmöglichkeiten kennen lernen zu können, wobei der Einsatz an einer Arbeitsstelle maximal 24 Monate währen kann. Außerdem haben die Arbeitnehmer, unabhängig von ihrer konkreten Beschäftigung, der Leasing-Agentur gegenüber Anspruch auf Arbeitsentgelt. Der Nachteil für die Arbeitnehmer besteht darin, dass sie nur beschränkt über Wahlmöglichkeiten hinsichtlich der zu übernehmenden Stelle verfügen.

Zusammenfassend kann man festhalten, dass besonders zur kurzfristigen Deckung des Personalbedarfes in begrenzten Fällen das Personalleasing eine Alternative zur Neueinstellung darstellen kann.

Die Vor- und Nachteile der externen Personalbeschaffung sind spiegelbildlich zu den Vor- und Nachteilen der internen Personalbeschaffung zu sehen.

Vorteile sind

- Größere Auswahlmöglichkeiten
- Neue Impulse
- Weniger aufwändige Personalentwicklungsmaßnahmen

Nachteile sind, mit Ausnahme des Personalleasings,

- längere Beschaffungs- und Einarbeitungszeit
- höhere Beschaffungskosten
- höhere Entgeltforderungen
- größeres Risiko einer Fehlbesetzung
- Demotivierung des eigenen Personals, wenn keine Entwicklungs- und Aufstiegsmöglichkeiten vorhanden sind.

Im nächsten Abschnitt werden die Aufgaben der Personalauswahl thematisiert und verschiedene Vorgehensweisen beschrieben, die zu einer Optimierung des Auswahlprozesses beitragen.

7.3 Problemfelder der beruflichen Eignungsdiagnostik

Das Ziel aller Personalauswahlverfahren ist es, aus dem Kreis der Bewerber/innen diejenige Person auszuwählen, die die gegenwärtigen und möglichen zukünftigen Anforderungen am besten zu bewältigen vermag. Somit geht es bei jeder Personalauswahl um die Frage, welche Merkmale einer Person beruflichen Erfolg am ehesten erwarten lassen und wie die Eignung der Bewerber/innen für die zu besetzende Position festzustellen ist. Man spricht in diesem Zusammenhang auch von beruflicher Eignungsdiagnostik (Bisani 1997, Bröckermann 2003, Schuler 1996 und 1999). Die grundsätzliche Schwierigkeit jeder Bewerberauswahl besteht darin, aus Daten der Vergangenheit und Gegenwart verlässliche Prognosen für den beruflichen Erfolg der Zukunft abzuleiten.

Beruflicher Erfolg hängt von vielen verschiedenen Faktoren ab (vgl. Schuler 1999):

- Der familiäre und soziale Hintergrund prägt die Einstellungen und Erwartungen eines Menschen;
- seine Ausbildung schafft den Rahmen für weitere berufliche Entwicklungsmöglichkeiten.
- Der Arbeitsmarkt und der gesellschaftliche Bedarf schaffen den Kontext für die Chancen, in einem bestimmten Berufsfeld tätig werden zu können oder Fertigkeiten anwenden zu können.
- Fähigkeiten, Intelligenz und sonstige Eigenschaften einer Person erschweren oder erleichtern den Erwerb von Wissen und Fertigkeiten, die dann in berufliche Leistungen umgesetzt werden können.

Was als beruflicher Erfolg betrachtet wird, kann ebenfalls sehr vielfältig sein und sich aus der Perspektive der Organisation und des Arbeitnehmers unterschiedlich darstellen.

Beruflicher Erfolg aus Sicht der Organisation bedeutet immer, dass Mitarbeiter/innen wesentliche Beiträge zur Erreichung der Organisationsziele und zum Erfolg des Unternehmens liefern. Die Auswahl von Mitarbeiter/innen wird sich deshalb primär an der zu erwartenden Leistung orientieren.

Für den/die Mitarbeiter/in selbst können andere Wertmaßstäbe gelten: Neben Leistung und Aufstieg kann beruflicher Erfolg auch mit anderen Lebenszielen verknüpft sein, wie Sinnerleben, gesellschaftlicher Status, Zufriedenheit, psychische und physische Gesundheit, das Gefühl, gefordert zu sein, sein ruhiges Auskommen zu haben oder das tun zu können, was den eigenen Interessen und Fähigkeiten am besten entspricht (vgl. Schuler 1999).

Organisationen sind deshalb schlecht beraten, wenn sie sich bei der Personalauswahl nur an ihren eigenen Leistungsvorstellungen orientieren und die Ziel- und Wertvorstellungen der Bewerber/innen vernachlässigen.

Ziel des Personalauswahlprozesses muss es deshalb sein, die Anforderungen und Zielvorstellungen des Unternehmens so mit den Merkmalen und Zielvorstellungen der Person abzugleichen, dass möglichst viele Zielkriterien beider Parteien befriedigt werden können.

Dies bedeutet, dass das Anforderungsprofil der Stelle möglichst genau zu den vorhandenen Fähigkeiten des/r Bewerbers/in passen sollte, um Über- oder Unterforderung zu vermeiden. Diese *Passung zwischen Anforderung und Fähigkeiten* stellt auch eine entscheidende Voraussetzung für Zufriedenheit dar und das Gefühl, im Einklang mit seiner Tätigkeit zu sein (vgl. Csikszentmihalyi 1991).

Die berufsbezogenen Interessen und Bedürfnisse der Bewerber/innen sollten mit dem Befriedigungspotenzial und den Entwicklungsmöglichkeiten in der Organisation korrespondieren, um den Verbleib in der Organisation sicher zu stellen.

Schließlich sollten die absehbaren und unabsehbaren Änderungen, bezogen auf künftige Tätigkeiten und Anforderungen, eine Entsprechung im Entwicklungspotenzial des/r Bewerbers/in finden. Diese Prognose ist naturgemäß am schwierigsten, jedoch gibt es Eigenschaften, die in unterschiedlichstem Berufskontext als erfolgsrelevant bezeichnet und als relativ stabil betrachtet werden können. Dazu gehören nach Schuler „Intelligenz (einschließlich Lernfähigkeit), allgemeine Leistungsmotivation, soziale Kompetenz, psychische Stabilität und Veränderungsbereitschaft" (1999, S. 133).

Nun stellt sich die Frage, mit welchen Methoden die Eignung der Bewerber/innen für die gegenwärtigen und zukünftigen Anforderungen am besten zu erfassen ist.

7.4 Methoden der Eignungsdiagnostik

Bereits im „Personalmanagement in Einrichtungen der Sozialen Arbeit" wurde darauf verwiesen, dass ein fundierter Vergleich der Qualifikationen der Bewerber und ein Abgleich mit dem Anforderungsprofil nur dann gelingen kann, wenn die Personalauswahl im Rahmen eines geordneten und standardisierten Verfahrens stattfindet.

Dazu gehört, dass vor Sichtung der Bewerberunterlagen die Kriterien erarbeitet werden, die ein/e Bewerber/in erfüllen muss, wenn er/sie für die Besetzung der Position in Frage kommen soll. Diese Kriterien sollten aus dem Anforderungsprofil hervorgehen.

Weiterhin müssen Ein- und Ausschlusskriterien festgelegt werden, anhand derer entschieden werden kann, welche Bewerber/innen in die engere Auswahl gezogen werden.

Ob und inwieweit der/die Bewerber/in das Anforderungsprofil erfüllt, kann mit Hilfe eines Eignungsprofils in übersichtlicher Form erfasst werden.

Abbildung 13: Eignungsprofil

| Stelle: | | | |
| Bewerber/in: | | | |

Kompetenzbereich	Anforderung	Eignung	Nachgewiesen durch
Schulbildung			
Berufsausbildung			
Berufserfahrung			
Fachwissen/Fachkompetenz			
Methodenkompetenz			
Sozialkompetenz			
Leitungskompetenz			

Eigene Darstellung; vgl. auch Bröckermann 2003, S. 103

7.4.1 Auswertung der Bewerbungsunterlagen

Den ersten Schritt bei der Personalauswahl stellt die Analyse der Bewerberunterlagen dar. Zu den klassischen Bewerbungsunterlagen zählen:

- Bewerbungsschreiben
- Lebenslauf mit Lichtbild
- Zeugnisse
- Referenzen
- Arbeitsproben.

Zwar muss vor einer Überinterpretation von Bewerbungsunterlagen gewarnt werden, doch lassen sich für die Bewertung der Unterlagen verschiedene Gesichtspunkte heranziehen.

Personalverantwortliche beachten in der Regel folgende Punkte (vgl. Bröckermann 2003, S. 92, Schuler 1996, S. 82 ff. und 1999, S. 142 f.):

Kriterien zur Analyse der Bewerberunterlagen

Formale Aspekte und Vollständigkeit:

- Ist die Bewerbung ordentlich und übersichtlich angelegt?
- Ist sie fehlerfrei?
- Sind Art und Umfang der Bewerbung der zu besetzenden Position angemessen?
- Ist ein Anschreiben enthalten?
- Ist ein ausführlicher oder tabellarischer Lebenslauf enthalten (je nach Anforderung)?
- Lichtbild
- Sind qualifikationsbezogene Unterlagen enthalten?

Formale Aspekte und Vollständigkeit der Unterlagen gehören zu den Mindestanforderungen. Da Bewerbungsunterlagen zunächst die erste Arbeitsprobe darstellen, gelten unsaubere, fehlerhafte oder fehlende Unterlagen, Unterschriften und Belege sowie Privat- oder Urlaubsfotos als prinzipiell inakzeptabel.

Erforderliche Ausbildung:

- Zeugnisse
- Praktikumsnachweise
- Sonstige Bescheinigungen
- Ausbildungsbedingter Auslandsaufenthalt

Erforderliche Spezialkenntnisse:

- Sprachen
- EDV-Kenntnisse
- Zusatzausbildungen, Lehrgänge

Ergänzende anforderungsspezifische Aspekte:

- Berufserfahrung
- Mobilität

Zeitfolgenanalyse: Übereinstimmung Lebenslauf/Belege

- Lückenlosigkeit
- Zeitfolgenanalyse

Arbeitsplatzwechsel in überschaubarem zeitlichem Rahmen wird, v.a. wenn er mit Aufstieg verbunden ist, immer als positiv bewertet. Ein sehr häufiger

Wechsel von Ausbildungen und Arbeitsverhältnissen z. B. kurz nach der Probezeit wird in der Regel als problematisch beurteilt.

Positionsanalyse: Plausibilität des Stellenwechsels

- Abfolge der Positionen
- Nachvollziehbarkeit der Arbeitgeberwechsel

Dabei geht es um Auf- und Abstieg in der bisherigen beruflichen Laufbahn. Jede Wendung zu einer besseren Position wird positiv bewertet, jedoch kann der Wechsel eines Arbeitsgebietes oder auch ein unvorteilhafter Wechsel begründbar sein, z. B. durch die Arbeitsmarktsituation oder besondere Lebensumstände.

Schul- und Studienleistungen

gelten als valideste Einzelkomponente der Bewerbungsunterlagen. Schul- und Examensnoten sind gut geeignet zur Prognose weiterer Ausbildungsleistungen, weniger geeignet zur Prognose des Berufserfolges.

Schulabschlusszeugnisse, v. a. die Mathematiknote liefern gute Prognosen zum Erfolg der Ausbildung (vgl. Schuler 1996). Bei der Vorhersage beruflichen Erfolges sind v.a. die Noten, die mit dem beruflichen Aufgabenfeld in Verbindung stehen, aussagefähig.

Bei den Studienleistungen sind die Examensnoten häufig schwer zu vergleichen, da in verschiedenen Hochschulen und Studiengängen unterschiedliche „Gepflogenheiten" der Notenvergabe existieren. Rankings zeigen, dass einzelne Hochschulen das Notenspektrum nicht ausschöpfen, sondern 90 % der Examensnoten zwischen „sehr gut" und „gut" vergeben. Diese Notenvergabe erlaubt keine Beurteilung der individuellen Leistung.

Um die Güte und Aussagekraft der Examensnote eines Bewerbers beurteilen zu können, müsste sie mit dem Durchschnittsniveau des Studienganges verglichen werden. Bei den Abschlusszeugnissen von Bachelor- und Masterstudiengängen wird diese Zusatzinformation mit geliefert.

Examensnoten spielen v. a. bei der Einstellung von Berufsanfängern eine zentrale Rolle. Ihre Bedeutung tritt mit der Dauer der beruflichen Tätigkeit in den Hintergrund.

Aus *Arbeitszeugnissen und Referenzen* können erfahrene Personalfachleute wichtige Informationen über die Bewerber/innen gewinnen.

Die Aussagekraft von Arbeitszeugnissen wird eingeschränkt durch das geltende Arbeitsrecht, das nachteilige Äußerungen über den Beurteilten verbietet.

Aus diesem Grund hat sich eine „Zeugnissprache" entwickelt, die in codierter Form Qualitätsurteile über Arbeitnehmer/innen enthält. Die Codierung sollte bei der Interpretation von Zeugnissen bekannt sein (vgl. Kap. 10.7).

Es ist jedoch nicht sicher, ob die Arbeitgeber, die das Zeugnis ausgestellt haben, mit dem Code vertraut waren und ihn bewusst eingesetzt haben.

Werden Zeugnisse nicht von Fachleuten ausgestellt, so ist die Interpretation noch schwieriger und vieldeutiger. Unklar ist häufig, wer das Zeugnis erstellt hat: In 17 % der Fälle werden die Zeugnisse von den Beurteilten selbst formuliert (Weuster 1994, S. 246). Eine weitere Problematik besteht, wenn der Arbeitgeber sich konfliktfrei von seinem Arbeitnehmer trennen will und deshalb die Angaben bewusst schönt.

Das dem Lebenslauf beigefügte *Foto* zeigt, wie der/die Bewerber/in gesehen werden möchte und vermittelt einen Eindruck von der Ausstrahlung der Person. Allerdings erlaubt die Deutung von Gesichtszügen und Aussehen keinerlei Vorhersage von Intelligenz, Leistungsfähigkeit oder charakterlichen Merkmalen. Fotos aktivieren bei den Betrachtenden in der Regel Übertragungen (er/sie erinnert mich an ...), so dass Beurteilungen auf dieser Ebene vor allen Dingen Erfahrungen und Vorurteile der Betrachter spiegeln, aber keinerlei prognostische Validität besitzen (vgl. Bröckermann 2003). Empirische Untersuchungen zeigen, dass bei der Personalauswahl zwar die Qualifikation das wichtigste Auswahlkriterium darstellt, dass jedoch physische Attraktivität die Einstellungschancen erhöht (vgl. Schuler 1996, S. 82).

Die Durchsicht der Unterlagen sollte mit einer *Eingangsbestätigung* abgeschlossen werden, in der der Zeithorizont für das weitere Verfahren mitgeteilt wird. Weitere *Zwischenbescheide* sind v. a. bei länger dauernden Verfahren notwendig, um die Motivation aussichtsreicher Bewerber/innen zu erhalten.

7.4.2 Das Vorstellungsgespräch

Das Vorstellungs- oder Einstellungsgespräch stellt die am meisten verbreitete und beliebteste Methode der Personalauswahl dar, obwohl herkömmliche Vorstellungsgespräche gegenüber allen anderen Verfahren die geringste prognostische Validität besitzen (vgl. Schuler 1999).

Die wichtigsten Ursachen für die geringe Validität des konventionellen Vorstellungsgesprächs sind nach Schuler (1999, S.144):

- Mangelnder Anforderungsbezug der Fragen
- Unzulängliche Verarbeitung der aufgenommenen Information
- Geringe Beurteilerübereinstimmung
- Beurteilungsfehler (Dominierendes Gewicht früherer Gesprächseindrücke, Überbewertung negativer Information, Emotionale Einflüsse auf die Urteilsbildung)
- Beanspruchung des größten Teils der Gesprächszeit durch den Interviewer

Wie empirische Untersuchungen zeigen, kann das Vorstellungsgespräch, sofern es anforderungsbezogen und strukturiert geführt wird, jedoch zu einem verlässlichen Auswahlinstrument werden, das sich im Hinblick auf die prognostische Validität durchaus mit den besten Personalauswahlmethoden messen kann (vgl. Schuler 1999).

Das Vorstellungsgespräch hat aber noch weiter gehende Funktionen. Es dient

- der Erhebung von Informationen über den Bewerber
- der Vorhersage der beruflichen Eignung,
- der Beziehungsgestaltung,
- der Abklärung gegenseitiger Erwartungen,
- der Information des Bewerbers und
- der Vereinbarung von Bedingungen.

Schuler (1999, S. 144) verweist darauf, dass die Person des Interviewers die wichtigste Einflussgröße für die Annahme eines Einstellungsangebotes durch qualifizierte Bewerber darstellt.

Die Vielfalt von Funktionen macht das Vorstellungsgespräch deshalb für die Personalauswahl unverzichtbar.

Daraus folgt, dass das Vorstellungsgespräch durchaus eingesetzt, jedoch durch folgende Maßnahmen qualifiziert werden sollte:

- durch ein gut vorbereitetes Interview, dessen Fragen in engem Bezug zum Anforderungsprofil stehen. Der Anforderungsbezug verbessert die Eignungsprognose ebenso wie die realistische Information des Bewerbers;
- durch eine strukturierte und (teil)standardisierte Sammlung und Dokumentation von Informationen. Da Bewerber eine freie Gesprächsform bevorzugen, sollte gleichzeitig auch Raum für das freie Gespräch vorgesehen werden.
- Je geringer die Standardisierung des Interviews, desto wichtiger werden zusätzliche Beurteiler. Dies kann in Form von zusätzlichen unabhängig geführten Gesprächen geschehen. Auch bei (teil)standardisierten Interviews lässt sich die Prognose verbessern, wenn sowohl Mitarbeiter der Personalabteilung wie auch der jeweiligen Fachabteilung gemeinsam oder getrennt Gespräche führen.
- Im Vorstellungsgespräch sollten nur die Informationen gesammelt werden, die nicht anderswo zuverlässiger erhoben werden können (z. B. durch Zeugnisse, Referenzen).
- Die Informationssammlung sollte von der Entscheidung getrennt werden. Für die Sammlung und Gewichtung von Informationen empfehlen sich geprüfte und verhaltensverankerte Skalen. Notizen und Skalen sollten erst nach Abschluss der Informationssammlung zu einem Gesamturteil

zusammengefasst werden. Dabei sollen auch die Gewichtung der Einzelaspekte und das Bewertungsverfahren standardisiert erfolgen.

- Weitere Verbesserungen der Prognose lassen sich durch das Einbeziehen von Elementen anderer geprüfter Auswahlverfahren erzielen, z. B. durch Gruppendiskussionen, wie sie im Assessment Center verwendet werden oder durch validierte Fragen aus Testverfahren oder biographischen Fragebögen.
- Eine sorgfältige Vorbereitung der Interviewer durch kompetent durchgeführte Trainings

Quelle: Schuler 1999, S. 145

Das multimodale Interview

Das multimodale Interview (vgl. Schuler 2002, S. 191) stellt eine Form des Vorstellungsinterviews dar, das den o.g. Anforderungen entspricht und den vielfältigen Funktionen des Vorstellungsgesprächs wie auch den Bedürfnissen von Bewerbern umfassend Rechnung trägt. Es beinhaltet folgende Elemente und Sequenzen (vgl. Beck/Birkle 2000, S. 19 f., Schuler 2002, S. 191):

Bausteine des multimodalen Interviews

1. Gesprächsbeginn:
   - kurzes informelles Gespräch zu Anreise, z. B. Verkehrssituation, Wetter
   - Dank für die Bewerbung und das Zustandekommen des Gesprächstermins
   - Begründung der Einladung
   - Zusicherung der vertraulichen Behandlung von Informationen
   - Skizzierung des Interviewablaufs (Zeitrahmen und Inhalte)

2. Selbstvorstellung des/r Bewerbers/in
   - Bewerber/in schildert den beruflichen Werdegang (Ausbildung, berufliche Erfahrungen, eigene Schwerpunktsetzungen, berufliche Erwartungen, Zielvorstellungen und fachübergreifende Interessen)
   - Ergänzende Ausführungen zu Bewerbungsunterlagen
   - Interviewer notiert Beobachtungen und Nachfragen

3. Freies Gespräch
   - Nachfragen zu den Ausführungen der Selbstvorstellung
   - Nachfragen zu den Bewerbungsunterlagen
   - Offene Fragen-summarische Bewertung

4. Berufsinteressen, Berufs- und Organisationswahl
   - Fragen nach berufsbezogenen Interessen, Motiven und Hintergründen der Berufswahl,
   - Beweggründe der Bewerbung und des Arbeitgeberwechsels
   - Selbstbild und -einschätzung mit Blick auf die vermuteten Tätigkeitsanforderungen,

5. Biographiebezogene Fragen
- Fragen nach Erfüllung des Anforderungsprofils (z. B. Verhandlungsgeschick, Teamarbeit, Problemlösung, Konfliktbearbeitung) haben Einstellungen, Haltungen und Verhalten in eng umrissenen Berufssituationen zum Gegenstand
- Fragen nach konkreten Beispielen und/oder Vorgabe von kritischen Situationen sollen ein Bild zur Handlungsweise des Kandidaten in beruflichen Situationen ergeben (s.u.)
- Bewertung erfolgt anhand verhaltesverankerter Einstufungsskalen

6. Realistische Tätigkeitsinformation
- Informationen zur Organisation (Rechtsform, Geschäftsergebnisse, Betriebsstruktur)
- Organisationsform, Einordnung der Stelle in das Organigramm
- Rahmenbedingungen (Arbeitszeit, Dienstreisen),
- Grundsätze der Führung und Zusammenarbeit,
- Einkommen,
- Unternehmens-/Sozialleistungen,
- Genehmigung und Umfang von Nebentätigkeiten
- Entwicklungs- und Weiterbildungsmöglichkeiten sowie weitere Aspekte (Interaktionsstil, Organisationsklima), die für die Entscheidungsfindung des/r Bewerber/in relevant sind,
- Es sollen auch problematische Aspekte der Organisation im Sinne einer realistischen Tätigkeitsinformation vermittelt und Nachfragen ermöglicht werden.
- In diesem Gesprächsteil erfolgt keine Bewertung

7. Situative Fragen
- In knapper Form werden erfolgskritische Situationen geschildert, der/die Bewerber/in wird nach seinem/ihrem Verhalten befragt (s. u.).
- Die Antworten werden anhand verhaltensverankerter Einstufungsskalen bewertet.

8. Gesprächsabschluss
- Informationen über das weitere Vorgehen – Zeitplan
- Klärung organisatorischer Fragen
- Dank für das Gespräch und die Bewerbung

Die Konstruktion anforderungsbezogener Fragen

Ein an den Anforderungen orientiertes Auswahlinterview bedarf der adäquaten Umsetzung von Merkmalen und Verhaltensanforderungen in entsprechende Interviewfragen.

In der folgenden Tabelle finden sich Beispiele.

Tabelle 12: Umsetzung von Anforderungen in Interviewfragen

Merkmals- und Verhaltensanforderung	Beispiel für eine korrespondierende Interviewfrage
Leichtes Herstellen von Kontakt (Interesse und Offenheit, unkomplizierte Gesprächseinleitung, freundliches Verhalten)	Wie stellen Sie es an, wenn Sie mit jemandem ins Gespräch kommen wollen?
Mit Kollegen gut zusammenarbeiten (fairer Umgang untereinander; zum Arbeitsklima beitragen; Informationen austauschen; sich gegenseitig helfen)	Können Sie einen Fall aus dem vergangenen Jahr nennen, bei dem Sie einen Kollegen aus eigenen Stücken unterstützt haben?
Persönliche Belastungen und Stress bewältigen (trotz Belastung kontrolliert reagieren; Toleranz; Verkraften von Ablehnung und persönlichen Angriffen; Bewältigung von komplexen Aufgaben unter Zeitdruck und Beobachtung; Lösen von Aufgaben mit Prüfungscharakter)	Wie reagieren Sie, wenn Sie von einem Jugendlichen/Kollegen verbal angegriffen und beleidigt werden? Zeitdruck wirkt auf viele Menschen beeinträchtigend. Wie geht es Ihnen damit?
Motiviert und mit Initiative arbeiten (sich für die Aufgaben stark engagieren; selbst Initiative ergreifen, Risiken eingehen; für Neues offen sein, weiterkommen wollen)	Gibt es ein Projekt, das auf Ihre Initiative hin in Angriff genommen wurde?

Quelle: Schuler 2002, S. 158f modifiziert von Hölzle

Bei der Konstruktion von anforderungsbezogenen Fragen lassen sich biographische Fragen von situativen Fragen unterscheiden.

Beide Typen von Fragen sollten sich auf das Anforderungsprofil der Stelle beziehen, und es sollte möglich sein, den Erfüllungsgrad der Anforderung abzubilden. Mit *biographiebezogenen Fragen* lässt sich erschließen, ob der Bewerber in der Vergangenheit mit den Anforderungen konfrontiert war und wie er sie bewältigt hat. Sie enthalten folgende Komponenten:

Die Eingangsfrage wird offen gestellt. Die nachfolgenden Fragen, die spezifischer und konkreter werden, sollen Aufschluss geben über den Verhaltensstil des Befragten und die Effektivität der Handlungen bzw. die Wirkung des Verhaltens auf andere.

Die Konstruktion der Fragen sollte sich an einem Verhaltensdreieck (Hilb 2001, S. 74) orientieren (Abb. 14).

Die folgenden beispielhaften Fragen sind dem BDI (Behavior Description Interview von Janz et al. 1986, S. 134) entnommen:

- Berichten Sie über eines Ihrer Projekte, das erheblich zu spät zum Abschluss kam.
- Was war das für ein Projekt?
- Welches waren die größten Schwierigkeiten, denen Sie sich gegenüber sahen?
- Wie haben Sie versucht, diese Schwierigkeiten zu überwinden?
- Was war das Ergebnis Ihrer Bemühungen?

- Welche Auswirkungen hatte die Verzögerung für den Auftraggeber?
- Was haben Sie unternommen, um künftige Verzögerungen dieser Art zu verhindern?
- Wie oft gerieten (Ihre) Projekte im letzten Jahr in Verzug?

Abbildung 14: Verhaltensdreieck zur Konstruktion von anforderungsbezogenen Fragen

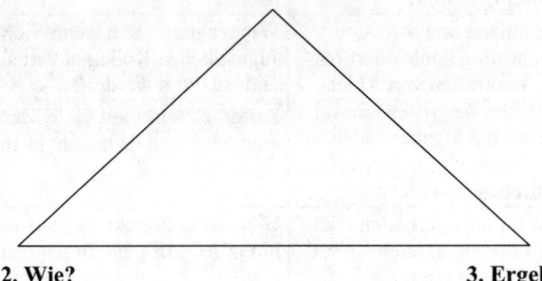

1. Was?
(Frage nach der Situation, in der
das Verhalten geäußert wurde)

2. Wie?
(Frage nach dem Vorgehen, d. h.
wie der Bewerber in der obigen
Situation vorgegangen ist)

3. Ergebnis?
(Frage nach der Auswirkung,
die das Verhalten gezeigt hat)

Die Formulierung der Fragen sowie die Bewertung der Antworten setzen genaue Kenntnisse des Arbeitsbereiches voraus.

Der Vorteil biographiebezogener Fragen liegt darin, dass sozial erwünschte Antworten eher vermieden werden und stattdessen realistisches und typisches Verhalten geschildert wird. Darüber hinaus vermitteln die Fragen den Bewerbern ein realistisches Bild der Anforderungen und Erwartungen.

Beispiel: Biographische Frage zur Teamfähigkeit

Welche Erfahrungen haben Sie mit Gruppenarbeit gemacht?
(Nennen Sie bitte ein Beispiel)

Sind in der Gruppenarbeit auch mal Probleme und Meinungsverschiedenheiten aufgetreten?

Was haben Sie unternommen, um die Probleme zu lösen?

Was ist dabei herausgekommen?

Die Bewertung der Schilderung wird erleichtert durch Beispielantworten, in denen die Erwartungen der Organisation bzgl. der Effektivität formuliert sind.

Bewertungshinweise:

1. Arbeitet weniger gern im Team; empfindet Probleme und Meinungsverschiedenheiten als unangenehm und hält sich deshalb aus dem Problemlösungsprozess heraus.

2. Arbeitet gerne in einem Team; nimmt auftretende Probleme wahr; macht Vorschläge zur Problemlösung und hilft bei der Problemlösung mit.

154

> 3- Bewertet Teamarbeit als sehr produktiv; erkennt rasch Probleme in der Gruppe; steuert kreative Vorschläge zur Problemlösung bei und ist bei der Durchführung der Problemlösung engagiert.

Quelle: Schuler 2002, S. 199

Beispiel: Anforderungsdimension „Selbstkontrolle"

Wann waren Sie mit Ihrer eigenen Leistung nicht zufrieden? Was haben Sie dagegen unternommen?
Mit welchem Ergebnis?

3 Punkte: hoher Anspruch, zweckmäßige Maßnahme zur Verbesserung

Viele sagen, sie könnten mehr schaffen, wenn der Stress geringer wäre. Ist das bei Ihnen auch so?

3 Punkte: Nein, Anstrengung/Leistung wächst mit den Anforderungen

---

Quelle: Schuler 2002, S. 195; modifiziert

Situative anforderungsbezogene Fragen beruhen auf der „Methode der kritischen Ereignisse". Diese Methode eignet sich sowohl zur Erstellung eines Anforderungsprofils, wie auch zur Leistungs- oder Potenzialbeurteilung. Kern der Methode ist, dass den Befragten eine typische Situation oder Herausforderung des Arbeitslebens geschildert wird. Sie werden nach ihrem Verhalten bzw. ihrem Ansatz der Problemlösung befragt. Die Bewertung der Effektivität oder Ineffektivität der Handlung muss aus dem geschilderten Ergebnis ableitbar sein. Zur Beurteilung werden die Fragen mit Beispielantworten verankert. Es handelt sich nach Schuler (2002, S. 174) um „mentale Tätigkeitssimulationen", bei denen „praktische Intelligenz" erfasst wird.

Im Gegensatz zu biographischen Fragen, bei denen retrospektiv typisches Verhalten erfragt wird, sind situative Fragen zukunftsbezogen angelegt und erfassen Verhaltensvorsätze bzw. Ziele. Auf der Basis der Zielsetzungstheorie (vgl. Locke und Latham 1990) werden dabei Ziele als Vorläufer des tatsächlichen Verhaltens aufgefasst.

Beispiel: Situative Frage

Die Leistung eines Ihrer Mitarbeiter hat nachgelassen. Anlässlich Ihrer jährlichen Gehaltsgespräche müssen Sie ihm erklären, dass seine Gehaltserhöhung geringer ausfällt, als die Zulage, die die meisten seiner Kollegen bekommen. Wie gehen Sie vor?

Beispielantwort 1 Punkt:
Ich sage dem Mitarbeiter, dass ich ihm gerne mehr gegeben hätte, dass aber die Geschäftsleitung keinen weiteren Rahmen offen lässt.

Beispielantwort 3 Punkte
Ich erkläre dem Mitarbeiter, dass er seine Ziele nicht erreicht hat, und stelle ihm bei Verbesserung eine Gehaltsüberprüfung in Aussicht.

Beispielantwort 5 Punkte
Ich sage dem Mitarbeiter, dass ich mir Gedanken über seine nachlassende Leistung mache, derentwegen die Zulage geringer ausfällt. Ich versuche, gemeinsam mit ihm die Gründe herauszufinden. Dann besprechen wir Maßnahmen, die Leistung wieder zu verbessern, und vereinbaren neue Ziele.

Quelle: Schuler 1996, S.89

7.4.3 Fragebogen

Viele Unternehmen fordern Bewerber/innen auf, standardisierte Personalfragebögen auszufüllen. Sie enthalten in der Regel folgende Angaben:

- Angaben zur Person
- Ausbildung
- Berufstätigkeit
- Kenntnisse und Fertigkeiten
- Erfindungen, Patente, Veröffentlichungen
- Angaben für die Einstellung

Der Vorteil von Personalfragebögen liegt darin, dass alle relevanten Informationen systematisch erfasst werden und die Möglichkeit besteht, die Bewerber/innen auf einen Blick zu vergleichen.

Biografische Fragebögen erheben Lebenslaufdaten, die in einem signifikanten Zusammenhang mit beruflichem Erfolg in einem spezifischen Beruf/ Arbeitsfeld stehen.

Zur Konstruktion biografischer Fragebögen werden Lebenslaufdaten mit Daten der Personalbeurteilung zum beruflichen Erfolg korreliert. Die Fragen, welche die höchsten Korrelationen aufweisen und somit die besten Vorhersagen für beruflichen Erfolg liefern, werden dann in den biographischen Fragebogen aufgenommen (Owens/Schoenfeldt 1979). Dieses im Einzelfall aufwändige Verfahren liefert andererseits eine sehr zufrieden stellende prognostische Validität (Schuler 1996,Weinert 2004).

Da biographische Fragebögen zum Teil sehr persönliche Fragen enthalten, ist ihre Einführung in einem Unternehmen zustimmungspflichtig (§ 94 des BetrVG). Mit Vorbehalten seitens der Bewerber/innen ist v. a. dann zu rechnen, wenn die Fragen nicht zielbezogen und transparent sind.

Die eignungsdiagnostische Untersuchung darf nur solche Merkmale der Bewerber/innen erfassen, die für die vorgesehene Tätigkeit erforderlich sind und nicht durch andere Unterlagen, wie z. B. Zeugnisse nachweisbar sind (Popp 1996).

Tabelle 13 bietet einen Überblick über die zulässigen Fragen in Personalfragebögen; sie gelten aber ebenso für das Einstellungsinterview.

Tabelle 13: Rechtliche Zulässigkeit von Fragen

Fragenbereich	Zulässig (Beispiel)	Unzulässig (Beispiel)
Allgemeine identifizierende Merkmale	Name, Anschrift, Geburtsdatum	
Rechtsstatus	Staatsangehörigkeit, Kranken- und Rentenversicherung	
Familie	Familienstand, Geburtsdaten von Ehepartnern und Kindern	Heiratsabsichten, intime Beziehungen

Bildungsweg	Ausbildung, Zeugnisnoten, Lehrgänge	
Bisherige Berufstätigkeit	Arbeitsplätze, Arbeitgeber. Kontinuität	
Fachliche Qualifikation	Kenntnisse, Fertigkeiten, Erfahrung	
Einkommen	Letztes Einkommen	Falls ohne Bezug zur Eignung
Vermögens-verhältnisse	Bei leitenden Angestellten und in Vertrauensstellungen	Falls ohne Bezug zur Position
Wettbewerbsverbot	Diesbezüglich besteht sogar Offenba-rungspflicht des Bewerbers	
Urlaubsanspruch	Gewährter und abgegoltener Urlaub	
Wehr-/Zivildienst	zulässig	
Vorstrafen	Bei Einschlägigkeit, z. B. Unterschla-gung als Kassierer	Bei mangelnder Einschlägigkeit
Religions- und Parteizugehörigkeit	In Tendenzbetrieben, z. B. konfess. Einrichtungen, polit. Parteien	Grundsätzlich unzulässig
Gewerkschaftszuge-hörigkeit	In Tendenzbetrieben, etwa Arbeitge-berverbänden; bei Interessenkollision (ltd. Angestellten); wegen Tarifbin-dung; bei betrieblichem Beitragseinzug	Grundsätzlich unzulässig
Schwangerschaft	In Sonderfällen (z. B. Infektionsgefahr, Tänzerin)	Nach europäischem Recht grundsätzlich unzulässig
Gesundheitszustand	Bei Bedeutung für die Arbeitstätigkeit und Leistungsfähigkeit; gefährliche In-fektionskrankheiten (z. B. Tbc, Aids)	Allg. gehaltene Fragen über frühere und der-zeitige Krankheiten
Schwerbehinderung	zulässig	

Quelle: Schuler 2002, S. 278

7.4.4 Testverfahren

In der Berufseignungsdiagnostik werden vor allem Intelligenztests oder kognitive Fähigkeitstests, Tests zur Prüfung allgemeiner Fähigkeiten wie Aufmerksamkeit oder Konzentrationsleistung, Tests zur Erfassung sensori-scher oder motorischer Funktionen und berufsspezifischer Leistungsfähig-keit eingesetzt. Daneben kommen auch Persönlichkeitstests zur Anwen-dung, zu denen auch Interessens- und Motivationstests gerechnet werden.

Definition: „Ein Test ist ein standardisiertes, routinemäßig anwendbares Verfahren zur Messung individueller Verhaltensmerkmale, aus denen Schlüsse auf Eigenschaf-ten der betreffenden Person oder auf ihr Verhalten in anderen Situationen gezogen werden können" (Brandstätter, 1979, S. 82).

Der Vorteil von Testverfahren liegt in ihrer hohen Objektivität, die sich aus der Standardisierung ergibt. Die Standardisierung im Bezug auf den Inhalt, die Durchführung und die Auswertung ermöglicht es, subjektive Beobach-tungs- und Beurteilungsfehler sehr gering zu halten. Kognitive Fähigkeits-

tests z. B. Intelligenztests liefern eine sehr gute Prognose des Ausbildungs-
erfolges (prognostische Validität von r = .54) wie auch des beruflichen Erfolges (r = .45) (vgl. S. 51, Schuler 1999, S. 140). Die vergleichsweise hohe
Validität lässt sich damit erklären, dass Intelligenz und kognitive Fähigkeiten in allen Bereichen zur Leistungsverbesserung beitragen.

In Deutschland ist der Einsatz von Tests im Rahmen der Eignungsdiagnostik noch wenig verbreitet. Weniger als 10 % der Unternehmen verwenden
Persönlichkeitstests im Rahmen von Einstellungsverfahren. Leistungs- und
Intelligenztests werden v.a. bei der Auswahl von Auszubildenden eingesetzt
(35 %), bei Trainees liegt der Anteil bei 9 % und bei Führungskräften liegt
er nur bei 2 %. Im Gegensatz dazu werden in den europäischen Nachbar-
ländern in 40 bis 70 % der Auswahlverfahren Persönlichkeitstests eingesetzt und in etwas geringerem Maße Leistungs- und Intelligenztests (vgl.
Schuler 1999, S. 147).

Testverfahren werden als aktivierend erlebt und von jüngeren Bewerbern
meist akzeptiert, vor allem, wenn es sich um Verfahren mit Tätigkeitsbezug
handelt. In anderen Fällen ist Rücksicht und Vorsicht geboten. Eine wesentliche Voraussetzung für den Einsatz von Testverfahren sind gründliche test-
theoretische Kenntnisse und der sichere Umgang mit dem Test, so dass die
solide Durchführung, Auswertung und Interpretation der Ergebnisse gewährleistet ist.

Die Durchführung von Testverfahren ist nach Bröckermann (2003, S. 121)
rechtlich nur zulässig, wenn

- die Kandidat/inn/en über Inhalt und Reichweite informiert wurden,
- sie ihr Einverständnis gegeben haben und
- sich der Test ausschließlich auf Anforderungen des betreffenden Arbeitsplatzes bezieht.

Eine Übersicht und genaue Beschreibung zu allen Tests findet sich in Brickenkamp, Brähler & Holling (2002). Weinert (2004, S.348) gibt einen Ü-
berblick über die Dimensionen, die sich mit Tests erfassen lassen.

Tests im Überblick

Leistungs- und Funktionstests
sind die gebräuchlichsten und einfachsten Testarten. Sie eignen sich für Bewerbungen, wo der Bewerber sein momentanes fachliches Können, Konzentration, Ge-
schicklichkeit unter Beweis stellen kann. Fortschritte in der Bürotechnologie erhöhen
auch den Zugang zu „off-line" situativen Übungen (z. B. Textverarbeitungstest am
PC, „Allgemeiner Büroarbeitstest").

Intelligenztests
Sie messen logisches Denken, Gedächtnis, räumliches Vorstellungsvermögen, Wort-
schatz. Viele dieser Tests, vor allem die allgemeinen Intelligenztests, basieren auf der
Annahme, dass ein intelligenter, schnell lernender und aufgeweckter Bewerber nahezu
jede Arbeit und Aufgabe schneller erlernen und sicherer bewältigen kann als Personen
mit durchschnittlicher und niedriger Intelligenz. Ein guter Intelligenztest hat eine ver-

gleichbare Aussagekraft wie die Probezeit und liefert weit bessere Prognosen als das konventionelle Einstellungsinterview. Allgemeine IQ-Tests sind z. B. der Hamburg-Wechsler-Intelligenz-Test (Hawie) oder der Intelligenz-Struktur-Test (IST).

Eignungs-, Neigungs-, Begabungstests
dienen dazu die Lernfähigkeit des Bewerbers festzustellen. Sie sagen allerdings nichts aus über die Motivation des Bewerbers.

Interessenstests
basieren auf der Annahme, dass ähnliche Interessen die Vorhersage beruflichen Erfolges erlauben.

Persönlichkeitstests
Sie sollen u.a. darüber Auskunft geben, wie gut eine Person in ihr neues Arbeitsumfeld passen wird, wie sie auf Anforderungen reagieren wird, wie belastbar sie ist, wie sie mit kontinuierlichen Veränderungen umgehen kann, wie sie auf Instabilität und Ungewissheit reagiert, und ob sie selbständig denken und handeln kann. (z. B. „Bochumer Inventar zur berufsbezogenen Persönlichkeitsbeschreibung BIP" von Hossiep/Paschen 1998).

Integritätstest
werden vielfach diskutiert. Sie ermöglichen jedoch die Vorhersage von störenden Arbeitsverhaltensweisen, insbesondere Abwesenheit, Zuspätkommen, Gewalttätigkeit und Missbrauch von Einrichtungen (Ones et al.1993).

Quelle: Weinert 2004, S. 348 modifiziert von Hölzle

7.4.5 Assessment-Center

Ein Instrument, das im Rahmen der Personalauswahl v.a. für Leitungskräfte, aber auch zur Selektion von Führungskräftenachwuchs und Ausbildungskandidaten sowie im Rahmen der Personalentwicklung und -beurteilung zunehmend eingesetzt wird, ist das Assessment-Center (AC). Nach einer allgemein anerkannten Definition von Jeserich (1981, S. 33 f.) ...

„... verstehen wir unter der Assessment-Center-Methode ein systematisches Verfahren zur qualifizierten Feststellung von Verhaltensleistungen bzw. Verhaltensdefiziten, das von mehreren Beobachtern gleichzeitig für mehrere Teilnehmer in Bezug auf vorher definierte Anforderungen angewandt wird".

Das AC gehört zu den Verfahren mit der besten prognostischen Validität (vgl. Kap. 3.2.2; Schuler 1999). Dazu trägt das systematische Vorgehen zur Reduktion von Beurteilungsfehlern bei:

- festgelegte Beobachtungskriterien und -regeln,
- zeitliche Trennung von Beobachtung und Bewertung,
- Schulung der Beobachter.

Darüber hinaus trägt der Einsatz verschiedener eignungsdiagnostischer Verfahren, die Beurteilung desselben Merkmals durch verschiedene Verfahren und die realitätsnahe Ausrichtung der eignungsdiagnostischen Instrumente zur Verbesserung der Eignungsdiagnose und Prognose bei.

Abbildung 15: Ablauf eines Assessment-Centers

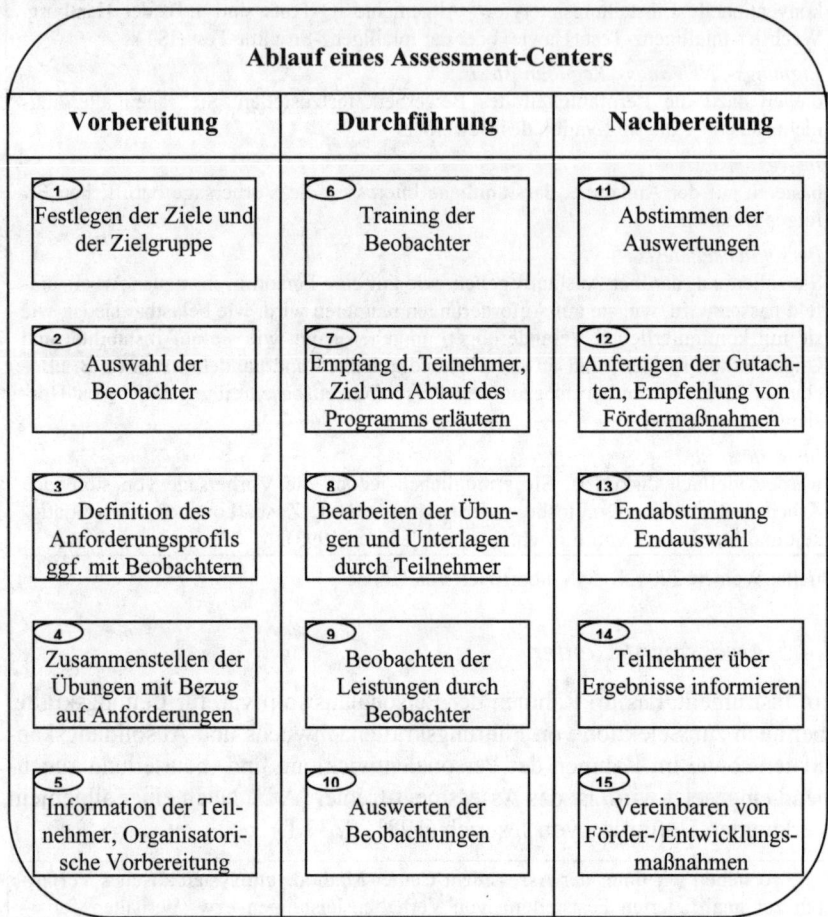

Ablauf eines Assessment-Centers

Vorbereitung	Durchführung	Nachbereitung
1 Festlegen der Ziele und der Zielgruppe	**6** Training der Beobachter	**11** Abstimmen der Auswertungen
2 Auswahl der Beobachter	**7** Empfang d. Teilnehmer, Ziel und Ablauf des Programms erläutern	**12** Anfertigen der Gutachten, Empfehlung von Fördermaßnahmen
3 Definition des Anforderungsprofils ggf. mit Beobachtern	**8** Bearbeiten der Übungen und Unterlagen durch Teilnehmer	**13** Endabstimmung Endauswahl
4 Zusammenstellen der Übungen mit Bezug auf Anforderungen	**9** Beobachten der Leistungen durch Beobachter	**14** Teilnehmer über Ergebnisse informieren
5 Information der Teilnehmer, Organisatorische Vorbereitung	**10** Auswerten der Beobachtungen	**15** Vereinbaren von Förder-/Entwicklungsmaßnahmen

Quelle: nach Kleinmann (1997) S. 10

1. Zunächst werden die *Ziele und die Zielgruppe* der Maßnahme festgelegt – z. B. Besetzung offener Stellen, Feststellung des individuellen Personalentwicklungsbedarfes, Potenzialbeurteilung.

2. Anschließend erfolgt die *Auswahl der Beurteiler:* in der Regel Linienvorgesetzte, Psychologen und Mitarbeiter des Personalwesens, wobei in der Regel zwei Beobachter einen Bewerber/Teilnehmer beurteilen.

3. Es muss ein *Anforderungsprofil* der Zielposition erstellt werden. Daraus müssen beobachtbare Verhaltensweisen (Indikatoren) für die erfolgreiche Bewältigung der Aufgabe abgeleitet werden.

4. Zur *inhaltlichen Gestaltung des AC* werden Übungen konstruiert, die den Berufsalltag der zukünftigen Stelle simulieren sollen. Beispiele sind: Präsentationen erarbeiten und abhalten, einen fiktiven Postkorb durcharbeiten und Entscheidungen treffen, Fallstudien bearbeiten und Ergebnis-

se zusammenfassen, schwierige Gespräche vorbereiten und durchführen, an Sitzungen von Arbeitsgruppen teilnehmen und die eigene Position vertreten etc.

5. Die *Teilnehmer* des AC werden über die Ziele und Rahmenbedingungen *informiert* (ca. 2 bis 3 Wochen vorher).

6. Die *Schulung der Beobachter* wird in der Regel 1 bis 2 Wochen vor Durchführung des AC vorgenommen und unmittelbar davor aktualisiert. Die Beobachter müssen mit dem Ablauf des AC und mit dem Anforderungsprofil vertraut sein sowie in der Lage sein, Verhaltensbeobachtungen von Beurteilungen zu trennen. Sie müssen in der Wahrnehmung möglicher Beurteilungsfehler geschult sein (eine genaue Beschreibung der Schulung findet sich bei Bröckermann 2003, S. 131 f.).

7. Nach dem *Empfang der Teilnehmer* werden sie in der Regel mit Informationen über das Unternehmen und die Tätigkeit informiert.

8. Anschließend erfolgen die *Übungen*, die jeweils auf das Anforderungsprofil zugeschnitten werden.

Im Folgenden finden Sie eine Zusammenstellung typischer Übungen, die sowohl zur Personalauswahl wie auch zur Feststellung des Personalentwicklungsbedarfes von Führungskräften eingesetzt werden können (Stehle & Brunöhler 1992, S. 128 f.).

Führerlose Gruppendiskussion

Durch dieses Verfahren werden die Teilnehmer in eine unstrukturierte Situation gestellt, in der sie zu einem gegebenen Problem eine gemeinsame Lösung finden müssen. Erschwert wird die Problemlösung durch die Forderung an die TN, sich vorher eine eigene Meinung zu bilden und diese dann bestmöglich zu verteidigen. Verlangt werden von den TN daher gleichzeitig Kooperationsbereitschaft und Durchsetzungsvermögen.

Präsentation

Die TN erhalten ein Thema, das sie innerhalb einer vorgegebenen Zeit ausarbeiten und strukturieren müssen, um es anschließend in einem etwa 10-minütigen Referat vorzutragen. Die Präsentation gestattet v.a. die Beurteilung der mündlichen Kommunikationsfähigkeit mit den Aspekten Lebendigkeit der Darstellung, adäquate Wortwahl und Verständlichkeit. Selbstwahrnehmung und Selbstsicherheit der TN können ebenfalls beobachtet werden.

Postkorb

Beim Postkorb erhält der TN typische Aufgaben einer Führungskraft in Form von Briefen und Aktennotizen. Unter Zeitdruck muss er vielfältige und unterschiedliche Informationen aufnehmen, verarbeiten und Entscheidungen treffen, ohne die Randbedingungen genau zu kennen. Beurteilt wird hier die Organisationsfähigkeit und Entscheidungsfähigkeit unter Zeitdruck.

Tabelle 14: Matrix – Anforderungen und Übungen im AC

		Gruppendiskussion	Präsentation	Postkorb	Bewerberauswahl	Controlling	Beurteilung
Arbeitsstil	Organisation		●	●	●	●	●
	Sorgfalt			●			●
	Ausdauer	●			●		●
	Tempo		●	●			
	Delegation			●			
	Initiative	●					
	Entscheidung			●	●	●	●
Persönlichkeit	Kreativität	●				●	
	Flexibilität	●			●		●
	Risikoverhalten				●	●	
	Selbstwahrnehmung	●	●			●	
	Stressresistenz		●	●			
	Emotionale Stabilität	●			●		●
	Extraversion		●				
Interpersonale Kompetenz	Information				●		●
	Kontaktverhalten				●		●
	Kooperation	●					
	Integration	●					
	Einfühlung	●			●		●
	Überzeugung	●	●		●		●
Intellektuelle Kompetenz	Verarbeitungskapazität		●			●	●
	Kommunikation mdl.	●	●		●	●	●
	Kommunikation schriftl.		●				●

Quelle: Stehle & Brunöhler 1992, 130 f.; modifiziert von der Autorin

Einstellungsgespräch

Anhand vorgegebener Bewerbungsunterlagen soll ein Einstellungsgespräch geführt werden, in dem versucht wird, die Stärken und Schwächen des Bewerbers zu analysieren. Beurteilt wird das Gesprächsverhalten des TN (Informationsverhalten, Einfühlungsvermögen, Gesprächskonzeption).

Controlling

Aus der Analyse einer vorgegeben Statistik sollen Schwachstellen in der Organisation erkannt und Maßnahmen zur Beseitigung eingeleitet werden. Beurteilt wird die Herangehensweise an die Analyse, das Erkennen der Schwachstellen sowie die Präsentation der Ergebnisse. Wichtig ist daneben auch das Aufzeigen von konkreten und originellen Lösungswegen.

Beurteilung eines Mitarbeiters

Anhand vorgegebener Notizen über einen Mitarbeiter sollen die TN zunächst eine Beurteilung erstellen und diese anschließend mit dem Mitarbeiter diskutieren. Beurteilt werden das Urteils- und Entscheidungsverhalten des TN sowie sein Verhalten als Vorgesetzter im Gespräch mit einem Mitarbeiter (Flexibilität, Einfühlungsvermögen, Durchsetzungsvermögen).

Tabelle 14 zeigt, welche Anforderungen mit welcher Übung erfasst werden.

Nach Durchführung jeder Übung werten die Assessoren ihre Beobachtungen unabhängig voneinander auf Ratingskalen aus. In einer Beobachterkonferenz werden die Einzelergebnisse miteinander abgestimmt, so dass sich für jeden Teilnehmer ein Stärke/Schwächen bzw. Eignungsprofil ergibt.

Je nach Zielsetzung des AC dienen die Ergebnisse

- als Grundlage für die Personalauswahlentscheidung
- als Grundlage für eine Stärken/Schwächenanalyse bzw. Potenzialanalyse
- zur Planung von Fördermaßnahmen

Tabelle 15: Beurteilungsmatrix eines Assessment-Centers

	Überdurch-schnittlich	Durchschnitt-lich	Verbesserungs-bedürftig
Arbeitsstil Organisation			
Sorgfalt			
Ausdauer			
Tempo			
Delegation			
Initiative			
Entscheidung			
Gesamteindruck			

Persönlichkeitsbereich: Kreativität				
Flexibilität				
Risikoverhalten				
Selbstwahrnehmung				
Stressresistenz				
Emotionale Stabilität				
Extraversion				
Gesamteindruck				
Interpersonale Beziehungen: Information				
Kontaktverhalten				
Kooperation				
Integration				
Einfühlung				
Überzeugung				
Gesamteindruck				
Intellektueller Bereich: Verarbeitungskapazität				
Mdl. Kommunikationsfähigkeit				
Schriftl. Kommunikationsfähigkeit				
Gesamteindruck				
Gesamteindruck über alle Bereiche				

Quelle: Stehle, Brunöhler 1992, S. 134; modifiziert von der Autorin

Die Teilnehmer werden anschließend über die Ergebnisse der Beobachter-konferenz informiert und bekommen somit Feedback zu ihren Stärken und Schwächen. Im ersten Schritt sollte jeder TN Gelegenheit haben, sich zu seinem Verhalten in den einzelnen Übungen selbst zu äußern. Wichtig für das Rückmeldegespräch ist, dass alle Bewertungen – Stärken und Schwä-chen – anhand von konkreten Verhaltensbeschreibungen begründet und für die TN nachvollziehbar werden. Im Rahmen der Personalentwicklung wer-den auf der Basis der Beurteilungen in den einzelnen Anforderungsberei-chen Fördermaßnahmen vereinbart.

Tabelle 16 zeigt, wie ein Assessment-Center zeitlich geplant werden muss.

Die *Kosten eines AC* sind beträchtlich, jedoch müssen sie immer mit den Kosten einer Fehlbesetzung in Relation gesetzt werden. Deshalb lassen sich die Kosten eines AC vor allen Dingen bei der Besetzung von Leitungsposi-tionen und höher dotierten Stellen rechtfertigen.

Folgende Kostenarten müssen berücksichtigt werden:

• Kosten für die Entwicklung eines AC: Anforderungsprofil erstellen; Mess-instrumente, Übungen und Beobachtungsskalen zusammenstellen.

Tabelle 16: Beispiel für den zeitlichen Ablauf eines AC

Vorarbeiten	
Termin	**Aktion**
5–6 Wochen vorher	Vorauswahl der Teilnehmerinnen und Teilnehmer
4–5 Wochen vorher	Auswahl der Verfahren, Übungen, Beobachtungs- und Beurteilungskriterien, Auswahl der Assessoren sowie eines Moderators, Terminabsprache
3–4 Wochen vorher	Reservierung der Räumlichkeiten
2–3 Wochen vorher	Einladung der Teilnehmerinnen und Teilnehmer, nach der Terminbestätigung Gruppen zusammenstellen
1–2 Wochen vorher	mindestens eintägige Assessorenschulung
1 Tag vorher	letzte Abstimmung der Assessoren

Durchführung		
Uhrzeit	**Teilnehmer/innen**	**Assessoren**
9:00– 9:20	Begrüßung	Vorbereitung
9:20–10:00	Gruppendiskussion	Beobachtung der Gruppendiskussion
10:00–10:15	Pause	Beurteilung der Gruppendiskussion
10:15–11:00	Rollenübung	Beobachtung der Rollenübung
11:00–11:15	Pause	Beurteilung der Rollenübung
11:15–12:00	Interview	Durchführung der Interviews
12:00–13:00	Mittagspause	Beurteilung der Interviews und Mittagspause
13:00–14:00	Präsentation	Beobachtung der Präsentation
14:00–14:20	Pause	Beurteilung der Präsentation
14:20–15:20	Kurzfall	Beobachtung des Kurzfalls
15:20–15:40	Pause	Beurteilung des Kurzfalls
15:40–16:10	Postkorb	Ermittlung des Zwischenergebnisses
16:10–16:20	Pause	Beurteilung des Postkorbs
16:20–16:50	Test	Abendessen
16:50–18:00	Abendessen	Testauswertung und Ergebniszusammenfassung
18:00–19:00	Rückmeldung der Ergebnisse	Gesprächsführung

Aufarbeitung	
Termin	**Aktion**
1 Tag danach	Berichte schreiben
2 Tage danach	persönliche und telefonische Gespräche mit den Teilnehmer/inne/n

Quelle: Bröckermann 2003, S. 134

- Beobachtertraining (für zwei Bewerber/innen eine/n Beobachter/in)
- Externe/r Moderator/in (Honorarkosten für 1 bis 3 Tage)
- Übernachtung, Bewirtung und Reisekosten für alle Teilnehmenden
- Evtl. Raummiete für externe Räumlichkeiten

7.5 Schlüsselqualifikationen und Emotionale Kompetenz

Angesichts der rasanten Geschwindigkeit von Wissenszuwachs und technologischer Innovation, die zwangsläufig zu einem immer rascheren Verfall von erworbenen fachlichen Kompetenzen führt, steigt das Interesse an überfachlichen Qualifikationen, die geeignet sind, sich Wissen zu erschließen und sich an neue Gegebenheiten anzupassen.

Grundqualifikationen und grundständige Ausbildungen treten im Verlauf der beruflichen Biografie in den Hintergrund und bereichsübergreifend verwertbare Qualifikationen gewinnen an Bedeutung. Der Trend wird verstärkt durch einschneidende Veränderungen der Arbeitswelt und neue Formen der Arbeitsorganisation, die durch flache Hierarchien, die Zunahme von Team- und Projektarbeit sowie der Forderung nach Kundenorientierung als einem zentralen Wettbewerbsfaktor gekennzeichnet sind (vgl. Eilles-Mathiessen et al. 2002, Lenzen 1998).

Die Fähigkeit und Bereitschaft der Mitarbeiter/innen, neue Entwicklungen aufzugreifen und voranzutreiben, ständig Neues zu lernen und ihre Fähigkeiten und Kompetenzen kontinuierlich zu erweitern, stellen die Basis für die Lern- und Anpassungsfähigkeit und damit auch Zukunftsfähigkeit von Organisationen dar. Die erfolgreiche Bewältigung und aktive, selbstständige Mitgestaltung all dieser Veränderungen erfordert ein hohes Maß an Fähigkeiten und Kompetenzen, die über die fachliche und methodische Qualifikation eines/r Mitarbeiters/in hinausgehen. Gefragt sind Schlüsselqualifikationen und im Sozialbereich darüber hinaus spezifische emotionale Kompetenzen.

7.5.1 Der Begriff Schlüsselqualifikationen

Der Begriff der „Schlüsselqualifikation" ist außerordentlich schillernd und unscharf. Als Synonyme werden auch Begriffe verwendet wie „überfachliche Qualifikation", „Querschnittsqualifikation", „Kernkompetenzen", „Soft Skills" und „Competencies", „Sozialqualifikationen" oder „Transferfähigkeit" (vgl. Mathiessen et al. 2002, S. 13, Kadishi 2001).

Der Begriff der „Schlüsselqualifikation" wurde von D. Mertens, dem ehemaligen Direktor des Instituts für Arbeitsmarkt- und Berufsforschung der Bundesanstalt für Arbeit begründet. Unter „Schlüsselqualifikationen" versteht Mertens (1977, S. 111):

„solche Kenntnisse, Fähigkeiten und Fertigkeiten, welche nicht unmittelbaren und begrenzten Bezug zu bestimmten, disparaten praktischen Tätigkeiten erbringen, sondern vielmehr

a. die Eignung für eine große Zahl von Positionen und Funktionen als alternative Optionen zum gleichen Zeitpunkt und

b. die Eignung für die Bewältigung einer Sequenz von (meist unvorhersehbaren) Änderungen von Anforderungen im Lauf des Lebens."

Mertens unterscheidet vier Typen von Schlüsselqualifikationen:

- *Basisqualifikationen:* Fähigkeiten wie logisches, analytisches, strukturierendes, konzeptionelles, kreatives Denken

- *Horizontalqualifikationen:* „Informationen über Informiertheit", gemeint ist die Fähigkeit, Informationen gewinnen, interpretieren und verarbeiten zu können

- *Breitenelemente:* Kenntnisse und Fertigkeiten, die als praktische Anforderungen an vielen Arbeitsplätzen eine Rolle spielen (z. B. Kenntnisse über Arbeitsschutz, EDV usw.)

- *Vintage-Faktoren:* über sie sollen intergenerative Bildungsfaktoren ausgeglichen werden, d. h. Wissensunterschiede zwischen jüngeren und älteren Personen und Arbeitnehmern überbrücken.

Eilles-Mathiessen et al., die eine wissenschaftliche Fundierung des Konzeptes verfolgen, greifen das Konzept von Mertens auf, stellen es aber ausschließlich in einen beruflichen Kontext. Sie *definieren*

Schlüsselqualifikationen als Merkmale, die zur Bewältigung von gegenwärtigen oder zukünftigen beruflichen Anforderungen, welche über die aktuelle Position oder Tätigkeit hinausgehen, bedeutsam sind (2002, S. 13).

Lenzen (1998, S. 33) versucht, Schlüsselqualifikationen in erster Linie über ihre Funktion zu definieren:

- Sie dienen der Erschließung (Schlüssel) wechselnden Spezialwissens

- Sie beinhalten kein spezielles Fachwissen, sondern eine allgemein berufliche Leistungsfähigkeit

- Sie stellen berufs- und funktionsübergreifende Qualifikationen mit übergeordneter Bedeutung für die Bewältigung zukünftiger Aufgaben dar.

- Sie sind mehr als die traditionellen „Kenntnisse" und „Fertigkeiten"; sie beinhalten zusätzliche „Fähigkeiten".

- Sie dienen der Selbsthilfe, indem sie zum selbständigen lebenslangen Lernen befähigen.

Lenzen (1998, S. 34) gibt einen Überblick über die in der Literatur genannten Schlüsselqualifikationen geordnet nach Häufigkeit der Nennung.

Abbildung 16: Mögliche Bedeutungsinhalte von Schlüsselqualifikationen

Denken in Zusammenhängen
Kommunikationsfähigkeit
Problemlösefähigkeit
Selbständigkeit
Teamfähigkeit
Kooperationsfähigkeit
Durchsetzungsvermögen
Lernfähigkeit
Flexibilität
Entscheidungsfähigkeit
Konzentrationsfähigkeit
Verantwortungsvolles Handeln
Abstraktes Denken
Informationsverarbeitung
Selbständiges Lernen

Alle Versuche von Begriffsbestimmungen geben nur Anhaltspunkte, liefern jedoch keine präzise Definition, welche Merkmale unter Schlüsselqualifikationen zu subsumieren sind. Dies ist gleichzeitig die Schwäche des Konzeptes, so dass die 1986 geäußerte Kritik von Klöppel auch heute noch berechtigt ist: Begriff und Konzept der „Schlüsselqualifikation" gleichen einem „Omnibus, in dem alles Platz hat" (zit. nach Schwarz/Beck 1997, S. 126).

Gemeinsam ist allen Begriffsbestimmungen und Konzepten, dass mit Schlüsselqualifikationen immer Qualifikationen „mit hoher Reichweite" (Lenzen 1998, S. 36) gemeint sind, also berufsübergreifende und längerfristig verwertbare Kenntnisse, Fähigkeiten und Fertigkeiten.

In Ergänzung zu traditionellen Klassifikationen, die Persönlichkeitsmerkmale (Dispositionen), Fähigkeiten und Fertigkeiten erfassen, richtet das Konzept der Schlüsselqualifikationen den Blick weniger auf die Person, sondern auf positions- und funktionsübergreifende Anforderungen der Arbeit und des Arbeitsprozesses.

Es wird der Frage nachgegangen, welche Merkmale eine Person benötigt, um (wechselnde und unvorhersehbare) Arbeitsanforderungen erfolgreich bewältigen zu können. Im Rahmen sich ständig verändernder Umweltbedingungen und Anforderungen werden Mitarbeiter/innen zunehmend mit komplexen und z. T. völlig neuen Situationen konfrontiert. Gefragt sind in einer solchen Situation nicht normierte und standardisierte Fähigkeiten, sondern Fähigkeiten, die

„ausdrücklich als notwendiges Gegenstück zur ansonsten durchrationalisierten standardisierten Arbeitserledigung gelten: lebendige, individuell ausgeprägte, vielgestaltige, spontan anwendbare Denk- und Handlungsweisen, die eine differenzierte Wahrnehmung und Bewältigung von offenen, nichtdefinierten Problemen und Situationen ermöglichen" (Laur-Ernst 1988, S. 20).

Zwar werden auch Schlüsselqualifikationen als Persönlichkeitseigenschaften, Fähigkeiten oder Fertigkeiten gefasst, jedoch stehen all diese Merkmale immer in Bezug zu den Anforderungen. Deshalb, und weil fachübergreifende Qualifikationen in der Berufsbiographie immer mehr an Bedeutung gewinnen, stellen Schlüsselqualifikationen nach Eilles-Mathiessen et al. (2002) einen unverzichtbaren Teil der beruflichen Eignungsdiagnostik dar.

Nun stellt sich die Frage: Welches sind die relevanten Schlüsselqualifikationen und wie sollen sie erfasst werden? Bei Durchsicht der Literatur zeigt sich, dass die Autor/inne/n den Begriff der „Schlüsselqualifikation" mit den unterschiedlichsten Merkmalen füllen, so dass jede Publikation jeweils einen anderen Katalog mit Merkmalen präsentiert. Es gibt ebenfalls sehr unterschiedliche Klassifikationsversuche, bei denen verschiedene Merkmale zu einem übergeordneten Bereich zusammengefasst werden. Sie sind zum Teil theoretisch, zum Teil empirisch fundiert (Überblick bei Stangel-Meseke 1994), häufig jedoch nicht trennscharf.

Ebenso unterschiedlich und mehr oder weniger differenziert sind die Operationalisierungen der jeweiligen Merkmale bei den einzelnen Autor/inn/en.

7.5.2 Erfassung von Schlüsselqualifikationen

Sollen Schlüsselqualifikationen im Bereich der beruflichen Eignungsdiagnostik erfasst oder auch im Rahmen der Personalentwicklung trainiert werden, müssen sie verhaltensnah beschrieben werden, so dass ihre Präsenz im Rahmen von Arbeitsproben und Assessment-Centers sichtbar oder im Rahmen situativer bzw. biographischer Fragen mit verhaltensorientierten Beschreibungen fassbar werden.

Eilles-Mathiessen et al. (2002) berücksichtigen in ihrer Zusammenstellung von Schlüsselqualifikationen diese Forderung nach verhaltensnaher Operationalisierung. Sie legen ein Konzept vor, das explizit für die Personalauswahl entwickelt wurde. Zu jedem Merkmal geben sie positive und negative Indikatoren an. Darüber hinaus wird für die Messung der einzelnen Merkmale jeweils ein Inventar von standardisierten Tests angeboten.

Im Folgenden wird exemplarisch für die Merkmalsbereiche „Intellektuelle Fähigkeiten" und „Motivation/Engagement" eine Auswahl von Merkmalen und Indikatoren vorgestellt (Eilles-Mathiessen et al. 2002, S. 81 ff.). Sie können als Anregung dienen für die Erfassung von Schlüsselqualifikationen im Rahmen von multimodalen Einstellungsgesprächen oder Assessment-Centers. Sie können aber ebenso im Rahmen der Personalentwicklung und -beurteilung genutzt werden.

Eine umfassende Liste von Schlüsselqualifikationen mit verhaltensnahen Operationalisierungen befindet sich in einem gesonderten Verzeichnis als Anhang dieses Buches.

Tabelle 17: Operationalisierung der Schlüsselqualifikation „Intellektuelle Fähigkeiten"

Intellektuelle Fähigkeiten

Merkmal und Definition	Indikatoren	
	Positiv Die Person …	Negativ Die Person …
Auffassungsgabe Die Fähigkeit, Sachverhalte schnell zu begreifen und sich anzueignen.	• versteht auch komplexe Sachverhalte schnell • ist in der Lage, Wesentliches von Unwesentlichem zu trennen • erkennt schnell den Gesamtzusammenhang einer Aufgabenstellung.	• benötigt viel Zeit, um sich neue Informationen anzueignen • fragt bei Erläuterungen häufig nach • führt Aufgaben nur schrittweise durch und holt sich zwischendurch Unterstützung/Hilfe.
Konzentrationsfähigkeit Die Fähigkeit, Aufmerksamkeit auf eng umgrenzte Sachverhalte auszurichten, ohne sich durch Störungen von der Bearbeitung der Aufgabe abhalten zu lassen.	• kann längeren Ausführungen folgen • arbeitet auch unter Zeitdruck relativ fehlerfrei • kann auch unter ungünstigen Bedingungen (Lärm) effektiv arbeiten.	• lässt sich ablenken • vergisst Teilschritte einer Aufgabe.
Kreatives Denken Die Fähigkeit, bestehende Zusammenhänge neu zu kombinieren oder unkonventionelle bzw. neuartige Ideen zu entwickeln.	• stellt übliche Verfahrensweisen in Frage • sieht Angelegenheit unter neuem oder bisher unüblichem Blickwinkel • kann praktische Probleme lösen, wenn die dafür benötigten Gegenstände fehlen, macht unkonventionelle Lösungsvorschläge.	• findet trotz der vorhandenen Fachkenntnisse bei Problemen keine Lösungsmöglichkeiten • verfolgt eingefahrene Denkmuster • zeigt bei praktischen Problemen überwiegend funktionales Denken („ein Stuhl ist zum Sitzen da").
Problemlösefähigkeit Die Fähigkeit, Probleme zu erkennen, zu analysieren und Lösungsmöglichkeiten zu entwickeln	• erkennt Probleme • benennt Probleme und macht Vorschläge zur Lösung von Problemen • greift Problemlösungsvorschläge von anderen auf • holt Hilfe bei Problemen, die sie nicht allein bewältigen kann.	• kritisiert, macht aber keine Lösungsvorschläge • erkennt nicht die eventuellen Konsequenzen von Problemen.
Systematisch-analytisches Denken Die Fähigkeit, Abläufe und Prozesse in ihre einzelnen Teile zu zerlegen und deren Zusammenwirken zu analysieren.	• argumentiert logisch und nachvollziehbar • erkennt Abhängigkeiten einzelner Teile • antizipiert eventuelle Probleme • kann mit Zahlen, deskriptiver Statistik und graphisch dargebotenem Material umgehen.	• argumentiert nur aufgrund persönlicher Erfahrungen, ohne auf allgemeine Gesetzmäßigkeiten und Zusammenhänge zu abstrahieren • arbeitet ineffizient, da Wichtiges nicht von Unwichtigem unterschieden wird und übergreifende Zusammenhänge nicht erkannt werden • plant nicht erfolgreich, da die Wirkung und Abhängigkeiten wesentlicher Elemente nicht berücksichtigt werden.

Quelle: Eilles-Mathiessen et al. 2002, S. 81ff

Tabelle 18: Operationalisierung der Schlüsselqualifikation „Motivation/Engagement"

Motivation/Engagement		
Merkmal und Definition	Indikatoren	
	Positiv Die Person …	Negativ Die Person …
Durchhaltevermögen/Zielstrebigkeit Die Fähigkeit, den eigenen Standpunkt bzw. die eigenen Ziele gegen Widerstände und Probleme zu verfolgen.	• bewältigt Aufgaben auch bei Schwierigkeiten, Misserfolgen oder Zeitdruck mit Erfolg • verzichtet auf angenehme Aktivitäten, wenn ein Ziel erreicht oder eine Aufgabe erledigt werden muss • hat im Leben schon einmal ein langfristiges Ziel verfolgt und erreicht.	• gibt ein Ziel schnell auf, wenn Probleme oder Widerstände auftreten • lässt sich durch äußere Einflüsse leicht vom Ziel ablenken • springt von einer Aufgabe zur anderen.
Eigeninitiative Die Bereitschaft, aktiv Vorschläge und Ideen zu entwickeln, selbständig Aufgaben zu übernehmen und Projekte in Gang zu setzen	• sucht sich eigenständige Arbeitsaufgaben • schlägt neue Aufgaben/ Projekte vor oder gibt Anstöße für Veränderungen • macht Vorschläge zur Verbesserung von Arbeitsabläufen • beschafft sich alle für die Bearbeitung eines Projektes nötigen Informationen.	• bringt sich nicht aktiv selbst ein, übernimmt keine Steuerungsfunktion • benötigt den Anstoß von außen, um aktiv zu werden • fragt Details der Aufgaben nach, anstatt selbständig Entscheidungen zu treffen • stellt beim Einstellungsgespräch keine Fragen über ausgeschriebene Stelle, das Unternehmen etc.
Leistungsbereitschaft Die Bereitschaft, sich in hohem Maße mit der beruflichen Aufgabe zu identifizieren und der damit verbundene Einsatz, selbst gesuchte oder übertragenen Aufgaben besonders gut auszuführen.	• sucht sich herausfordernde und schwierige Aufgaben • vereinbart klare Ziele, an denen der eigene Erfolg gemessen werden kann • fragt in Bewerbungssituationen nach Möglichkeiten der beruflichen Karriere • verfügt über sehr gute Zeugnisse, sehr gute Referenzen, Promotion • hat Zusatzqualifikationen in der Berufsbiographie erworben • pflegt ein wettbewerbsorientiertes Hobby..	• stellt keine hohen Leistungsstandards an sich • achtet genau darauf, nicht zu viele Stunden zu arbeiten • vermeidet den Vergleich ihrer Leistungen mit gesteckten Zielen.
Lernbereitschaft Die Fähigkeit, Lernsituationen einschließlich Alltagserfahrungen zu nutzen, um das eigene (Arbeits-) Verhalten zu verbessern.	• ändert ihr Verhalten, wenn altes Verhalten ineffizient ist oder zu Fehlern führt • interessiert sich für Themen außerhalb des direkten Arbeitsumfeldes • analysiert Fehler und nutzt sie als Lernchance • interessiert sich für Weiterbildungsmöglichkeiten.	• reagiert mit Desinteresse oder Ablehnung, wenn Veränderungen eingeführt werden • übt seit Jahren die gleiche Tätigkeit aus • zeigt in ihrer Biographie keine Beispiele für die Bereitschaft, neue Sachverhalte zu lernen.

Quelle: Eilles-Mathiessen et al. 2002, S. 81–84; gekürzt von der Autorin

7.5.3 Erfassung von Emotionaler Intelligenz und Kompetenz

Bereits im ersten Teil des Buches „A Grundlagen" wurde in Kap 3.2 auf das für den Sozialbereich wichtige Modell der „Emotionalen Intelligenz und Kompetenz" von Gardner (1993) eingegangen.

Im Folgenden wird in Anlehnung an Steinert (2002) eine Operationalisierung mit den jeweiligen Fragen zur Erfassung der einzelnen Indikatoren dargestellt. Es handelt sich hier um kein validiertes Konzept; es kann aber bei der Erfassung der einzelnen Merkmale Hilfestellung leisten.

Tabelle 19: Anforderungskriterium, erfolgskritische Verhaltensweisen, mögliche Fragen zur Erfassung Emotionaler Intelligenz

Selbstwahrnehmung
- Emotionales Bewusstsein, Präsenz, Achtsamkeit, d. h. eigene Emotionen wahrnehmen, während sie auftreten und ihre Auswirkungen kennen
- Selbsteinschätzung, d. h. eigene Stärken und Grenzen kennen
- Selbstvertrauen, d. h. gesundes Selbstwertgefühl, gute Einschätzung eigener Fähigkeiten

Erfolgskritische Verhaltensweisen	Mögliche Fragen
Ist sich seiner eigenen Emotionen und deren Auswirkungen auf andere bewusst	• Wie glauben Sie, wirken Sie auf andere Menschen? • Was glauben Sie, denken Menschen, mit denen Sie nicht so gut können, über Sie?
Ist sich seiner Stärken und Schwächen bewusst	• Bitte schildern Sie eine berufliche Situation, die psychisch sehr belastend war. Wie haben Sie reagiert? • Wo liegen Ihre Stärken, was sind Ihre Schwächen?
Hat ein gesundes Selbstwertgefühl und schätzt seine Fähigkeiten richtig ein	• Wo suchen Sie die Ursache von Misserfolgen? (Locus of control)

Selbstregulierung
- Selbstkontrolle, d. h. Emotionen und Impulse in Schach halten
- Vertrauenswürdigkeit, d. h. sich an Aufrichtigkeit und Integrität orientieren
- Gewissenhaftigkeit, d. h. für die eigene Leistung Verantwortung übernehmen
- Anpassungsfähigkeit, d. h. flexibel und veränderungsfähig zu sein
- Innovation, d. h. offen sein für neue Ideen und Methoden, das bereitwillige Aufnehmen von Informationen

Erfolgskritische Verhaltensweisen	Mögliche Fragen
Kann seine Gefühle auch in unangenehmen Situationen unter Kontrolle halten	• Wie halten Sie in heiklen Situationen Ihre Emotionen unter Kontrolle?
Orientiert sich an Aufrichtigkeit und Integrität	• In welchen Situationen mussten Sie schon einmal von den eigenen moralisch-ethischen Ansprüchen des Erfolges willen abrücken? • Wie rechtfertigen Sie in Ihrer Funktion das Vertrauen Ihres Vorgesetzten bzw. des Unternehmens?
Ist bereit und gewillt für die eigene Leistung Verantwortung zu übernehmen	• Welche unvorhergesehen Probleme sind bei Ihrer Arbeit/bei einem Projekt aufgetreten? Wie haben Sie reagiert? Was war das Ergebnis?

Ist offen für Neuerungen und geht gezielt auch neue Wege	• In welchen Situationen haben Sie in der Vergangenheit bewiesen, dass Sie im Umgang mit sich rasch ändernden Situationen beweglich sind?
Kommt auch mit unvorhergesehenen Situationen gut zurecht	• Wie stellen Sie sich auf neue Situationen und Gegebenheiten in Ihrem Beruf ein? Welche Änderungen ergaben sich in der Vergangenheit für Sie?

Motivation

• Leistungsdrang, d. h. einen hohen Leistungsanspruch an sich und andere zu stellen
• Engagement, d. h. sich die Ziele des Betriebes zu Eigen zu machen, sich damit zu identifizieren
• Initiative, d. h. bereit sein, Chancen zu ergreifen
• Optimismus, d. h. beharrlich trotz aller Widrigkeiten seine Ziele verfolgen

Erfolgsrelevante Verhaltensweisen	*Mögliche Fragen*
Hat hohe Leistungsansprüche an sich und andere	• Womit kann man Sie am besten motivieren? Was demotiviert Sie am meisten?
Engagiert sich auch außerhalb der Arbeitszeit	• Wovon hängt es ab, ob Sie sich besonders für eine Aufgabe engagieren?
Ergreift bewusst sich ergebende Chancen und ist bereit, dabei ggf. kalkulierbare Risiken einzugehen	• Welche bisherigen Chancen haben Sie in Ihrem Leben genutzt, welche ließen Sie verstreichen?
Behält trotz Rückschlägen das Ziel im Auge und lässt sich nicht so leicht entmutigen	• Leider lassen sich Misserfolge nicht immer verhindern. Beschreiben Sie bitte einige unerfreuliche berufliche Situationen, mit denen Sie zurechtkommen mussten.

Empathie

• Andere verstehen, d. h. ihre Gefühle und Sichtweisen zu erfassen, sich in sie hineinzuversetzen, an ihren Sorgen und Ängsten aktiv Anteil zu nehmen
• Andere entwickeln, d. h. deren Entwicklungsbedürfnisse erfassen und ihre Fähigkeiten fördern
• Serviceorientierung, d. h. die Bedürfnisse der Kunden erkennen und darauf zu reagieren
• Vielfalt nutzen, d. h. die unterschiedlichsten Menschen und die dadurch entstehenden Chancen nutzen
• Politisches Bewusstsein, d. h. dazu in der Lage sein, die emotionalen Strömungen und Machtbeziehungen einer Gruppe zu erfassen

Erfolgsrelevante Verhaltensweisen	*Mögliche Fragen*
Versucht sich in andere hineinzuversetzen und Dinge aus deren Blickwinkel zu sehen	• Nennen Sie uns bitte ein Beispiel, wie Sie sich auf Ihre Gesprächspartner einstellen?
Erkennt die Entwicklungsbedürfnisse der Mitarbeiter und fördert sie entsprechend ihrer Möglichkeiten	• Wie stellen Sie sicher, Mitarbeiter ihren Entwicklungsbedürfnissen entsprechend zu fördern?
Kann sich gut auf die Bedürfnisse seiner Kunden/Klienten einstellen und adäquat darauf reagieren	• Was tun Sie, um während eines Klienten/ Kundengespräches das „erste Eis zu brechen"
Nimmt auf Gefühle und Bedürfnisse anderer Menschen Rücksicht	• Schildern Sie bitte eine Situation, in der Sie ein Kollege/Mitarbeiter wegen persönlicher Probleme angesprochen hat. Wie haben Sie reagiert?

Versucht emotionale Strömungen und Machtbeziehungen in formellen und informellen Gruppen zu erfassen	• Was tun Sie, um emotionale Strömungen und Machtbeziehungen im Kreis ihrer Mitarbeiter zu erkennen? • Kollegen und Kunden kann man sich ja im Gegensatz zu Freunden selten aussuchen. Wie gelingt es Ihnen trotzdem, mit schwierigen Kollegen bzw. Kunden auszukommen?

Soziale Fähigkeiten
- Einfluss, d. h. sich wirksamer Mittel der Einflussnahme bedienen
- Kommunikation, d. h. die Fähigkeit unvoreingenommen zuzuhören und überzeugende Botschaften auszusenden
- Führung, d. h. einzelne Menschen und Gruppen zu inspirieren und lenken
- Konfliktbewältigung, d. h. über Meinungsverschiedenheiten verhandeln und sie beilegen
- Bindungen aufbauen, d. h. nützliche Kontakte aufbauen und pflegen
- Teamfähigkeit, d. h. beim Verfolgen gemeinsamer Ziele für Gruppensynergien sorgen
- Katalysator des Wandels, d. h. Wandel initiieren und steuern

Erfolgsrelevante Verhaltensweisen	*Mögliche Fragen*
Hört anderen unvoreingenommen zu	• Wie verhalten Sie sich, wenn Sie jemand um Rat fragt?
Hat die Fähigkeit überzeugende und klare Botschaften auszusenden Kann andere für sich gewinnen	• Wie versuchen Sie, Ihre Mitarbeiter „mit ins Boot zu ziehen"?
Kann leicht den Kontakt mit anderen knüpfen	• Wie schnell gelingt es Ihnen auf einer Feier neue Leute kennen zu lernen? Wie gehen Sie vor?
Ist in der Lage, nützliche Kontakte aufzubauen und zu pflegen	• Durch welche Maßnahmen versuchen Sie die Beziehungen zu Ihren Kooperationspartnern beizubehalten bzw. zu pflegen?
Ist darum bemüht, „win-win-Situationen" zu schaffen	• Durch welche Maßnahmen versuchen Sie bei schwierigen Verhandlungen „win-win-Situationen" zu schaffen?
Bewältigt Konflikte konstruktiv	• Schildern Sie bitte eine Situation, in der Sie in einen Konflikt geraten sind. Wie sind Sie damit umgegangen?

Quelle: Steinert (2002)

8. Einarbeitung und Probezeit

Die fachliche und soziale Integration von neuen Mitarbeiter/innen stellt die erste Maßnahme der Personalentwicklung dar. Wie schnell neue Mitarbeiter/innen verantwortungsvolle Aufgaben übernehmen, sich integrieren und mit der Organisation identifizieren ist abhängig von der Qualität der Einarbeitung.

Diese im Rahmen der Personalentwicklung häufig vernachlässigte Aufgabe wird in diesem Kapitel genau beschrieben im Hinblick auf Ziele und Bedeutung der Einarbeitung sowie die Rolle der Leitungskraft und möglicher Paten oder Mentoren. Es werden Arbeitshilfen angeboten zur Erstellung eines Einarbeitungsprogramms sowie eine Checkliste zur Vermittlung aller relevanten Informationen.

8.1 Ziel und Funktion der Einarbeitung

Nachdem eine Personalentscheidung getroffen wurde, kommt es darauf an, Mitarbeiter/innen so in ihre Arbeitsaufgaben und ihr Arbeitsumfeld einzuführen, dass sie in möglichst überschaubarer Zeit

- selbstständig handeln können,
- wissen, was von ihnen erwartet wird,
- die Werte und Normen der Organisation (Organisationskultur) internalisieren,
- eine positive Bindung an die Organisation entwickeln,
- und sich für die Organisationsziele engagieren.

„Personaleinführung (alternative Begriffe: Integration, Induktionsprogramme, Inplacement-Training, Personalentwicklung into-the-job) umfasst zum einen den Qualifizierungsprozess für die neue Position (tätigkeitsbezogene Einarbeitung) und zum anderen den Sozialisierungsprozess in der Organisation und Arbeitsgruppe (soziale Eingliederung, Integration)." (Berthel/Becker 2003, S. 231)

Um diese Ziele erreichen zu können, ist eine systematische und mitarbeiterzentrierte Einarbeitung nötig. Dabei sollte Einarbeitung nicht missverstanden werden als einseitiger Anpassungsprozess, vielmehr kann der „fremde Blick" auf die Regeln, Normen und Werte auch zu einer produktiven Auseinandersetzung mit der Organisationskultur führen.

Werden die Sichtweisen und Ideen der neuen Mitarbeiter/innen als Impulse aufgegriffen, so birgt jeder Einarbeitungsprozess Innovationspotenzial für die Organisation und deren Weiterentwicklung (Kieser 1999).

8.2 Problemfelder im Rahmen der Einarbeitung

Das Risiko für Demotivation, Unzufriedenheit, Desinteresse und in letzter Konsequenz auch einer Kündigung seitens neuer Mitarbeiter/innen ist in den ersten 12 Monaten der Arbeitstätigkeit signifikant erhöht. Empirische Untersuchungen zeigen, dass die Fluktuationsrate in den ersten 12 Monaten zwischen 30 % und 60 % liegt, wobei sich die geschätzten Kosten dieser Frühfluktuationen zwischen 17.500 Euro (für einen qualifizierten Facharbeiter) und 130.000 Euro (für eine Führungskraft) bewegen (Berthel/Becker 2003, S. 228 f.).

Als Gründe für Demotivation, fehlende Leistungsbereitschaft oder Kündigung gelten eine unzureichende Einarbeitung und/oder eine unvermittelte Konfrontation mit dem Arbeitsalltag ohne entsprechende Begleitung (vgl. (Berthel/Becker 2003, Bröckermann 2003, Kieser 1999).

Populär sind in der Praxis nach Berthel/Becker (2003, S 234) folgende *problematische Einführungsstrategien:*

- *Schon-Strategie:* Es werden bewusst niedrige Leistungsansprüche an die neuen Mitarbeiter/innen gestellt, um sie nicht zu überfordern. Die qualitative Unterforderung wirkt sich jedoch am schädlichsten aus auf die Motivation und Bindung an das Unternehmen.

- Die *„Wirf-ins-kalte-Wasser-Strategie"* bedeutet, dass keine systematische Einführung stattfindet, sondern die Mitarbeiter/innen nach anfänglicher Information unmittelbar mit dem normalen Arbeitsprozess beginnen. Die neuen Mitarbeiter/innen sind selbst verantwortlich für das Einholen von Informationen und die sachgerechte Aufgabenerledigung. Hier können Frustrationen aus Überforderung entstehen. Ist die Rollenüberlastung nicht völlig aussichtslos, können in diesem Fall auch Reserven mobilisiert werden.

- Die *„Entwurzelungs-Strategie"* bedeutet, dass Vorgesetzte unlösbare Aufgaben stellen, die ohne Hilfe des Vorgesetzten nicht adäquat bearbeitet werden können. Diese Strategie – bewusst oder unbewusst eingesetzt – dient vor allen Dingen der Demonstration von Machtverhältnissen.

Die Situation neuer Mitarbeiter/innen in einer Organisation lässt sich v.a. als Zustand der Orientierungslosigkeit charakterisieren.

- Die betrieblichen Besonderheiten, die für längerfristig Beschäftigte eine Selbstverständlichkeit darstellen, stellen sich für sie als Neuland, vielfach auch als Barrieren dar.

- Die an sie gerichteten Verhaltens- und Rollenerwartungen entschlüsseln Mitarbeiter/innen auf der Grundlage ihrer bisherigen Erfahrungen. Je fremder und andersartiger sich die neue Arbeitsumgebung darstellt, desto eher entstehen Desorientierung und Fehlinterpretationen.

- Die Orientierungsnotwendigkeiten neuer Mitarbeiter/innen beziehen sich sowohl auf die Arbeitsaufgabe als auch die Unternehmenskultur, deren Regeln und Normen häufig informell und nicht explizit kommuniziert werden.

Berthel/Becker (2003, S. 233) beschreiben die Fragen, die sich für neue Beschäftigte stellen:

1. Welches sind die wichtigsten Gradmesser für Leistung und darauf bezogene Belohnungen?
2. Wie findet man heraus, auf welche Art und Weise man die geforderte Leistung erbringen kann, und wie sieht das Feedback aus?
3. Von welchen Schlüsselpersonen ist man abhängig, wenn man die Arbeit erfolgreich bewältigen will? Gibt es Widersacher / Saboteure?
4. Welches sind die größten Hürden bei der Aufgabenbewältigung, (technische, interpersonelle, mikropolitische)?
5. Welche Quellen für Hilfen gibt es?
6. Welches sind die wichtigsten unausgesprochenen Annahmen über Arbeit, Menschen, interpersonelle Beziehungen?
7. Was braucht man, um im Unternehmen erfolgreich zu sein? Welche Menschen werden am meisten respektiert?
8. Was wird als ernste Strafe angesehen, welche Fehler werden nicht verziehen?
9. Welche Rituale, Symbole, Zeremonien spiegeln am ehesten den Charakter der Organisation wider?
10. Welchen Hauptregeln hat jeder zu folgen (z. B. Kleidung, Lebensstil, was sagt man, tut man (nicht); wen kritisiert man nicht öffentlich)?

Hier wird deutlich, dass die Einarbeitung eine höchst komplexe Orientierung und Informationsverarbeitung erfordert, nicht nur hinsichtlich der Aufgabenbewältigung, sondern auch hinsichtlich der Unternehmenskultur, der Normen, Werte, Umgangsformen, Beziehungen und Machtverhältnisse.

8.3 Die Aufgabe von Leitungskräften im Einarbeitungsprozess

Der erste Eindruck, den neue Mitarbeiter/innen von der Organisation gewinnen, wirkt sehr nachhaltig: Vor allem in den ersten Wochen und Monaten klaffen die zum Teil hohen Erwartungshaltungen der neuen Mitarbeiter/innen und die Wahrnehmung der betrieblichen Realität stark auseinander (vgl. Kieser 1999).

Leitungskräfte haben die Aufgabe, den Einarbeitungsprozess so zu strukturieren, dass neue Mitarbeiter/innen sich fachlich und personell in ihrer neuen Arbeitsumgebung schnell orientieren und eingliedern können.

Durch frühzeitige, realistische Informationen, auch über schwierige und problematische Aspekte der Tätigkeit und /oder der Organisation kann der Gefahr begegnet werden, dass aufgrund hochgesteckter Erwartungen bei neuen Mitarbeiter/inne/n früh Enttäuschungen entstehen. Empirische Untersuchungen zeigen, dass Mitarbeiter/innen, die auch negative Informationen über eine neue Tätigkeit erhalten, zu Beginn eine stärkere Bindung an die Organisation entwickeln als Mitarbeiter/innen, die nur positive Informationen erhalten haben (Kieser 1999).

Um Diskrepanzerfahrungen zufrieden stellend bearbeiten zu können, sind somit realistische Informationen und ausreichende Kommunikation essenziell wichtig für einen gelingenden fachlichen und sozialen Integrationsprozess.

Kieser (1999) weist Leitungskräften vor allen Dingen die Aufgaben zu,

- dem/r Neuen klar zu machen, dass es auf seine/ihre Initiative ankommt;
- ein Einarbeitungsprogramm zu erstellen.

Kieser (1999, S. 166f) empfiehlt folgende

Regeln für das erste Orientierungsgespräch:

- Begrüßen Sie die neue Mitarbeiterin herzlich und bringen Sie ihr Interesse entgegen.
- Ermutigen Sie die neue Kollegin, Fragen zu stellen, wann immer sie Probleme in der Einarbeitung hat.
- Vermitteln Sie ihr einen Überblick über die Organisation, ihre Geschichte, ihre Strategie und vor allem über die Grundprinzipien der Führung.
- Zeigen Sie ihr auf, welche Bedeutung ihre Stelle für die Abteilung und welche Bedeutung die Abteilung für die Organisation hat.
- Erklären Sie ihr ihre Aufgabe in groben Zügen.
- Stellen Sie ihr ihre Kollegen und eventuell auch ihre Vorgesetzten vor. Dabei sollten sie die neue Mitarbeiterin ermutigen, den Kollegen jederzeit Fragen zu stellen und die Kollegen verpflichten, diese Fragen auch zu beantworten.
- Übertragen Sie ihr zum Abschluss des Gesprächs eine erste sinnvolle Aufgabe, die die neue Mitarbeiterin nicht unterfordert.

Das Einarbeitungsprogramm

- Im Einarbeitungsprogramm sollte festgelegt sein, in welcher Reihenfolge (Teil-)Aufgaben zu übernehmen sind und in welchem Zeitabschnitt die jeweilige Aufgabe beherrscht werden sollte.

- Es sollten für jede Aufgabe Kriterien festgelegt werden, die sinnvolle Indikatoren für die Beherrschung der Aufgabe darstellen. Einarbeitungspläne können nicht pauschal erstellt, sondern müssen mit allen Beteiligten abgestimmt werden.

- Ferner muss in diesem Zusammenhang auch festgelegt werden, welche zusätzlichen Qualifikationen nötig sind und wie sie erworben werden können.

- Am Ende der einzelnen Einarbeitungsschritte sollten ausführliche Feedback-Gespräche mit dem/r Vorgesetzten stattfinden. Nach den Regeln des Feedback ist es wichtig, vor allen Dingen positives Feedback für das richtige Handeln zu geben, frühe Fehler mit Toleranz und als Lernchance zu behandeln und immer wieder zu Eigeninitiative zu ermuntern (vgl. Berthel/ Becker 2003, S. 238, Bröckermann 2003, S. 160, Kieser 1999, S. 167).

Abbildung 17: Einarbeitungsprogramm

Neue/r Mitarbeiter/in		
Vorgesetzte/r		
Mentor/in		
Ziele des Programms	*Vereinbarte Aktivitäten*	*Kriterien für Zielerreichung und Zeitplanung*
Hinführung zur eigenständigen Bewältigung der Kernaufgaben Kernaufgabe 1:		
Kernaufgabe 2:		
Kernaufgabe 3:		
Kernaufgabe 4:		
Kernaufgabe 5:		

Eigene Darstellung

Neben der Beschreibung von Aufgaben im Einarbeitungsplan, können zusätzlich auch Checklisten hilfreich sein, um sicher zu stellen, dass alle grundlegenden Informationen und Arbeitshilfen vermittelt werden. Die folgende Tabelle kann als Muster für eine Checkliste zur Einarbeitung genutzt werden.

Abbildung 18: Checkliste „Einarbeitung"

Praktische und organisatorische Einarbeitung neuer Mitarbeiter/innen			
Name			
Arbeitsbereich			
Einarbeitungszeit	von:	bis:	
Patin/Pate			

Schritt	Vorgang	Eingearbeitet von	Erledigt am
1	Folgende Unterlagen wurden ausgehändigt und erläutert:		
	Arbeitsvertrag und Anlagen		
	Willkommensmappe – wenn vorhanden		
	Stellenbeschreibung		
	Dienstausweis		
	Fahrtenbuch		
	Schlüssel der Einrichtung		
	Informationsblatt zum Datenschutz		
2	Räumliche und personelle Orientierung		
	Vorstellung der Mitarbeiter/innen im Haus		
	Begehung aller Räumlichkeiten des Hauses		
	Vorstellung der Hauptverwaltung		
	Vorstellung der MAV		
3	Einweisung Arbeitsplatz und Bürotechnik		
	Telefonanlage/Anrufbeantworter/Fax		
	EDV		
	E-Mail/Internet		
	Kopierer		
	Büromaterialien		
	Informationsmaterialien		
	Bücherbestand		
4	Einführung in die internen Abläufe		
	Dienst- und Pausenzeiten (Zeitnachweise)		
	Dienstplan		
	Öffnungszeiten, Sprechstunden, Erreichbarkeit		
	Dienstwege intern / extern		
	Dienstreisen und Reisekosten		
	Krankmeldung		
	Urlaubsregelungen		
	Geburtstage, Weihnachtsfeier, Betriebsfeiern und -ausflüge		
	Fort- und Weiterbildung		
5	Interne Kommunikation und Zusammenarbeit		
	Postfach und Umläufe		
	Dienst- und Teambesprechungen		
	Kollegiale Beratung		
	Fallbesprechung		
	Interne Arbeitsgruppen / Qualitätszirkel		
	Klausurtage		
	Supervision		

6	*Verhalten in Notsituationen*		
	Brandschutzordnung, Fluchtwege, Feuerlöscher		
	Erste Hilfe (Koffer, Schrank)		
	Umgang mit Hausordnung und Hausrecht		
7	*Unterlagen zur Einrichtung*		
	Informationsbroschüre zur Einrichtung		
	Aktueller Jahresbericht		
	Qualitätshandbuch		
8	*Einarbeitung in alle relevanten Dienstleistungen*		
	Informations- und Beratungsgespräche		
	Vermittlung in weitere Hilfen (amb./stationär)		
	Nachsorge		
	Angehörigen-/Familienberatung		
9	*Einweisung in die Verwaltungsabläufe*		
	Aktenführung		
	Formularwesen (s. 10)		
	Korrespondenzwesen		
	Dokumentationssystem		
	Berichtswesen		
	Protokollwesen		
10	*Einweisung in das Formularwesen*		
	Erstkontaktbogen		
	Einwilligungserklärung/Entbindung von der Schweigepflicht		
	Anamnesebogen		
	Formulare zur Hilfeplanung		
	Formulare Therapievermittlung		
	Dokumentation des Beratungsverlaufes		
11	*Einweisung in den Bereich Kooperation und Vernetzung*		
	Spezifische Kooperationspartner		
	Kooperationspartner: Ergänzende Hilfen		
	Kenntnis über bestehende Kooperationsverträge		
12	*Einführung in arbeitsrelevante Gesetze und Richtlinien*		
13	*Informationen zu den Leistungsträgern und Bewilligungsverfahren*		
14	*Instruktionen zu Gremien und Arbeitskreisen (regional und überregional)*		
15	*sonstiges*		

Quelle: in Anlehnung an Horwat (2003); modifiziert von der Autorin

Als Baustein eines Einarbeitungsprogramms können Orientierungsveranstaltungen, Seminare und Schulungen angeboten werden.

Diese Seminare sollten aktivierende Methodenelemente (Gruppendiskussion, Rollenspiel, Fallarbeit) enthalten, so dass neue Mitarbeiter/innen zu möglichst praxisnaher Umsetzung des neu erworbenen Wissens angehalten werden.

In diesen Veranstaltungen sollte nicht nur das Fachwissen, sondern auch die Unternehmenskultur vermittelt und erlebbar gemacht werden, indem z. B. Vorgesetzte sich bei ihrem Feedback auf die Unternehmensphilosophie bzw. das Leitbild beziehen.

Als Ergänzung zur Einarbeitung durch den Vorgesetzten wird häufig der Einsatz von Paten und Mentoren empfohlen (vgl. Bröckermann 2003, Weber 2000, Weidemann/Paschen 2002).

Als *Paten* gelten hierarchisch gleich gestellte Mitarbeiter, die über einen entsprechenden Erfahrungsvorsprung verfügen. Ihnen werden unterschiedliche Aufgaben zugeordnet. Nach Berthel/Becker (2003, S. 239) soll der Pate den neuen Mitarbeiter

- in die Arbeitsgruppe einführen und mit allen wichtigen Kontaktpersonen bekannt machen,
- die fachliche Einarbeitung übernehmen,
- mit geschriebenen und ungeschriebenen Gesetzen der Unternehmung vertraut machen.
- bei fachlichen und persönlichen Problemen beraten,
- Bezugsperson und Anlaufstelle sein,
- bei guten Leistungen loben,
- bei schlechten Leistungen aufbauend kritisieren,
- zu selbstständigem Handeln anleiten u.v.m.

Das Patenkonzept wird z. T. sehr kritisch betrachtet und es wird darauf verwiesen, dass es sich bei der Einarbeitung um eine klare und nicht delegierbare Leitungsaufgabe handele. (Berthel/Becker 2003, Kieser 1999).

Neben einer möglichen Überforderung der Paten werden folgende Nachteile genannt (Berthel/Becker, 2003, S. 239 f.):

- Der Kontakt zum Vorgesetzten wird abgeschnitten, obwohl dieser letztlich für die Leistungsbeurteilung und Belohnung zuständig ist.
- Innovative Impulse erreichen den Vorgesetzten nur eingeschränkt.
- Für den Betreuten kann es irritierend sein, dass er sich an einer weiteren Instanz orientieren muss.

Weitere Risiken sind,

- dass der Pate seine eigenen Aufgaben vernachlässigt,
- an den neuen Mitarbeiter die randständigen Aufgaben delegiert und die höherwertigen Aufgaben für sich behält,

- sich in ein Konkurrenzverhältnis mit dem Vorgesetzten begibt oder
- oder Ansprüche aus seiner Tätigkeit ableitet

Mentorenkonzepte sehen die Betreuung durch hierarchisch höher gestellte Personen vor. Dem *Mentor* kommen dabei verschiedene Funktionen zu (Berthel/Becker, 2003, S. 240):

Er ist Lehrer, Coach, Trainer, positives Rollenmodell, Beschützer, Sponsor etc., wobei hier die Gefahr besteht, dass Betreute eine „Kronprinzenmentalität" aufbauen.

Der Einsatz von Paten und Mentoren kann eine fruchtbare Ergänzung zur Einarbeitung durch die Leitungskraft sein, sofern Paten und Mentoren dafür ausgebildet und geeignet sind. Er setzt aber genaue Absprachen und eine dezidierte Rollenklärung zwischen dem/r Vorgesetzten und dem Paten/ Mentor voraus.

Welche Bausteine für die Einarbeitung wichtig sind, zeigt abschließend der folgende Überblick, der als Checkliste genutzt werden kann (vgl. Bröckermann 2003, S. 159, Möllhoff 2001, S. 221)

Abbildung 19: Checkliste für die Einarbeitung von Mitarbeiter/innen

Vorbereitung
Arbeitsbeginn und Zeit für Vorbereitung vormerken
Arbeitsplatz vorbereiten
Arbeits- und Bewerbungsunterlagen überprüfen
Arbeitskollegen, Mitarbeiter/innen, Vorgesetzte und Belegschaftsvertretung unterrichten
Einarbeitungsplan erstellen
Fachliche Einarbeitung und /oder soziale Integration übertragen an einen Paten/Mentor
Gegebenenfalls Hilfe bei der Wohnungssuche anbieten/organisieren

Begrüßung
Gespräch über die zukünftige Zusammenarbeit und die Schwerpunkte der Stelle
Aushändigung wichtiger Unterlagen: Stellenbeschreibung, Arbeitsordnung, Leitbild, Infomappe, Ausweise, Schlüssel
Hilfestellung, Gesprächsbereitschaft und regelmäßige Feedbackgespräche im Einarbeitungsprozess anbieten

Vorstellung
Vorgesetzte, Pate, Kolleg/inn/en und sonstige Mitarbeiter/innen
Mitarbeitervertretung

Information
Information über die Organisation (Entwicklung, Ziele, hierarchischer Aufbau, Zuständigkeiten, Abläufe)
Arbeitszeiten, Pausen, Urlaubsregelung, Entgeltzahlungstermin
Sicherheitsvorschriften
Verhalten bei Unfall und Krankheit, Betriebsarzt,
Datenschutzvorschriften, -beauftragte
betriebliches Vorschlagswesen

Orientierung
Arbeitsplatz
betriebliche Umgebung: Sanitärräume, Kantine, schwarzes Brett

Einarbeitung, fachliche Einweisung und Kontrolle
Stellenbeschreibung: Aufgaben, Verantwortung, Befugnisse, Schnittstellen
Einarbeitungsplan (mit Zeitvorgaben und Arbeitshilfen)
Arbeitsergebnisse, Ziele und Erwartungen klären
Arbeitsausführung und -ergebnisse prüfen und besprechen, Hilfestellung geben

Soziale Integration
Organisationskultur
offizielle und inoffizielle Spielregeln erläutern

Beurteilung
Eignung innerhalb der Probezeit feststellen
Entscheidung über Übernahme in ein langfristiges Arbeitsverhältnis treffen
Beurteilung besprechen, evtl. Fortbildungsmaßnahmen planen

Die Einarbeitungszeit, die sich zeitlich oft mit der Probezeit deckt, dient auch der Personalbeurteilung und der abschließenden Eignungsfeststellung. Vor Ablauf der Probezeit entscheiden Vorgesetzte, Fach- und Personalabteilung, ob der/die neue Beschäftigte in ein Dauerarbeitsverhältnis übernommen wird. Die Entscheidung sollte schriftlich mitgeteilt werden. Erfolgt keine Mitteilung, gilt die Probezeit als erfolgreich abgeschlossen (Bröckermann 2003, S. 164).

Zusammenfassung

Erfolgreiche Eingliederung bedeutet, die anfängliche Motivation von neuen Beschäftigten zu verstärken und in dauerhafte Motivation und Bindung an die Organisation zu überführen.

Klare Aufgabenstellungen, konstruktives Feedback und die Vermittlung der Unternehmenskultur durch begründetes Verhalten des Vorgesetzten und der Kollegen/Arbeitsgruppe erleichtern die fachliche und soziale Integration.

9. Das Mitarbeitergespräch

In Teil A „Grundlagen" wurde ausgeführt, dass das Leitbild einer lernfähigen Organisation auch spezifische Anforderungen an Leitungs- und Personalentwicklungskonzepte stellt.

Ein zentrales Leitungs- und Personalentwicklungsinstrument, das die Organisations- und Personalentwicklung miteinander verzahnt, ist das Mitarbeitergespräch – auch Mitarbeiterjahresgespräch, oder Mitarbeiterentwicklungsgespräch genannt.

Das Mitarbeitergespräch stellt ein sehr wirkungsvolles Instrument der Personalführung und -entwicklung dar, jedoch ist diese Wirkung in hohem Maße abhängig von einer sehr sorgfältigen Implementierung des Instrumentes sowie der Fähigkeit des/der Vorgesetzten, einen offenen und konstruktiven Dialog mit den Mitarbeiter/innen/n zu führen.

In diesem Kapitel werden deshalb die Ziele, die wesentlichen Inhalte sowie ausführliche Überlegungen zur Einführung und Durchführung von Mitarbeitergesprächen in der Organisation vermittelt. Zusätzlich werden praktische Arbeitshilfen wie Vorbereitungsbögen für Vorgesetzte und Mitarbeiter/innen sowie Vorschläge für Gesprächs- und Zielvereinbarungsprotokolle vorgestellt.

9.1 Ziele und Funktionen des Mitarbeitergespräches

„Ein Mitarbeitergespräch ist ein geplantes, inhaltlich vorbereitetes Gespräch zwischen einem/r Vorgesetzten und einem/r Mitarbeiter/in, das in der Regel ein bis zweimal im Jahr stattfindet und der Führung, Förderung und Beurteilung von Mitarbeiter/innen dient." (Beck/Birkle 2000, S. 36)

Das Mitarbeitergespräch stellt ein zentrales Instrument dar, weil sich verschiedene Funktionen im Rahmen der Personalführung und Personalentwicklung hier vernetzen lassen.

Es stellt ein wichtiges Führungsinstrument dar und dient der Zielvereinbarung und Zielüberprüfung, wobei die Aufgabe besteht, Organisationsziele in stellenbezogene Teilziele zu übersetzen.

Als Coaching-Instrument dient es der Motivation, Unterstützung und Anleitung der Mitarbeiter/innen durch die Führungskraft.

Als diagnostisches Instrument lässt es sich zur Personalbeurteilung, zur Feststellung von Stärken und Schwächen, zur Ermittlung des Weiterbildungsbedarfes, der Entwicklungspotenziale und -wünsche von Mitarbeitenden nutzen.

Schließlich stellt es auch ein Instrument des Bildungscontrollings dar und kann zur Steuerung, Bewertung, und Sicherung von Lern- und Transferprozessen eingesetzt werden (vgl. Beck/Schwarz 1997, Weber 2000, S. 108).

Diesen Zielen und Funktionsbestimmungen des Mitarbeitergespräches liegen folgende Überlegungen zum Zusammenhang von Organisations- und Personalentwicklung zugrunde (vgl. Teil A):

- Personal, als wichtigste und sensibelste Einflussgröße für den Erfolg sozialer Organisationen muss in besonderer Weise gefördert werden, um die Qualität sozialer Dienstleistungen sicherstellen und neue Leistungsangebote entwickeln zu können.

- Personalentwicklung muss strategisch ausgerichtet werden, einerseits an den Organisationszielen und andererseits an den zentralen Wertvorstellungen der Organisation, wie sie z. B. im Leitbild verankert sind. Im Rahmen einer strategischen und am Leitbild ausgerichteten Personalentwicklung kommt es darauf an, dass sich Mitarbeiter/innen mit den Zielen und den sinnstiftenden Werten der Organisation identifizieren können. Dies bedeutet, dass Ziele und Wertvorstellungen klar und transparent kommuniziert und von den Mitarbeiter/innen mitgetragen werden müssen. Das heißt, jede/r Mitarbeiter/in muss wissen, welchen Beitrag er /sie zur Realisierung des Gesamtzieles beitragen soll.

- Mitarbeiter/innen sind als aktive und selbstständige Akteure aber erfahrungsgemäß nur dann bereit, sich für die Ziele einer Organisation zu engagieren, wenn ihre eigenen Vorstellungen, Sichtweisen und Bedürfnisse adäquat berücksichtigt werden. Dies bedeutet, dass ein Zielkonsens zwischen Leitung und Mitarbeitern hergestellt werden muss, wobei den Mitarbeiter/innen auch Gestaltungsräume bei der Zieldefinition und -erreichung eingeräumt werden müssen.

- Eine flexible Organisation ist in der Lage, auf Veränderungen des Umfelds zu reagieren. Veränderungen der Ziele und Aufgaben erfordern veränderte Anforderungsprofile und entsprechende Qualifikationsmaßnahmen, um die immer wieder entstehende Kluft zwischen Anforderungen und vorhandenen Qualifikationen überbrücken zu können. Das heißt, es ist eine kontinuierliche diagnostische Tätigkeit notwendig, um Anforderungen mit vorhandenen Qualifikationen abgleichen zu können.

- Veränderungen strategischer Weichenstellungen müssen systematisch kommuniziert werden. Es muss geklärt werden, wie veränderte Anforderungen von den Mitarbeitern bewältigt werden können, und welche Lern- und Qualifikationsmöglichkeiten zur Verfügung gestellt werden müssen.

Dazu ist es notwendig, die (Entwicklungs-)Potenziale und -bedürfnisse der Mitarbeiter/innen zu kennen.

- Eine gleichermaßen mitarbeiter- und leistungsorientierte Ausrichtung der Leitung und Personalentwicklung, nach den Prinzipien „Fördern und Fordern", impliziert, dass die Arbeitsergebnisse und Entwicklungspotenziale der Mitarbeiter kontinuierlich evaluiert und zurück gemeldet werden.

Das Mitarbeiterjahresgespräch vereinigt mehrere Funktionen und Formen von Mitarbeitergesprächen wie das Fördergespräch, das Zielvereinbarungs-, Beurteilungs- und Kritikgespräch.

9.2 Inhalt und Aufbau des Mitarbeitergesprächs

In Abgrenzung zu den alltäglichen Gesprächen mit Mitarbeiter/innen/n, die sich auf den aktuellen Klärungsbedarf und das operative Geschäft beziehen, werden im Mitarbeitergespräch – „mit bewusstem Abstand zum Tagesgeschehen" – größere Zeitabschnitte in den Blick genommen (Nagel/Oswald/ Wimmer 2002, S. 13).

Die beiden Blickrichtungen, die verfolgt werden, sind:

a. die Rückschau: d. h. eine Bilanz über die Aufgabenerfüllung und Zusammenarbeit

b. die Vorausschau: d. h. eine Vorschau mit Zielvereinbarungen und Unterstützungsmaßnahmen

Die *Inhaltsbereiche*, die dabei thematisiert werden sollten, sind nach Nagel/ Oswald/Wimmer (2002, S. 14):

a. Rückschau auf die Aufgaben und Ergebnisse der vergangenen Periode
- Zufriedenheit mit der Leistung des Mitarbeiters;
- Klarheit über Zuständigkeiten und Verantwortungsbereiche;
- förderliche und hemmende Faktoren für die Zielerreichung;
- Veränderungsvorschläge als künftige Basis für bessere Leistungen.

b. Eignungsschwerpunkte des Mitarbeiters
- Stärken, Schwächen, Lernfelder;
- fachliche Interessen;
- Potenziale und Fähigkeiten, die derzeit nicht genutzt werden;
- weitere Entwicklungsperspektiven.

c. Zusammenarbeit und Führung
- Führungsaufgaben und Führungsverständnis des Vorgesetzten;
- Wechselseitige Erwartungen an die Zusammenarbeit, Spielregeln der Kooperation;
- Zusammenarbeit mit Kollegen und anderen Personen aus dem Arbeitsumfeld;

- Kooperation mit anderen Organisationseinheiten („Schnittstellenprobleme").

d. Vereinbarung über zukünftige Aufgaben und Kriterien für die Einschätzung der Ergebnisse
- Mittel- und langfristige Aufgaben und Perspektiven der Organisationseinheit;
- daraus abgeleitete Schwerpunktaufgaben;
- Festlegung künftiger Ziele und Maßstäbe für den Erfolg.

e. Entwicklungsmaßnahmen
- Maßnahmen zur Entwicklung des/r Mitarbeiters/in.

Das Mitarbeitergespräch ist ein wirksames, jedoch auch zeitaufwändiges Instrument der Leitung, der Personal- und Organisationsentwicklung. Um diesen Aufwand zu rechtfertigen, muss die Funktion und Bedeutung des Mitarbeitergesprächs klar und bei allen Beteiligten akzeptiert sein. Um diese Akzeptanz herzustellen und Widerstände, die als natürliche Begleiterscheinung jeder Innovation betrachtet werden können, zu bearbeiten, bedarf es einer sorgfältigen Einführung des Mitarbeitergespräches.

9.3 Die Einführung des Mitarbeitergespräches

Beim Mitarbeitergespräch handelt es sich um ein Leitungs- und Personalentwicklungsinstrument, das zwei Leitungsprinzipien impliziert:

a. das Prinzip des Leitens mit Zielen zur Absicherung der Leistung und Umsetzung von Organisationszielen

b. das Prinzip der Partizipation und Mitarbeiterorientierung zur Motivationssicherung, Aktivierung und Förderung der Mitarbeiter/innen

Diese Prinzipien sollten sich auch in der Einführungsstrategie spiegeln, um die Glaubwürdigkeit dieses Leitungsstils zu verdeutlichen. Dies bedeutet, dass die Einführung mit klaren Zielvorstellungen als Top-down-Strategie geplant werden muss und auf allen Ebenen für Partizipation und ausreichende Maßnahmen der Akzeptanzsicherung bei den Mitarbeiter/innen gesorgt werden muss.

Bei der Einführung von Mitarbeitergesprächen sollten folgende Schritte beachtet werden (vgl. Beck/Schwarz 1997, Nagel/Oswald/Wimmer 2002):

In einem erweiterten Führungskreis (z. B. Geschäftsführung und Bereichsleiter/innen) sollten die wesentlichen Ziele von Mitarbeitergesprächen (z. B. Umsetzung von Unternehmenszielen, wirksame Verknüpfung von strategischen Zielen mit dem Handeln der Organisationseinheiten, Leiten mit Zielvereinbarungen, Förderung und Qualifizierung, Feedback und Leistungsbeurteilung) diskutiert werden. Dabei sollten sowohl die Chancen als auch die Befürchtungen und Vorbehalte zur Sprache kommen. Im Ergebnis sollten alle Mitglieder des erweiterten Führungskreises vom Sinn dieser Maßnahme überzeugt und bereit sein, sich an der Einführung und Durchführung von Mitarbeitergesprächen zu beteiligen.

Falls sehr große Widerstände vorhanden sind und auch die Geschäftsleitung selbst unsicher ist, z. B. bzgl. der Wirksamkeit oder Durchführbarkeit von Mitarbeitergesprächen, empfiehlt es sich, eine gemeinsame Fortbildung anzusetzen, bei der es Gelegenheit gibt, mit externen Expert/inn/en die Chancen, Risiken und den Sinn von Mitarbeitergesprächen im Kontext von Leitung und Personalmanagement zu diskutieren und zu reflektieren. Ziel dieser ersten Phase ist es, eine gemeinsam getragene Grundsatzentscheidung für die Einführung des Mitarbeitergespräches herbeizuführen.

Ist die Innovation „Mitarbeitergespräch" nicht vom Träger/Vorstand angestoßen worden, so sollte auf jeden Fall dessen Zustimmung und vollständige Rückendeckung eingeholt werden. Bestehen Bedenken auf der Seite des Trägers/Vorstandes, so kann das Vorhaben auch zunächst als Pilotprojekt installiert werden, um nach Auswertung des Projektes über die endgültige und flächendeckende Einführung zu entscheiden.

Im nächsten Schritt sollte im Rahmen einer Arbeitsgruppe/Projektgruppe das Procedere der Einführung, die Modalitäten der Durchführung und der Gesprächsleitfaden entwickelt werden. Die Zusammensetzung der Arbeitsgruppe sollte so gestaltet sein, dass neben der Geschäftsführung, die Arbeitnehmervertretung, die späteren Anwender/innen und Vertreter/innen aller Hierarchieebenen der Organisation beteiligt sind. Folgende Fragen sind in der Arbeitsgruppe zu klären (vgl. Beck/Schwarz 1997, Nagel/Oswald/ Wimmer 2002):

- *Zielgruppen* und die *zeitliche Abfolge der Einführung:* Einzelne/alle Abteilungen, Pilotbereich, Leitungsebenen/ Mitarbeiter/innen. In diesem Zusammenhang muss auch genau geklärt werden, wer mit wem spricht und wer wen beurteilt.

- *Gesprächsgrundlagen:* bestehende Zielvereinbarungen, Stellen- Aufgabenbeschreibungen, Anforderungsprofile, Unternehmensziele und stellenbezogene Teilziele, Führungsziele

- *Entwicklung eines Gesprächsleitfadens,* der die genannten fünf Bereiche enthält:
  Rückschau, Eignung und Potenziale des/r Mitarbeiters/in, Führung und Kooperation, Planung und Zielvereinbarung, Förderung und Entwicklung.

- *Diskussion und Konsensbildung:* Wenn alle relevanten Gruppen der Organisation vertreten sind, können bereits in diesem Rahmen mögliche Konflikte geklärt werden, die ansonsten bei der Durchführung des Mitarbeitergespräches zu erwarten wären. Ein gemeinsames Instrument zu konzipieren, verläuft in der Regel nie ohne Konflikte. Die gründliche

Diskussion und Konsensbildung bezüglich unterschiedlicher Positionen/Interessen im Vorfeld erleichtern die spätere Implementierung (vgl. Nagel/Oswald/Wimmer 2002, S. 98 f.).

Ziel dieser Phase ist es, einen Gesprächsleitfaden zu erstellen, der inhaltlich und sprachlich den Stempel der Unternehmenskultur trägt und von allen „abgesegnet" werden kann, so dass die Anwendung des Instrumentes von allen mit Überzeugung vertreten werden kann.

- *Umgang mit dem Protokoll und der Zielvereinbarung:* Diese Fragen gehören zu den heikelsten im Kontext des Mitarbeitergespräches. Es gilt, eine Balance herzustellen und einerseits die Verbindlichkeit des Mitarbeitergespräches bzw. der Zielvereinbarung zu sichern, andererseits genügend Vertrauensschutz zu gewähren, so dass ein offener Dialog zwischen Vorgesetzten und Mitarbeiter/innen möglich wird.

Es gibt hier verschiedene Modalitäten des Umgangs. So kann das Gesprächsprotokoll, das vom Vorgesetzten und Mitarbeiter unterschrieben wurde, jeweils in einer Ausfertigung bzw. Kopie bei den beiden Gesprächspartnern verbleiben, die Zielvereinbarung kann in die Personalakte aufgenommen werden. Es gibt auch die Möglichkeit, das Gesprächsprotokoll und die Zielvereinbarung in der Personalakte zu verwahren.

Nagel/Oswald/Wimmer (2002, S. 136) räumen dem Vertrauensschutz oberste Priorität ein und empfehlen, dass Vorgesetzte und Mitarbeiter/in folgende Vereinbarungen zum Umgang mit dem Gesprächsprotokoll abschließen:

Abbildung 20: Das Gesprächsprotokoll

> **Vereinbarung zum Umgang mit dem Gesprächsprotokoll**
>
> 1. Das Gesprächsprotokoll ist ein persönliches Schriftstück der beiden Gesprächspartner, auf das sonst niemand zugreifen darf.
>
> 2. Das Gesprächsprotokoll wird nach dem Gespräch von beiden unterfertigt, ein Exemplar wird von dem/der Vorgesetzten aufbewahrt, eines von dem Mitarbeiter/der Mitarbeiterin.
>
> 3. Liegt ein neues Gesprächsprotokoll vor, ist das vorangegangene in Anwesenheit beider Gesprächspartner zu vernichten; das gleiche gilt für den Fall, dass der/die Vorgesetzte oder die Position des Mitarbeiters/ der Mitarbeiterin wechselt. Die praktische Relevanz des Protokolls ist demnach an das Weiterbestehen der Vorgesetzten-Mitarbeiter-Beziehung der beiden Gesprächspartner gebunden.
>
> Mitarbeiter/in   Vorgesetzte/r
>
> _____   _____

Quelle: Nagel/Oswald/Wimmer 2002, S. 136

Neben den individuellen Ziel- und Fördervereinbarungen, sollte bereits im Vorfeld geklärt werden, wie mit den Ergebnissen umgegangen werden soll.

Die kollektive Auswertung der Gesprächsergebnisse auf den einzelnen E-benen der Hierarchie und in der Gesamtorganisation kann genutzt werden,

a. um strukturelle Veränderungen auf der (jeweiligen) Leitungsebene herbeizuführen,

b. um Anregungen und Impulse der Mitarbeiter/innen in die Ausgestaltung von Organisationszielen aufzunehmen,

c. um die Personaleinsatzplanung zu optimieren,

d. um Stellenbeschreibungen zu aktualisieren,

e. um den Personalentwicklungsbedarf festzustellen und entsprechende Qualifizierungs- und Fördermaßnahmen systematisch zu implementieren.

Zeigt sich z. B. in mehreren Gesprächen, dass sich Bereichs-/Abteilungsleiter/innen zu wenig informiert und in Entscheidungen eingebunden fühlen, kann als Ergebnis ein neues Besprechungswesen implementiert werden.

Unklare Zuständigkeiten und Schnittstellenprobleme können über die Aktualisierung der Stellenbeschreibungen behoben werden.

Zeigen sich bei mehreren Mitarbeiter/innen ähnliche Qualifikationserfordernisse, -bedürfnisse oder Qualifikationslücken, so kann in Kooperation mit der Personalabteilung eine entsprechende gemeinsame Weiterbildung/ Qualifizierungsmaßnahme geplant werden.

Es ist sinnvoll, vor Einführung des Mitarbeitergespräches zu klären, wie die Ergebnisse für die Organisations- und Personalentwicklung nutzbar gemacht werden.

Die aktive und kontinuierliche Information des Vorstandes, der Arbeitnehmervertretung und aller Leitungsverantwortlichen während des gesamten Vorbereitungs- und Einführungsprozesses schafft Transparenz und verdeutlicht, dass es sich um ein bedeutsames Instrument der Leitung und Personalentwicklung handelt.

Die Implementierung des Mitarbeitergespräches hat nur dann Chancen auf Erfolg, wenn sich die Organisationsleitung mit diesem Instrument klar identifiziert. Nur dann kann die Information der Organisationseinheiten, der innerbetriebliche Meinungsbildungsprozess, die Vorbereitung und letztlich der Umgang mit dem Instrument authentisch und überzeugend gestaltet werden.

Eine halbherzige Identifikation nach dem Motto: „Wir müssen jetzt auch Mitarbeitergespräche einführen", wie es teilweise aus Verwaltungen berichtet wird, lässt das Instrument zu einer lästigen und wirkungslosen Pflichtübung verkommen.

Die Leitungsebene hat deshalb eine zentrale Vorbildfunktion. Dies bedeutet, dass die ersten Mitarbeitergespräche auf der höchsten Leitungsebene stattfinden sollten.

Es wurde bereits darauf hingewiesen, dass die erste Einführungsphase mit einem gemeinsamen Workshop/Seminar vorbereitet werden kann, bei dem die Gesprächsführung und schwierige Situationen geübt und reflektiert werden können.

Nach Nagel/Oswald/Wimmer (2002, S. 100) besteht die größte emotionale Barriere bei Leitungskräften darin, sich selbst als Führungskraft zum Thema zu machen und zu zeigen. Die Angst vor Autoritätsverlust kann bewältigt werden, indem die Angst thematisiert, reflektiert und durch Rollenspiele genügend Sicherheit aufgebaut wird. Auch die Betonung einer gemeinsamen Lernhaltung, die Erprobung und Fehler-Machen impliziert, hilft diese Ängste zu mindern. Erst wenn die Angst, „sich als Leitungskraft zu blamieren" abgebaut werden kann, ist davon auszugehen, dass die Leitungskräfte das Instrument wirklich akzeptieren und ernsthaft zum Einsatz bringen werden.

Die Mitarbeitergespräche, die zuerst auf der höchsten Leitungsebene, z. B. zwischen Geschäftsführung und Bereichsleitung stattfinden, haben nicht nur Vorbildfunktion für die nachfolgenden Hierarchiestufen, sondern bergen auch die Möglichkeit, aus den ersten Erfahrungen auf der Leitungsebene gemeinsam zu lernen.

Die Auswertung dieser Gespräche kann wichtige Impulse für die weitere Ausgestaltung des Mitarbeitergespräches auf den nachgeordneten Hierarchiestufen liefern. Zudem erleben sich die Bereichsleiter/innen in der Perspektive der Mitarbeiter/innen und erfahren am eigenen Leib sowohl die wohltuende Wirkung des Mitarbeitergespräches (Unterstützung, Verständnis, Vertrauen, klare Absprachen), wie auch mögliche Stolpersteine und schwierige Gesprächssituationen. Somit erhalten die Leitungskräfte in dieser ersten Gesprächsrunde Gelegenheit, ihre Führungstätigkeit zu reflektieren und zu planen. Gleichzeitig werden sie für die Perspektive der Mitarbeiter/innen sensibilisiert.

Im Anschluss an die erste Gesprächsrunde auf der höchsten Hierarchieebene sollten die Informationen und Anregungen zusammengefasst und ausgewertet werden.

9.4 Durchführung und Pflege des Mitarbeitergespräches

Die Qualität der Durchführungspraxis ist entscheidend für die Akzeptanz und den Nutzen des Instrumentes.

Analog zur Einführung des Mitarbeitergespräches auf der obersten Leitungsebene sollte auch die Einführung des Mitarbeitergesprächs auf den nachfolgenden Hierarchieebenen gleichermaßen begründet, zielgerichtet und mitarbeiterorientiert vonstatten gehen.

Die Einstimmung und Information der Mitarbeiter/innen über Leitgedanken, Zweck, Nutzen und Verfahren sollte ausführlich und verständlich vor
Einführung der Maßnahme erfolgen. Dies kann im Rahmen einer übergreifenden Kick-off-Veranstaltung geschehen. Die Einführung kann aber auch
in den einzelnen Bereichen/Abteilungen von der jeweiligen Leitungskraft
moderiert werden.

- Ziel dieser Einführung ist es, dass die Mitarbeiter/innen den Sinn und
  Zweck von Mitarbeitergesprächen verstehen und den möglichen Nutzen
  für sich selbst, die Leitung und die Organisation im Sinne einer win-win-
  Situation nachvollziehen können.

- Vorbehalte und Widerstände der Mitarbeiter/innen (Angst vor Beurteilung, Sanktionen, Kontrolle, Versetzung) sollten aufgegriffen und argumentativ bearbeitet werden.

- Zur Milderung von diffusen oder konkreten Befürchtungen ist es hilfreich, die Themen des Mitarbeitergesprächs genau vorzustellen sowie die
  Auswertung und den Umgang mit den Ergebnissen zu verdeutlichen
  (vgl. Vereinbarung zum Umgang mit dem Gesprächsprotokoll).

Abbildung 21: Strategie zur Einführung des Mitarbeitergespräches
in Ihrer Organisationseinheit/Abteilung

Ziel der Einführung:
Mitarbeiter/innen für das Mitarbeitergespräch zu motivieren und zu gewinnen, Ängste und Vorbehalte abbauen.

Inhaltliche Planung:
Folgende Punkte können für die Planung hilfreich sein:

Rahmenbedingungen: Welchen organisatorischen und zeitlichen Rahmen wählen Sie
für die Einführung? Wer wird eingeladen, beteiligt?

Tradition: Welche Kultur von Personalgesprächen existiert bereits? An welchem
Punkt können Sie mit der Innovation „Mitarbeitergespräch" anknüpfen? (Sammeln
und beurteilen Sie das vorhandene Material!)

Motivation: Begründen Sie die Ziele und den erwarteten Nutzen von Mitarbeitergesprächen im Rahmen der Personal- und Organisationsentwicklung
a) für die Mitarbeiter/innen
b) für die Vorgesetzten/ die Leitungsebene
c) für die Organisation

Inhalte: Welche Themen werden im Mitarbeitergespräch behandelt? Was ist Gegenstand einer Zielvereinbarung? Wie wird mit den Ergebnissen umgegangen?
Geben Sie einen Überblick.

Widerstand: Welche Bedenken/Vorbehalte erwarten Sie? Welche möglichen Ängste
verbergen sich in den Vorbehalten? Mit welchen Argumenten können Sie die Vorbehalte und Ängste abbauen? Welche vertrauensbildenden Maßnahmen wollen Sie anbieten?

Ein schriftlicher Vorbereitungsbogen, der den Mitarbeiter/innen mindestens
eine Woche vor dem Gespräch zur Verfügung gestellt werden sollte, signalisiert die Bedeutung dieses Gespräches, schafft Transparenz über die The-

men und stellt eine wichtige Grundlage für die Vorbereitung und Kooperation der Mitarbeiter/innen dar. Ein fundiertes Gespräch über eine längere Arbeitsperiode ist nur mit einer gezielten Vorbereitung möglich.

Wichtig ist es sowohl für den/die Vorgesetzte/n als auch den/die Mitarbeiter/in sich Vorbereitungszeit zu nehmen und sich auf das Gespräch einzustimmen.

Der folgende Leitfaden ist darauf ausgerichtet, Mitarbeiter/inne/n ein konstruktives Feedback geben zu können. Es wird eine ressourcenorientierte Betrachtungsweise favorisiert, so dass die Stärken und Potenziale der Mitarbeiter/innen in den Blickpunkt rücken können.

Der Leitfaden beinhaltet in modifizierter Form Fragen und Anregungen mehrerer Autor/innen (vgl. ASB 2000, Kießling-Sonntag 2002, Nagel/Oswald/Wimmer 2002, Saldern 1998). Der Aufbau und die Einstimmung sind in Anlehnung an Nagel/Oswald/Wimmer (2002, S. 118 ff.) gestaltet.

Die Fragen können für die Vorbereitung hilfreich sein und sind als Anregung gedacht.

9.4.1 Vorbereitungsfragen für den Vorgesetzten, die Vorgesetzte

Einstimmung

Wie sieht Ihre derzeitige Arbeitsbeziehung mit Ihrem/r Mitarbeiter/in aus?

Welche erfreulichen und belastenden Situationen sind Ihnen aus dem vergangenen Jahr in Erinnerung?

Welche Auswirkungen hatten diese für Ihre Zusammenarbeit?

Welche Art von Gesprächsbasis haben Sie miteinander? Was möchten Sie diesbezüglich im kommenden Gespräch erreichen?

Welche innere Einstellung und welche Haltung sind für die Verwirklichung Ihres Zieles förderlich?

A. Rückschau auf die vergangene Arbeitsperiode

Welche Kernaufgaben hat der/die Mitarbeiter/in laut Stellen- Funktionsbeschreibung wahrzunehmen?

Sind die Zuständigkeiten des/der Mitarbeiter/in klar geregelt?

An welchen Aufgaben/Zielen hat der/die Mitarbeiter/in im Betrachtungszeitraum hauptsächlich gearbeitet (auch außerhalb der Festlegungen)?

Welche Ziele sollten im Zeitraum des Rückblicks erreicht werden?

Wurden die Ziele erreicht, übertroffen, nicht erreicht?

Was ist besonders gut gelungen? Worauf führen Sie die besonders guten Arbeitsergebnisse zurück?

Was ist verbesserungswürdig?

Wodurch wurde die Erfüllung der Aufgaben beeinflusst, wo sehen Sie Schwachstellen?

Haben sich Fördermaßnahmen, organisatorische Veränderungen bewährt?

Welche organisatorischen Maßnahmen scheinen Ihnen sinnvoll, um die Aufgaben Ihrer Organisationseinheit effizienter zu gestalten?

B. Eignungsschwerpunkte des/der Mitarbeiters/in

Wo sehen Sie die fachlichen und persönlichen Stärken des/der Mitarbeiters/in im Umgang mit

- Kunden/Klienten:
- Kollegen:
- Vorgesetzten:
- Kooperationspartnern:

Welche besonderen fachlichen Interessen beobachten Sie bei Ihrem Mitarbeiter/Ihrer Mitarbeiterin?

Sehen Sie fachliche oder persönliche Probleme, die den/die Mitarbeiter/in an der Erfüllung der Aufgaben hindern?

Hat Ihr/e Mitarbeiter/in Begabungen und Fähigkeiten, die er/sie derzeit nicht in die Arbeit einbringen kann?

Welche Begabungen des/der Mitarbeiters/in wollen Sie in Zukunft besonders berücksichtigen und fördern?

Welche Entwicklungsperspektiven sind aus Ihrer Sicht für den/die Mitarbeiter/in denkbar?

C. Führung und Zusammenarbeit

Was betrachten Sie als Ihre wichtigsten Führungsaufgaben (z. B. informieren, motivieren, delegieren, entscheiden, kontrollieren, Strategien entwickeln, Ziele definieren, Mitarbeiter entwickeln, …)?

Was davon möchten Sie mit Ihrem/Ihrer Mitarbeiter/in besprechen, da es aus Ihrer Sicht für die gemeinsame Arbeit notwendig ist?

Welche bisherigen Erfahrungen haben Sie mit Ihrem/r Mitarbeiter/in gemacht bzgl. der Kooperation

- mit Ihnen:
- mit gleichgestellten Kollegen:
- mit eigenen Mitarbeitern:
- mit anderen Organisationseinheiten und Organisationen:

Welche Erwartungen haben Sie an Ihre/n Mitarbeiter/in bzgl. der gemeinsamen Zusammenarbeit und der Gestaltung von Kooperationsbeziehungen?
a) Was sollte bleiben, wie es ist?
b) Was sollte sich aus Ihrer Sicht ändern?

D. Ziele, Aufgaben und Erfolgskriterien

Was sind die mittel- und langfristigen Aufgaben und Entwicklungsschwerpunkte Ihrer Organisationseinheit? Verfügen Sie selbst über genügend Informationen? Welche Prioritäten wollen Sie als verantwortliche Führungskraft setzen?

Welche Aufgaben und Zielsetzungen sehen Sie für Ihre/n Mitarbeiter/in und seine/ihre Organisationseinheit im nächsten Jahr?
a) Welche Bereiche sollen wie bisher weiter geführt werden?
b) Wo erwarten Sie Neuerungen?

Welche Voraussetzungen (sachlich, personell, Zeit, Kompetenzen) benötigt Ihr/e Mitarbeiter/in dazu?

Welche Auswirkungen hat die Festlegung dieser Aufgaben für andere Mitarbeiter/innen und Organisationseinheiten? Besteht Abstimmungsbedarf, mit wem?

Welche konkreten Ergebnisse erwarten Sie von Ihrem/r Mitarbeiter/in bis zum Ende der nächsten Arbeitsperiode? An welchen Kriterien werden Sie Arbeit und Ergebnisse messen?

E. Entwicklungsmaßnahmen

Wodurch können Sie die Qualifikation Ihres/r Mitarbeiters/in in fachlicher und persönlicher Hinsicht fördern?

Welche konkreten Maßnahmen sind unbedingt erforderlich?

Welche sind denkbar und wünschenswert?

Was können Sie zur Verwirklichung dieser Vorhaben beitragen (Begleitung, Zeit, Gespräche zu Fortschritt und Umsetzung der Kenntnisse in den Arbeitsalltag)?

Was kann Ihr/e Mitarbeiter/in beitragen, welche Erwartungen haben Sie?

Ein Überblick über mögliche Förder- und Personalentwicklungsmaßnahmen findet sich in Kapitel 4.4 sowie in Kapitel 9.4.3.

9.4.2 Vorbereitungsbogen für den Mitarbeiter, die Mitarbeiterin

Einstimmung

Wie sieht Ihre derzeitige Arbeitsbeziehung mit Ihrem/r Vorgesetzten aus?

Welche erfreulichen und belastenden Situationen sind Ihnen aus dem vergangenen Jahr in Erinnerung?

Welche Auswirkungen hatten diese für Ihre Zusammenarbeit?

Welche Art von Gesprächsbasis haben Sie miteinander? Was möchten Sie diesbezüglich im kommenden Gespräch erreichen?

Welche innere Einstellung und welche Haltung ist für die Verwirklichung Ihres Zieles förderlich?

A. Rückschau auf die Aufgaben und Ergebnisse der vergangenen Arbeitsperiode

Welche Kernaufgaben haben Sie laut Stellen-/Funktionsbeschreibung wahrzunehmen?

Sind Ihre Zuständigkeiten und Ihre Verantwortung klar geregelt? Welche Vereinbarungen wurden dazu in letzter Zeit getroffen?

An welchen Aufgaben/Zielen haben Sie im Betrachtungszeitraum hauptsächlich gearbeitet (auch außerhalb der Festlegungen)?

Welche Ziele sollten im Zeitraum des Rückblicks erreicht werden?

Wurden die Ziele erreicht, übertroffen, nicht erreicht?

Was ist besonders gut gelungen? Worauf führen Sie die besonders guten Arbeitsergebnisse zurück?

Was ist verbesserungswürdig?

Wodurch wurde die Erfüllung der Aufgaben beeinflusst, wo sehen Sie Schwachstellen und hemmende Faktoren (Ihres Arbeitsplatzes, der Organisation, der Arbeitsmittel, der Lebensumstände – Gesundheit, Familie –)

Wie beurteilen Sie Ihre Arbeitsbelastung?

Wie beurteilen Sie selbstkritisch Ihre Leistung?

Welche organisatorischen Maßnahmen scheinen Ihnen sinnvoll, um die Aufgaben Ihrer Organisationseinheit effizienter zu gestalten?

An welchen vereinbarten Fördermaßnahmen haben Sie teilgenommen, an welchen nicht? Warum nicht?

Was haben Fördermaßnahmen bewirkt, welche Ziele wurden verfolgt? Was hat sich im Arbeitsalltag bewährt/nicht bewährt?

B. Ihre Eignungsschwerpunkte

Wo sehen Sie Ihre fachlichen und persönlichen Stärken im Umgang mit Kunden, Klienten, Kollegen, Vorgesetzten, Kooperationspartnern? Worauf sind Sie stolz? Was können Sie besonders gut?

Auf welchen Gebieten liegen Ihre besonderen fachlichen Interessen?

Wo sehen Sie fachliche oder persönliche Probleme, die Sie an der Erfüllung der Aufgaben hindern? Was können und möchten Sie ändern?

Welche Fähigkeiten und Begabungen können Sie derzeit nicht in Ihre Arbeit einbringen, warum nicht?

An welchen Aufgaben würden Sie in Zukunft gerne mitarbeiten, da Sie Ihnen aufgrund Ihrer Begabungen und Interessen besonders interessant erscheinen?

Welche persönlichen Zielvorstellungen und Interessen haben sie für Ihre weitere berufliche Tätigkeit? Welche fachlichen Interessen möchten Sie zukünftig verstärkt in Ihre berufliche Tätigkeit einbringen?

C. Führung und Zusammenarbeit

Welche Führungsaufgaben sollte Ihr/e Vorgesetzte/r wahrnehmen? Und wie sollte er/sie das tun?

Wie zufrieden sind Sie mit folgenden Aspekten der Leitungstätigkeit?
• Weitergabe von Informationen
• Durchführung und effiziente Gestaltung von Besprechungen
• Koordination
• Klärung offener Fragen
• Delegation von Aufgaben
• Rechtzeitige Entscheidungen
• Beteiligung anderer an Entscheidungen
• Konfliktfähigkeit
• Kontrolle und Feedback auf Leistungen
• Förderung und Unterstützung von Mitarbeiter/innen

Welche Erwartungen haben Sie an Ihre/n Vorgesetzte/n bzgl. der gemeinsamen Zusammenarbeit und der Gestaltung von Kooperationsbeziehungen?

Was sollte bleiben, wie es ist?

Was sollte sich aus Ihrer Sicht ändern?

Welche bisherigen Erfahrungen haben Sie gemacht bzgl. der Kooperation
• mit gleichgestellten Kollegen
• mit eigenen Mitarbeitern
• mit anderen Organisationseinheiten und Organisationen
• mit Kund/inn/en/ bzw. Klient/inn/en

Welche Veränderungswünsche haben Sie diesbezüglich?

D. Ziele, Aufgaben und Erfolgskriterien

Welche mittel- und langfristigen Aufgaben und Entwicklungsschwerpunkte sehen Sie in Ihrer Organisationseinheit?

Fühlen Sie sich über die mittel- und langfristigen Aufgaben und Entwicklungsschwerpunkte Ihrer Organisationseinheit ausreichend informiert?

Welche Hauptaufgaben und Zielsetzungen sehen Sie für sich und Ihre Organisationseinheit im nächsten Jahr?
a) Welche Bereiche sollen wie bisher weiter geführt werden?
b) Wo erwarten Sie Neuerungen?

Welche Schwerpunkte würden Sie gerne im Rahmen der Ziele Ihrer Organisationseinheit für sich selbst setzen? Welche Argumente sprechen dafür?

Welche Voraussetzungen (sachlich, personell, Zeit, Kompetenzen) benötigen Sie dazu?

Welche Änderungen halten Sie in Ihrer Abteilung für zweckmäßig (Aufgabenverteilung, Organisation, technische Neuerungen, Kosteneinsparungen, …? Welche Tätigkeiten sind überflüssig geworden?

Mit wem müssen Sie für eine effiziente Erfüllung Ihrer Aufgaben kooperieren (Schnittstellen)? Besteht Klärungs- und Abstimmungsbedarf, mit wem?

Welche Maßstäbe legen Sie persönlich an Ihre Leistungen an? An welchen Kriterien werden Sie die Arbeitsergebnisse messen?

E. Entwicklungsmaßnahmen

Wodurch können Sie Ihre Qualifikation in fachlicher und persönlicher Hinsicht fördern? Welche Maßnahmen können Sie bei der Bewältigung Ihrer Aufgaben unterstützen? Welche konkreten Maßnahmen sind unbedingt erforderlich?

Welche sind denkbar, wünschenswert und machbar?

Was können Sie zur Verwirklichung dieser Vorhaben beitragen und welche Erwartungen haben Sie an Ihre/n Vorgesetzte/n?

Ein Überblick über mögliche Förder- und Personalentwicklungsmaßnahmen findet sich in Kapitel 4.4 sowie Kapitel 9.4.3.

9.4.3 Gestaltung von Zielvereinbarungen

Ein typisches Merkmal für Organisationen ist das Handeln zur Erreichung von Zielen. Gemeinsames, abgestimmtes und zielgerichtetes Handeln der Mitglieder bildet den Kern jeder Organisation.

Im Gegensatz zu gewinnorientierten Unternehmen der Privatwirtschaft ...

„... besteht das Ziel, der Zweck von sozialen Organisationen oder sog. ‚Not-for-profit-Organisationen' in der Befriedigung und Sicherung spezifischer sozialer und gesundheitlicher Bedürfnisse auf rechtlicher Grundlage bzw. im Auftrag des Gesetzgebers." (Beck/Schwarz 1997, S. 45)

Gleichwohl müssen auch soziale Organisationen ihre Ziele, Angebote und Ergebnisse an Leistungsmaßstäben messen. Für Leitungskräfte stellt sich deshalb die Aufgabe, im Rahmen der Mitarbeiterführung für die effektive und effiziente Erfüllung der Organisationsaufgaben und -ziele zu sorgen. Das entsprechende Instrument ist die Zielvereinbarung.

Zielvereinbarungen können in gesonderten Zielvereinbarungsgesprächen oder – als sinnvolle und zeitökonomische Alternative – im Rahmen von Mitarbeitergesprächen geschlossen werden.

Ziele sind Sollzustände. Sie beinhalten Vorstellungen über zukünftige Zustände.

„Ein Ziel ist die konkrete Beschreibung eines erwünschten Zustandes zu einem festgelegten zukünftigen Zeitpunkt." (Kießling-Sonntag 2002, S. 9)

Sowohl für die Mitarbeitenden als auch für die lernende Organisation ist es wichtig, sich mit Zukunftsszenarien zu beschäftigen und festzulegen, welche Entwicklungen und Ergebnisse angestrebt werden sollen. Erst durch Ziele bekommt das Handeln Orientierung und Richtung, können Energien gebündelt und kann die Wirksamkeit des Handelns überprüft werden. Ziele, die von allen getragen werden, schaffen Gemeinsamkeit, Identifikation und Motivation.

Ziele sind immer gebunden an Wertvorstellungen (der Führungskräfte, Mitarbeiter/innen, Kund/inn/en, Träger, Geldgeber, Gesetzgeber und schließlich der Gesellschaft). Die Heterogenität der möglichen Wertvorstellungen und Prioritäten beinhaltet, dass die Definition anzustrebender Ziele im Grundsatz als ein konfliktträchtiger Prozess betrachtet werden muss (vgl. Beck/Schwarz 1997, Lotmar/Tondeur 1989).

Dies bedeutet, dass im Rahmen von Zielvereinbarungen ein Konsens über anzustrebende Sollzustände hergestellt werden muss. Leitungskräften kommt die Aufgabe zu, für die Akzeptanz übergreifender Ziele zu sorgen. Um dies erreichen zu können, müssen Mitarbeiter/innen in die Entwicklung und Präzisierung von Zielen und Maßstäben eingebunden werden.

„Es gibt keinen Mechanismus oder keine abstrakte Ordnung, die ein Unternehmenssystem zusammenhält – das können nur Menschen tun … Führungskräfte vertreten die Werte der Unternehmenskultur und sorgen für Glaubwürdigkeit und Identifikation." (Bayer 1995, S. 97)

Damit Ziele handlungswirksam und verbindlich werden, müssen sie genau definiert, formuliert und kommuniziert werden. Vage Absichtserklärungen oder wohlklingende Zustandsbeschreibungen mit großem Interpretationsspielraum eignen sich nicht dazu, dem Handeln Richtung zu geben und zielführende Handlungen anzustoßen.

Damit Ziele motivational wirksam und überprüfbar werden, müssen Sie folgende Kriterien erfüllen, die sich in der Formel S.M.A.R.T.

S pezifisch
M essbar
A nspruchsvoll
R ealisierbar
T erminiert

abbilden lassen (vgl. Kießling-Sonntag 2002, Merchel 2004).

… spezifisch

Ziele müssen konkret beschreiben, welches Ergebnis angestrebt wird und was genau erreicht werden soll. Die Präzisierung ist vor allem für Lern- und Entwicklungsziele nicht ganz einfach.

Soll z. B. die „kommunikative Kompetenz" oder der „kooperative Führungsstil" ausgebaut werden, so müssen sich die Gesprächspartner darauf einigen, woran sie in einem Jahr den Zuwachs an „kommunikativer Kompetenz" oder „kooperativem Führungsstil" erkennen können. Dies impliziert, dass die Zielbereiche konkret und anschaulich beschrieben werden müssen.

Die Gesprächspartner könnten sich z. B. darauf einigen, dass im Bezug auf „kooperativen Führungsstil" alle Teammitglieder über die wichtigen Vorgänge im Team informiert sind und klar beschriebene Verantwortungsbereiche übernehmen.

Als Maßnahme könnte eine wöchentliche Teamsitzung angesetzt werden, bei der alle wichtigen Themen zur Sprache kommen und die Ergebnisse verschriftlicht werden. Es könnte weiterhin vereinbart werden, dass die Leitungskraft einzelne Arbeitsbereiche mit klaren Zielsetzungen delegiert und sich regelmäßig über die Arbeitsfortschritte informiert. Schließlich könnte als Maßnahme noch eine Fortbildung „Die Leitungskraft als Coach" vereinbart werden.

... messbar

Um die Zielerreichung und/oder das Ausmaß der Zielerreichung prüfen zu können, müssen Kriterien und/oder Indikatoren gefunden werden, die für beide Partner eine klare Beurteilung der Fortschritte oder der Zielerreichung ermöglichen. Zur Objektivierung können neben Kennzahlen auch Kunden- und Mitarbeiterbefragungen eingesetzt werden.

Im genannten Beispiel könnte die Verbesserung der Informationsbasis anhand einer Mitarbeiterbefragung erhoben werden. In diesem Zusammenhang sollte auch vereinbart werden, in welchen Abständen die Fortschritte reflektiert werden. Dies kann in sog. Meilensteingesprächen geschehen.

... anspruchsvoll

Ziele sollten anspruchsvoll und herausfordernd, aber nicht überfordernd gestaltet werden, d. h. es muss die richtige Balance gefunden werden zwischen den Anforderungen der Aufgabe und den Fähigkeiten des/der Mitarbeiters/in. Dabei sind v. a. solche Ziele motivierend, die sowohl in eindeutigem Bezug zu strategisch wichtigen Organisationszielen stehen, als auch hohe Bedeutung für das Wertesystem des Mitarbeiters haben.

... realisierbar

Die Verwirklichung des Ziels muss im verabredeten Zeitraum prinzipiell möglich sein. Dazu gehört auch, dass die Ziele prinzipiell vom Mitarbeiter beeinflussbar sind und dessen Kontrollbereich liegen.

... terminiert

Der Zeitraum der Zielerreichung muss überschaubar und begrenzt sein, um die Arbeitsergebnisse mit den anderen Aktivitäten der Organisation sinnvoll verknüpfen zu können. Bei langfristigen Zielen ist die Aufspaltung in Teilziele eine wichtige Maßnahme, um Zwischenergebnisse prüfen und würdigen zu können und so den „langen Atem" bis zur Realisierung des Gesamtergebnisses zu behalten. Die Terminierung spornt die Leistungsbereitschaft an und ermöglicht eine Überprüfung, in welchem Ausmaß die Zielerreichung gelungen ist.

Zusätzlich zu den „S.M.A.R.T"- Kriterien, sollten Ziele attraktiv sein, d. h. sie sollten eine positive Zielvision enthalten und entsprechend positiv formuliert werden und keine Negation bzw. keine „Vermeidungsziele" enthalten.

Beispiel für Vermeidungsziele (negativ formulierte Ziele):

„Ich darf auf keinen Fall mit meinem Projektbericht zu spät anfangen. Ich darf nicht scheitern! Ich muss unproduktive Tage am Schreibtisch vermeiden, sonst werde ich nervöse, schlaflose Nächte haben und schließlich völlig erschöpft und innerlich leer sein."

Sie sehen selbst, dass die genannten Vermeidungsziele wenig stimulierend sind, und den Elan für die Anfertigung eines Projektberichtes nicht gerade beflügeln. Für das Bewusstsein sind die genannten Vorstellungsinhalte viel bedeutsamer, als deren Negation. Trotz der Negation „Ich darf auf keinen Fall …" haben Sie vermutlich innere Bilder des Scheiterns, der Schlaflosigkeit, der Erschöpfung und der Leere visualisiert und möglicherweise auch die Kraftlosigkeit, Nervosität und Erschöpfung physisch und emotional in Ansätzen gespürt.

Damit Ziele Energie mobilisieren können, sollten sie positiv konnotiert und formuliert sein und mit einer anstrebenswerten Vision verknüpft sein.

Eine positive, stimulierende Zielformulierung wäre zum Beispiel:

> „Ich werde am … meinen Projektbericht fertig gestellt haben und abgeben. Um dies zu schaffen, beginne mit einer klaren Gliederung des Berichtes. Nach dieser Gliederung werde ich die Problemstellung, die Ziele und Maßnahmen Schritt für Schritt bearbeiten. Ich teile mir meine Zeit gut ein und formuliere Zwischenziele. Ich nehme mir für die einzelnen Kapitel jeweils … Stunden /Tage Zeit …"

und so weiter bis das Ziel und die zielführenden Maßnahmen anstrebenswert, konkret vorstellbar und erreichbar erscheinen.

Zielformulierungen sollen keine Absichtserklärungen enthalten, sondern den Zielzustand exakt beschreiben. Nicht:

> „alle Mitarbeiter/innen der Abteilung sollen im nächsten Jahr geschult werden zum Textverarbeitungssystem y",

sondern

> „zum Zeitpunkt x beherrschen alle Mitarbeiter/innen der Abteilung das Textverarbeitungssystem y".

Auf diese Weise kann sichergestellt werden, dass *Ziele* vereinbart werden und *nicht* nur *Maßnahmen*, deren Effekte unkalkulierbar sind. Die Zielbeschreibungen müssen präzise gefasst sein, dazu gehört auch, dass sie absolute Aussagen und möglichst keine Vergleiche wie „besser, mehr, weniger als" enthalten. Zum Beispiel ist das Ziel:

> „Die wöchentlichen Teamsitzungen sollten nicht mehr so lange dauern"

ungeeignet, sinnvoll wäre demgegenüber:

> „Die Dauer der wöchentlichen Teamsitzung wird auf 60 Minuten begrenzt."

Auf den folgenden Seiten finden sich als Anregung verschiedene Leitfäden und Muster zur Erstellung und Gestaltung von Zielvereinbarungen:

- Einen Leitfaden für ein Zielvereinbarungsgespräch (Mentzel/Grotzfeld/ Haub 2004, S. 187)

- das Muster eines Gesprächsprotokolls mit Zielvereinbarung, welches die Dokumentation unterschiedlicher Sichtweisen ermöglicht (Mentzel/ Grotzfeld/Haub 2004, S. 183 f.)

- das Muster einer Zielvereinbarung, die Leistungs- und Verhaltensziele differenziert; dies kann sinnvoll sein, wenn zusätzlich zu Leistungszielen die Veränderung von Verhalten im Rahmen der Kooperationsbeziehungen angestrebt wird (Rune 2000)

- das Muster einer Vereinbarung sowie eine Übersicht zu Förder- und Entwicklungsmaßnahmen (Nagel/Oswald/Wimmer 2002, S. 138).

Die Vereinbarung zu Förder- und Entwicklungsmaßnahmen sollte immer auf einer gesonderten Seite gestaltet werden, so dass eine abteilungs- oder bereichsübergreifende Auswertung möglich ist. Gibt es eine zentrale Abteilung für Weiterbildung und Personalentwicklung, kann eine Kopie der Fördervereinbarung zur zentralen Planung und Koordination der Maßnahmen weiter geleitet werden.

Abbildung 22: Leitfaden für ein Zielvereinbarungsgespräch

- Gesprächseröffnung
  Anlass des Gespräches klären
  Grundsätzliches zum Führen mit Zielen
  Bisherige Erfahrungen mit Zielvereinbarungen

- Bereichsziele aus dem übergeordnetem Zielsystem besprechen und auf den Aufgabenbereich des Mitarbeiters herunterbrechen

- Darstellung von zukünftigen Anforderungen an den Arbeitsplatz und daraus resultierende Aufgaben durch den Mitarbeiter

- Kommentierung und Weiterführung der Darstellungen des Mitarbeiters durch den Vorgesetzten

- Inhaltliche Vereinbarung zwischen dem Vorgesetzten und Mitarbeiter über konkrete Ziele, Schwerpunkte und Prioritäten

- Diskussion vorhersehbarer Probleme und Schwierigkeiten bei der Zielerreichung

- Vereinbarung der Rahmenbedingungen
  Maßstäbe zur Überprüfung der Zielerreichung (Quantität, Qualität, Kosten etc.)
  Termine für Zwischenüberprüfungen
  Zeitspanne bzw. Endtermin

- Überprüfung der Ressourcen des Mitarbeiters; verfügt der Mitarbeiter über notwendige und ausreichende Kenntnisse und/oder Fertigkeiten?

- Ggf. zusätzliche Qualifizierungsmaßnahmen festlegen

- Überprüfen der Kompetenzen, um notwendige Entscheidungen treffen zu können

- Zeitliche Kapazitäten des Mitarbeiters bzw. der diesem unterstellten Mitarbeiter

- Finanzielle Mittel

- Schriftliche Dokumentation der Ziele und Vereinbarungen

- Gesprächsabschluss

Mentzel, W; Grotzfeld, S.; Haub, Ch. 2004, S. 187

Abbildung 23: Jahresmitarbeitergespräch Leitfaden und Protokoll

Name des Vorgesetzten	Name des Mitarbeiters	Datum des Gesprächs
(Funktion)	(Funktion)	(Betrachtungszeitraum)
Sicht des Vorgesetzten	**Sicht des Mitarbeiters**	**Vereinbarungen**
1. Leistungen/Zusammenarbeit in der Vergangenheit		
Welche vereinbarten Ziele und Leistungsstandards wurden erreicht?		
Welche Faktoren haben den/die Mitarbeiter/in unterstützt, diese zu erreichen?		
Welche Faktoren haben den/die Mitarbeiter/in dabei behindert?		
Zusammenarbeit, Kommunikation und Unterstützung durch den Vorgesetzten?		
2. Ziele und Vereinbarungen für das Folgejahr		
Ziele, Aufgaben und Leistungsstandards:		
Maßnahmen zur Verbesserung von Zusammenarbeit und Kommunikation:		
Förder- und Entwicklungsmaßnahmen:		
Unterstützung durch den Vorgesetzten:		
Sonstige Vereinbarungen:		
		Verteiler: Original: Vorgesetzter Kopie: Mitarbeiter/innen Kopie: Personalakte
Datum/Unterschrift	Datum/Unterschrift	

Mentzel, W., Grotzfeld, S., Haub, Ch. 2004, S. 183 f.

Abbildung 24: Zielvereinbarung

Name des/der Mitarbeiters/in:	
Name des/der Vorgesetzten:	
Organisationseinheit:	
Das Gespräch fand statt am:	

A. Leistungsziele

Was werden die 3–5 wichtigsten Leistungsziele des Mitarbeiters/der Mitarbeiterin im kommenden Jahr sein?

Die wichtigsten Leistungsziele sind	Zielerreichungsgrad: erreicht, wenn	Termin
1.		
2.		
3.		
4.		
5.		

B. Verhaltensziele

Was werden die 3–5 wichtigsten Verhaltensziele des Mitarbeiters/der Mitarbeiterin im kommenden Jahr sein?

Bei der Erfüllung von Arbeitsaufgaben

Die wichtigsten Verhaltensziele sind	Zielerreichungsgrad: erreicht, wenn	Termin
1.		
2.		

Im Kontakt mit Klienten/innen

Die wichtigsten Verhaltensziele sind	Zielerreichungsgrad: erreicht, wenn	
1.		
2.		

Im Team (Umgang mit Kollegen/innen und Unterstellten)

Die wichtigsten Verhaltensziele sind	Zielerreichungsgrad: erreicht, wenn	
1.		
2.		

Quelle: Rune 2000, S. 118 ff.; modifiziert von der Autorin

Abbildung 25: Förder- und Entwicklungsmaßnahmen

Name des/der Mitarbeiters/in: _____

Bereich/Abteilung/Gruppe: _____

Nr.	Maßnahmen	Verantwortlich für die Durchführung	Abgeschlossen bis
	Arbeitsplatzbezogene Maßnahmen:		
	Schulungen, Seminare:		

Quelle: Nagel/Oswald/Wimmer 2002, S. 138

Mögliche Entwicklungsmaßnahmen

Ein ausführlicher Überblick über mögliche Förder- und Personalentwicklungsmaßnahmen findet sich im Kapitel 4.4. Die folgende Übersicht von Nagel/Oswald/Wimmer (2002, S. 126/127) verbindet Personalentwicklungsziele und Maßnahmen.

Maßnahmen am Arbeitsplatz

- Instruktion und Unterweisung durch den Vorgesetzten, einen Experten oder Fachkollegen
  Ziele: Fachwissen erweitern, Einschulung

- Delegation von Sonderaufgaben/Aufgabenerweiterung/Projektleitung Mitarbeit oder Leitung von Projekten, welche die ganze Abteilung betreffen
  Ziele: Erfahrung in Projektarbeit, Teamfähigkeit entwickeln, Erfahrung mit Projektleitung, Horizonterweiterung

- Lerngruppen und Problemlösegruppen
  Bearbeitung von Lernthemen oder anstehenden Problemen in Teams
  Ziele: praxisnahe Wissensvertiefung, Problembearbeitung, Teamfähigkeit

- Stellvertretung des Vorgesetzten während dessen Abwesenheit
  Ziele: Kennen lernen der Führungssituation, Besprechungsleitung

- Referententätigkeit bei internen Seminaren oder bei Einschulungen
  Ziele: Didaktische Fähigkeiten verbessern, Präsentationsfähigkeit entwickeln, Kommunikationsfähigkeit erweitern, Vertiefung im Fachgebiet

- Mitarbeit in bereichsübergreifenden Arbeitsgruppen
  Ziele: Horizonterweiterung, Vertiefung des Fachwissens, Vertretung der Abteilung

- Selbststudium
  Literatur-/Fachzeitschriftenstudium mit anschließender Besprechung mit einem Experten oder dem Vorgesetzten
  Ziel: Erweiterung des Fachwissens

- Auslandsentsendungen
  Ziele: Sprachkenntnisse verbessern, internationales Knowhow erweitern, Verständnis für andere Kulturen entwickeln

- Traineeprogramm
  Ziele: Fachwissen erweitern, bereichs-/funktionsübergreifendes Verständnis fördern

Maßnahmen außerhalb des Arbeitsplatzes

- Seminare/Lehrgänge/Kurse
  Ziele: Wissenserwerb/-erweiterung, Lernen im Verhaltensbereich, Erfahrungsaustausch zwischen den Teilnehmern

- Tagungen
  Ziele: Wissensvertiefung, Erfahrungsaustausch
- Mitarbeit in externen Arbeitsgruppen
  Ziele: Horizonterweiterung, Vertiefung des Fachwissens, Vertretung der Unternehmung

9.5 Gesprächshaltungen und Gesprächsführung

Das Mitarbeitergespräch stellt eine anspruchsvolle Form des partnerzentrierten Gesprächs dar. Bereits im „Personalmanagement in Einrichtungen der Sozialen Arbeit" wurde auf wichtige Grundhaltungen für eine erfolgreiche partnerzentrierte Gesprächsführung verwiesen.

An dieser Stelle soll nochmals skizziert werden, welche Gesprächshaltungen und -formen für einen offenen und angstfreien Dialog mit Mitarbeiter/innen/n förderlich sind (vgl. Kießling-Sonntag 2000 und 2002, Nagel/Oswald/Wimmer 2002, Oppermann-Weber 2001, S. 131 f.).

Eine offene, neugierige und fragende Haltung stellt eine günstige Voraussetzung dar, um Informationen zu sammeln und ein differenziertes Bild des Arbeitsprozesses und des Leistungsprofils des Mitarbeiters/der Mitarbeiterin zu bekommen. Sie ermöglicht die Erforschung von Hintergründen und Motiven sowie die Erarbeitung einer gemeinsamen „Diagnose". Dabei ist es wichtig, offene interessierte Fragen zu stellen.

„Wie-Fragen" sind geeignet, um Prozessbeschreibungen und qualitative Aussagen zu stimulieren.

„Warum-Fragen" eignen sich, um Begründungen und Hintergründe von Handlungen und Entscheidungen zu erforschen.

Vermeiden Sie Suggestivfragen, die Ihre/n Gesprächspartner/in manipulieren, ebenso wie geschlossene Fragen bzw. Alternativfragen, bei denen Mitarbeiter/innen nur mit ja oder nein antworten können!

Eine interessierte und offene Grundhaltung impliziert auch, dass die Leitungskraft an der Sichtweise und an den Vorschlägen des Mitarbeiters/der Mitarbeiterin interessiert ist, Fragen stellt und genau zuhört, anstatt vorschnelle Urteile zu fällen.

Aktives Zuhören unterstützt den Prozess des Verstehens bei der Leitungskraft, zeigt dem/r Mitarbeiter/in, dass seine/ihre Sicht ernst genommen wird und stimuliert ihn/sie zur Entwicklung von Problemlöseansätzen (vgl. Kap. 5). Für Mitarbeiter/innen ist es oft eine neue und motivierende Erfahrung, eigene Sichtweisen und Einschätzungen darlegen zu können, ohne sofort mit der Einschätzung der Leitungskraft konfrontiert zu werden.

Erst wenn Mitarbeiter/in und Leitungskraft Ihren jeweiligen Standpunkt sichtbar und damit besprechbar gemacht haben, wird es möglich, sich auf Aufgaben, Lösungsansätze, Ziele und Maßnahmen zu einigen. Dieser Prozess der Vermittlung und Klärung erfordert Zeit – Zeit zum Nachfragen, Zeit für Details, Zeit zu vertieftem Verständnis und Zeit zur genauen Vereinbarung von Zielen. Für das erste Mitarbeitergespräch sollten deshalb mindestens zwei, besser drei Stunden anberaumt werden für die Durchführung und Protokollierung des Gespräches sowie die genaue Gestaltung von Zielvereinbarungen. Die Folgegespräche können entsprechend kürzer ausfallen (ca. 1–1,5 Stunden).

Wie Mitarbeiterbefragungen zeigen, wünschen sich Mitarbeiter/innen neben Informationen und Unterstützung bei der Karriereplanung vor allem Rückmeldung zu ihrer Leistung und Gespräche zu Arbeitsmethoden, -ergebnissen, und Verhaltensweisen (vgl. Regnet 1999).

Der Begriff „Feedback" bringt in seiner direkten Übersetzung – Rückfütterung – eine wichtige psychologische Funktionsbeschreibung zum Ausdruck. Der Mitarbeiter bringt seine Arbeitskraft und seine Ideen in die Organisation ein und ist seinerseits darauf angewiesen, Resonanz zu seinem Handeln zu bekommen und mit einer Rückmeldung „genährt" zu werden (vgl. Nagel/Oswald/Wimmer 2002).

Deshalb muss der Rückmeldeprozess so gestaltet werden, dass er nicht nur „annehmbar und verdaulich", sondern auch „nahrhaft" wird und zu weiterer Entwicklung und Wachstum beizutragen vermag. Der Abgleich zwischen Selbst- und Fremdbild ist eine wichtige Funktion des Mitarbeitergespräches. Ein stärkendes Feedback enthält vor allem Rückmeldung zu Fähigkeiten, Fertigkeiten, Stärken und Potenzialen.

Häufig werden *positive Leistungen* als Selbstverständlichkeit betrachtet. Werden gute Leistungen nicht anerkannt und gewürdigt, so kann der/die Mitarbeiter/in letztlich nicht einschätzen, welchen Beitrag er/sie für die Organisation leistet, und es besteht die Gefahr, dass er/sie die Leistungsbereitschaft mindert oder gar einstellt.

Das Wissen um eigene Begabungen und Potenziale kann nur gefestigt werden, wenn das eigene Selbstbild durch eine realistische und förderliche Rückmeldung ergänzt wird, die deutlich macht, welche Wirkungen das Verhalten erzeugt. Feedback ermöglicht somit eine realistische Selbsteinschätzung. Fehlt ein konkretes Feedback, so kommt es leicht zu einer Überschätzung oder Unterschätzung der eigenen Leistungsfähigkeit.

Auch kritische Rückmeldungen können für die Entwicklung förderlich sein. Sie setzen eine prinzipiell wohlwollende und vertrauensvolle Beziehung zwischen Vorgesetztem/r und Mitarbeiter/in voraus.

Damit Kritik sachlich bleibt und konstruktiv verarbeitet werden kann, ist es wichtig, das problematische Verhalten des/r Mitarbeiters/in mit den jeweiligen Folgen für Arbeitsprozesse und -ergebnisse zu beschreiben (z. B.: „Sie haben das Fortbildungsprojekt geplant, aber die Maßnahme nicht für alle Teams organisiert. Die Folge ist, dass nur zwei von fünf Teams das neue Dokumentationssystem beherrschen ...“). Kritik sollte niemals als Eigenschaftszuschreibung („Sie sind ... zu langsam, chaotisch, ...“) formuliert werden, weil diese Zuschreibungen von der Person meist als Kränkung erlebt werden und darüber hinaus keine Orientierung enthalten, was die Person tun kann, um den Erwartungen gerecht zu werden. Deshalb beinhaltet konstruktives Feedback immer eine Beschreibung des erwünschten Verhaltens („Ich wünsche mir, dass Sie innerhalb der nächste zwei Monate die Fortbildungen für die drei verbleibenden Teams organisieren und durchführen ...“)

9.6 Erfolgsrelevante Faktoren

Abschließend sollen nochmals in einer Zusammenschau die Faktoren benannt werden, die für eine erfolgreiche Einführung und Durchführung des Mitarbeitergespräches maßgeblich sind (vgl. Kießling-Sonntag 2002, Nagel/Oswald/Wimmer 2002).

Identifikation der Leitung mit dem Mitarbeitergespräch

Die Implementierung und Akzeptanz des Mitarbeitergespräches bei den Mitarbeitern kann nur gelingen, wenn die Führungsspitze die Bedeutung des Instrumentes mit Überzeugung vertritt. Dazu gehört, dass der Informations- und Meinungsbildungsprozess engagiert betrieben wird und die Leitungskraft eine Vorbildfunktion bei der Einführung des Mitarbeitergespräches übernimmt.

Einbeziehen der Zweiten Leitungsebene

Im Rahmen einer Top-down-Strategie sollte die zweite Leitungsebene die Innovation „Mitarbeitergespräch" ebenso überzeugt vertreten wie die Leitungskraft. Genügend Informationen im Vorfeld, ein gemeinsamer Wissensstand und ausreichend Raum für die Diskussion von Bedenken und Vorbehalten im Vorfeld schaffen Überzeugung und Sicherheit.

Vorbereitung und Diskussion in einer Projektgruppe

In einer Projektgruppe zur Vorbereitung des Leitfadens und in Vorbereitungsseminaren sollte genügend Raum für Ideen und die Diskussion von Befürchtungen und Bedenken geschaffen werden. Deswegen sollten in der Planungs- bzw. Projektgruppe die Vertreter/innen verschiedener Positionen, Funktionen und Altersgruppen vertreten sein, so dass die strittigen Punkte in diesem Rahmen stellvertretend für die Organisation bearbeitet werden können. Gelingt es, die Diskussionen im Vorfeld befriedigend abzuschließen, ist mit einer entsprechenden Akzeptanz des Mitarbeitergesprächs zu rechnen. Die Projektgruppe sollte keinesfalls mehr als acht Mitglieder umfassen.

Begleitendes Training ermöglichen

Seminare und das Training der Gesprächsführungskompetenz stellen hilfreiche flankierende Maßnahmen dar. Sie schaffen Sicherheit und geben die Möglichkeit, angstbesetzte Situationen zu reflektieren und ggf. im Rollenspiel zu üben. Ein positiver Nebeneffekt des Trainings ist, dass die Teilnehmer/innen die konstruktive und wohltuende Wirkung des Mitarbeitergespräches an sich selbst erfahren und schwierige Gesprächssituationen zu bewältigen lernen.

Aktuelle Probleme ansprechen

Es muss damit gerechnet werden, dass im Mitarbeitergespräch auch aktuelle Probleme mit der Organisation der Abteilungen oder auch dem Führungsverhalten angesprochen werden. Insofern kann das Mitarbeitergespräch für beide Parteien bedrohlich erscheinen. Es ist jedoch günstig, das Mitarbeitergespräch auch als Frühwarnsystem zu betrachten und entsprechende Problemanzeigen aufzugreifen und nicht zu tabuisieren. Werden Problemanzeigen dieser Art ausgeklammert, entsteht leicht der Eindruck, dass ein Mitarbeitergespräch ohnehin nichts bewirken kann.

Pflege und Wartung

Es besteht die Gefahr, dass das Mitarbeitergespräch als jährliche Routine sehr lässig gehandhabt wird und damit seine Wirkung verliert. Wenn das Mitarbeitergespräch dauerhaft als Führungs- und Personalentwicklungsinstrument wirksam bleiben soll, ist es notwendig, zur Frage der Durchführung immer wieder Reflexionsschleifen einzuziehen und das Instrument kontinuierlich zu verbessern.

Wirkungen des Mitarbeitergespräches kommunizieren

Wichtig ist es außerdem, dass die Ergebnisse und Konsequenzen sichtbar werden. Das heißt, Leitungskräfte sollten unternehmensweit kommunizieren, welche Innovationen und Veränderungen aus den Impulsen und Problemanzeigen des Mitarbeitergespräches resultieren. Ebenso sollten Personalentwicklungsmaßnahmen als Ergebnis von gemeinsam getragenen Planungsprozessen verdeutlicht werden.

10. Personalbeurteilung

Alle Maßnahmen der Leitung und des Personalmanagements sind darauf ausgerichtet, die Organisationsziele zu erreichen und die Leistungen von Mitarbeiter/inne/n, Teams und Organisationseinheiten zu steigern und zu verbessern.

Von allen abhängig Beschäftigten wird erwartet, dass sie ihren Beitrag zu den Zielen der Organisation leisten. Die Bilanzierung der Leistungen gehört zwingend zum Managementprozess und gibt dem Vorgesetzten Rückmeldung über die Umsetzung der Organisationsziele in den unterschiedlichen Bereichen der Organisation, dem/der Mitarbeiter/in Rückmeldung inwiefern er/sie die Anforderungen und Erwartungen der Organisation erfüllt hat.

Deshalb gehören Personalbeurteilungen als diagnostische Tätigkeit zu den zentralen Leitungsaufgaben.

In den folgenden Abschnitten wird dargestellt, welche Ziele mit einer Personalbeurteilung verfolgt werden, welche Schwierigkeiten mit einer Leistungsmessung verbunden sind, und welche Formen der Beurteilung zur Verfügung stehen. Abschließend wird die Abfassung von Arbeitszeugnissen erörtert.

10.1 Begriffsbestimmung

Alle personellen Entscheidungen basieren letztlich auf Beurteilungsprozessen, die allerdings nicht immer kriteriengestützt und für alle nachvollziehbar und transparent verlaufen.

Um von *Personalbeurteilung* sprechen zu können, wird ein transparentes und systematisiertes Verfahren vorausgesetzt, wie an der folgenden Definition von Berthel/Becker (2003, S. 152) deutlich wird:

„Allgemein ist unter Personalbeurteilung (synonym: Mitarbeiterbeurteilung) als Teil der Eignungsprüfung ein institutionalisierter Prozess zu verstehen, in dem planmäßig und formalisiert Informationen über die Leistungen/und oder die Potenziale von Mitarbeitern durch dazu beauftragte Mitarbeiter hinsichtlich arbeitsplatzbezogener, entweder vergangenheits-, gegenwarts- oder zukunftsorientierter Kriterien gewonnen, verarbeitet oder ausgewertet werden. Sie bezieht sich auf unterschiedliche Objekte (Leistungsergebnis-, Leistungsverhalten- und/oder Potenzialkriterien) und lässt sich durch verschiedene Mitarbeiter durchführen."

Während der Begriff „Personalbeurteilung" alle betrieblichen Urteilsprozesse umfasst, wird unter *Mitarbeiterbeurteilung* in der Regel die Beurteilung eines/r Mitarbeiters/in durch den/die Vorgesetzte/n verstanden. So definiert Oppermann-Weber (2001, S. 197):

> „Unter Mitarbeiterbeurteilung versteht man ein standardisiertes und formales Verfahren, durch das der Vorgesetzte veranlasst wird, die Mitarbeiter in regelmäßigen Zeitabständen unter bestimmten Kriterien zu beurteilen.
>
> Beurteilen heißt, die Leistungen einer Person bei der Durchführung der Gesamtaufgabe einzuschätzen und anhand eines Vergleichsmaßstabes einzustufen."

Bei Personalbeurteilung geht es somit um die Einschätzung von Personen. Beurteilt werden

- die Beschäftigten, d. h. die Personen, die zurzeit Arbeitstätigkeiten planen, durchführen oder überwachen;
- Bewerberinnen und Bewerber, also Personen, die in Zukunft im Unternehmen tätig sein sollen.

Dabei bezieht sich die Beurteilung vorrangig auf zwei Aspekte,

- die Leistung und
- das Verhalten beim Erstellen der Leistung, insbesondere das Verhalten gegenüber etwaigen Mitarbeitern, Kollegen und Vorgesetzten (vgl. Bröckermann 2003, S. 195).

Man unterscheidet in Bezug auf die *Beurteilungszeitpunkte*

- regelmäßige, periodische Beurteilungen und
- anlassbedingte Beurteilungen

Regelmäßige, periodische Beurteilungen werden für alle Mitarbeiter/innen durchgeführt. Die Abstände betragen in der Regel ein oder zwei Jahre. Die entsprechenden Kommunikationsinstrumente sind das Beurteilungsgespräch, Mitarbeitergespräch, Zielerreichungsgespräch, das Förder- und Potenzialgespräch oder das Mitarbeiterjahresgespräch, in dem die genannten Funktionen alle zusammengefasst werden.

Anlassbedingte Beurteilungen werden z. B. bei Ablauf der Probezeit, bei Versetzungen, Beförderungen, Wechsel des Vorgesetzten, Veränderung der Kompetenzen, Zwischenzeugnis auf Wunsch des Mitarbeiters, bei Disziplinarmaßnahmen, dem Ausscheiden aus dem Unternehmen sowie bei Zeugniserstellung durchgeführt. Hier besteht nicht die Notwendigkeit, dass ein systematisches Beurteilungswesen in der Organisation etabliert ist.

Weiterhin wird unterschieden zwischen Potenzial- und Leistungsbeurteilung.

Die *Potenzialbeurteilung* ist zukunftsorientiert und verfolgt das Ziel, Personen im Hinblick auf ihre Eignung für zukünftige Positionen (Personalauswahl, -einsatz, Nachwuchsförderung) zu beurteilen.

Die *Leistungsbeurteilung* ist vergangenheitsorientiert und hat das Ziel, in regelmäßigen Abständen (1 bis 2 Jahre) die Leistungen und Arbeitsergebnisse zu beurteilen.

10.2 Ziele und Funktion der Personalbeurteilung

Die Personalbeurteilung kann verschiedenen Zwecken oder Zielen dienen und verschiedene Beurteilungsquellen nutzen. In diesem Abschnitt soll zunächst ein Überblick gegeben werden über Beurteilungsprozesse im Rahmen des Personalmanagements.

Personalbeurteilungen bieten die Grundlage aller personellen Maßnahmen und Entscheidungen auf individuellem und kollektivem Niveau. Die Ziele und Funktionen der Personalbeurteilung lassen sich auf einem zeitlichen Kontinuum im Rahmen der Personalarbeit anordnen:

Funktion der Beurteilung für die Organisation und die Mitarbeiter/innen

- Bei der *Personalauswahl* ist zu beurteilen, von welchem/r Bewerber/in in Zukunft die beste Leistung zu erwarten ist und wie er/sie sich in die Gesamtorganisation zu integrieren vermag. Die Beurteilung hat prognostischen Charakter und entspricht einer Potenzialbeurteilung (vgl. Kap. 7).
- Im Rahmen der *Personalführung* ist in regelmäßigen Abständen zu prüfen und zu beurteilen, ob die gesetzten und/oder mit den Mitarbeitern vereinbarten Ziele erreicht worden sind und wie in diesem Kontext die Leistung und das Arbeitsverhalten der Mitarbeiter/innen zu beurteilen ist. Beurteilungen dienen dem Feedback und stellen eine Standortbestimmung für Mitarbeiter/innen dar.
- Im Rahmen der *Personalentwicklung und -einsatzplanung* muss beurteilt werden, welche Mitarbeiter/innen über welche Stärken und Schwächen verfügen, wie eine optimale Passung zwischen Person und Position zu erreichen ist und wie sich vorhandene Potenziale stärken und Defizite ausgleichen oder abbauen lassen. Die Beurteilung stellt die Grundlage für personelle Entscheidungen wie Versetzung, Beförderung, Nachwuchsförderung und Weiterbildung dar.
- Die Leistungsbeurteilung und -erfassung bildet die Grundlage und den Maßstab für *leistungsorientierte Entgeltsysteme* und die Festsetzung leistungsbezogener Entgeltanteile.
- Bei der Entscheidung zur *Beendigung oder Fortführung von Arbeitsverhältnissen,* z. B. Übernahme nach Befristung oder Probezeit, bei Ent-

scheidungen zu Versetzung und Entlassung dienen Beurteilungen als Entscheidungsgrundlage.

- Bei *Beendigung eines Arbeitsverhältnisses* hat der/die Mitarbeiter/in Anspruch auf ein *Zeugnis,* in dem seine/ihre Leistungen beschrieben, beurteilt und gewürdigt werden.
- Personalbeurteilungen können Aufschluss geben über die Richtigkeit und Güte von Personalentscheidungen (z. B. Personalauswahl und -einsatz) und dienen somit auch dem *Personalcontrolling.*

Bevor die Anwendungsfelder für Beurteilungen in den Bereichen Personalentwicklung, Personalentscheidungen und Entgeltfindung dargestellt werden, soll zunächst im folgenden Abschnitt auf die grundsätzlichen methodischen Probleme bei der Erfassung und Beurteilung von Personen und Leistungen eingegangen werden.

10.3 Problemfelder der Personal- und Leistungsbeurteilung

Grundsätzlich liegt jeder Form der Beurteilung ein Vergleich einer Soll-Vorstellung mit einem Ist-Zustand zugrunde.

Wenn wir die berufliche Leistung von Mitarbeiter/inne/n oder Führungskräften erfassen wollen, so ist dies nicht durch direkte Beobachtung möglich. Leistung ist ein hypothetisches Konstrukt und lässt sich nur über Kriterien erfassen.

Zunächst ist es wichtig, sich auf Kriterien oder Indikatoren zu verständigen. Dabei sind Kriterien immer mehr oder weniger (un-)vollkommene Annäherungen an das Konstrukt. Sie sind aber nicht deckungsgleich mit der Leistung oder dem Leistungspotenzial.

Damit stellt sich die Frage:
Welche Leistungskriterien sind geeignet, die Arbeitsleistung von Mitarbeiter/inne/n und Führungskräften zu beobachten, abzubilden und zu beurteilen?

Leistungskriterien können sich auf unterschiedliche Beurteilungsdimensionen beziehen (vgl. Bröckermann 2003, S. 195, Marcus& Schuler 2001, S. 400):

- auf das Potenzial einer Person (Eigenschaften, Fähigkeiten, Persönlichkeitsfaktoren, Kenntnisse)
- auf das Verhalten bei der Erstellung einer Leistung
- auf die Ergebnisse

Allgemein wird bei Leistungs- und Potenzialbeurteilungen eine Kausalkette unterstellt, nämlich dass das Potenzial einer Person zu einem bestimmten

Leistungsverhalten führe und dieses Verhalten bestimmte Ergebnisse hervorbringe.

Alle genannten Beurteilungsdimensionen haben im Rahmen der Personalarbeit ihre Berechtigung und weisen jeweils Vor- und Nachteile auf.

Beurteilung von Potenzialen

Die Beurteilung von Potenzialen ist zukunftsgerichtet und beinhaltet immer den Abgleich zwischen den gegenwärtigen Fähigkeiten und zukünftigen Anforderungen. Potenzialbeurteilungen werden häufig in Form von Eigenschaftszuschreibungen ausgedrückt (wie z. B. Gewissenhaftigkeit, Leistungsbereitschaft, Belastbarkeit). Werden diese Zuschreibungen ohne standardisierte und empirisch abgesicherte Messinstrumente vorgenommen, so wird dies wegen mangelnder Objektivität und Nachvollziehbarkeit von wissenschaftlicher Seite als sehr problematisch betrachtet (vgl. Marcus & Schuler 2001).

Dennoch werden im betrieblichen Alltag häufig Eigenschaftsbeurteilungen vorgenommen, sei es bei der informellen Beurteilung von Mitarbeiterpotenzialen im Rahmen der Personaleinsatzplanung (z. B. „Frau Müller ist belastbar"), aber auch bei formalen und systematischen Beurteilungen wie z. B. in Beurteilungsbögen und Zeugnissen. Eigenschafts-, Persönlichkeits- und Potenzialbeurteilungen sind nach Marcus & Schuler (2001) vor allem für Personalentscheidungen mit Prognosecharakter unverzichtbar. Allerdings sind nach Ansicht der Autoren eignungsdiagnostische Instrumente wie Assessment-Center, Persönlichkeits- und Fähigkeitstests oft besser geeignet, eignungsdiagnostische Fragestellungen zu beantworten als eine Vorgesetztenbeurteilung (vgl. Kap. 7.3).

Als Beispiel für die verlässliche Ermittlung von Potenzialen lässt sich das Fünf-Faktoren-Modell (FFM) anführen (vgl. Weinert 2004, S. 150 f.). Auf der Basis von vielen verschiedenen Beobachterratings, bei denen die Persönlichkeit von Mitarbeitern und Führungskräften im Hinblick auf Leistung, Arbeits- und Führungsverhalten eingeschätzt wurde, ließen sich fünf verschiedene Persönlichkeitsfaktoren (Big-Five-Theorie) herauskristallisieren, die für das Leistungsverhalten relevant und kulturübergreifend in der Lage sind, Leistung vorherzusagen. Es sind die Faktoren:

- Extraversion,
- Verträglichkeit,
- Gewissenhaftigkeit,
- Emotionale Stabilität,
- Offenheit für (neue) Erfahrungen.

Die beste Vorhersage von Leistungen erlaubt der Faktor „Gewissenhaftigkeit". Demnach erzielen Mitarbeiter/innen und Leitungskräfte, die einen zuverlässigen, zielorientierten, ausdauernden und systematischen Arbeitsstil haben, die besseren Leistungen.

Eine starke Ausprägung auf der Dimension „Extraversion" (gesellig, gesprächig, dominant, durchsetzungsfähig, bestimmt, aktiv, initiativ) hat sich als besonders günstig für die Übernahme von Leitungsrollen erwiesen.

Insgesamt lässt sich die Schlussfolgerung ableiten, dass sich für die Messung von Potenzialen empfiehlt, standardisierte und, sofern möglich, empirisch abgesicherte Messinstrumente einzusetzen.

Beurteilung des Verhaltens bei der Erstellung von Leistungen

Die Beschreibung von konkretem Arbeitsverhalten eignet sich nach Marcus & Schuler (2001) am besten als Grundlage für ursachenorientiertes Feedback und stellt im Kontext von verhaltensorientierten Zielsetzungen eine wirksame Methode der Leitung und Verhaltenssteuerung dar. Als Grundlage der Personalentwicklung sind Verhaltenskriterien unverzichtbar. Verhaltensbeschreibungen bieten eine transparente Basis für personalbezogene Entscheidungen (Personalentwicklungsmaßnahmen -einsatzplanung), Feedback und die Überprüfung von Zielvereinbarungen.

Die Schwierigkeit der Beurteilung besteht darin,

> „dass Beurteiler zwischen Verhalten und Eigenschaften nicht wirklich unterscheiden, vielmehr oft Verhalten aus einmal gebildeten Eigenschaftsurteilen rekonstruieren, v. a. dann, wenn sie untrainiert sind und die Instrumente lediglich Eigenschaftszuschreibungen in Tätigkeitssätze umformulieren (‚arbeitet gewissenhaft' statt ‚Gewissenhaftigkeit')" (Marcus & Schuler 2001, S. 401).

Überdies empfinden erfahrene Mitarbeiter/innen und Leitungskräfte die Vorgabe und Kontrolle eines Idealverhaltens als einengend und nicht mehr als zeitgemäß.

Die Leistungserfassung auf Verhaltensebene erfordert eine aufwändige Verfahrenskonstruktion auf der Basis genauer Anforderungsanalysen sowie gründliche Beurteilertrainings.

Beurteilung von Arbeitsergebnissen

Arbeitsergebnisse scheinen auf den ersten Blick als bestes, weil objektivierbares Kriterium für die Messung von Arbeitsleistungen geeignet zu sein. Doch gibt es bei der Bewertung von Arbeitsergebnissen nur wenige vom Beurteiler unabhängige Kriterien, d. h. die Bewertung von Ergebnisqualitäten unterliegt vielfach subjektiven (Beurteiler-)Einflüssen und damit möglichen Beurteilungsfehlern.

Objektivierbar sind in der Regel nur quantifizierbare Daten (wie z. B. Fehlzeiten, Auslastung, Fallzahlen etc.). Die Messung von Ergebnisqualitäten oder Zielerreichungsgraden wird v. a. im Rahmen des Leitens mit Zielvereinbarungen eingesetzt. Doch unterliegen auch kriteriengestützte Beurteilungen subjektiven Einflüssen.

Der Vorzug von Leistungsbeurteilungen anhand von Ergebnissen besteht darin, dass die gemessenen Ergebnisse in direktem Bezug zu den vereinbarten Zielen stehen und damit die „Sache" und weniger die „Person" im Zentrum der Beurteilung steht. Ein Hauptproblem stellt jedoch die Tatsache dar, dass Ergebnisse auch von situativen und Umweltfaktoren, die außerhalb der Person liegen, beeinflusst werden. Dies bedeutet, dass (mangelnde) Ergebnisse nicht immer mit der Leistungsfähigkeit und dem Arbeitsverhalten des Beurteilten erklärbar sind (vgl. Marcus & Schuler 2001).

Jeder Prozess der Einschätzung wird von der Persönlichkeit, den Erwartungen, Einstellungen, Idealvorstellungen des Beurteilers mitgeprägt, der die zu beurteilende Person aus seinem eigenen Bezugssystem heraus mit seiner „subjektiven Brille" betrachtet – auch wenn er Kriterien zugrunde legt. Bei Beurteilungen handelt es sich also nicht allein um Wahrnehmungen oder Verhaltensbeschreibungen einer Person, sondern auch immer um Reaktionen des Beurteilers auf die zu beurteilende Person. Das heißt, die Art der Beurteilung gibt immer auch Auskunft über die beurteilende Person.

Folgende typische Reaktionen von Beurteilern lassen sich unterscheiden (vgl. Kießling-Sonntag 2000, S.227, Marcus & Schuler 2001, S. 418, Mentzel/ Grotzfeld/ Haub 2004, S. 161f):

Abbildung 26: Typische Reaktionen von Beurteilern

Tendenz zur Milde:
Die Neigung zur Beschönigung der Urteile wird von Marcus und Schuler (2001) als ausgeprägteste Tendenz bei Personalbeurteilungen beschrieben. Der nachsichtige Beurteiler bewertet die Mitarbeiter eher zu positiv und hebt dadurch die Beurteilung bewusst oder unbewusst an. Er verwendet fast ausschließlich die oberen Skalenstufen. Möglicherweise setzt er die Anforderungen des Arbeitsplatzes zu niedrig an oder es fehlt ihm der Mut, schwächere Mitarbeiter auch schlechter zu beurteilen.

Tendenz zur Mitte:
Die Streuung der Beurteilungswerte weisen Mittelwerttendenzen auf, d. h. Beurteiler neigen aus Vorsicht, wegen mangelnden Beobachtungsgrundlagen oder als Folge einer negativen Einstellung zum Beurteilungsvorgang dazu, „neutrale" Urteile abzugeben. Der vorsichtige Beurteiler stuft die Mitarbeiter überwiegend im Mittelfeld der Bewertungsskala ein. Er besitzt nicht den notwendigen Mut, sich eindeutig festzulegen.

Der *objektive Beurteiler*
erfasst unter Berücksichtigung der Anforderungen des Arbeitsplatzes das Leistungsergebnis und Leistungsverhalten der Mitarbeiter. Er bewertet fair und scheut nicht die Anwendung von Extremwerten.

Der *strenge Beurteiler*
verwendet in der Beurteilung seiner Mitarbeiter fast ausschließlich die negativen Skalenstufen. Er betrachtet gute Leistungen als selbstverständlich und nimmt sich häufig selbst als Maßstab.

Darüber hinaus werden in der Literatur noch weitere Beurteilungsfehler, Wahrnehmungsverzerrungen oder Fehleinschätzungen benannt. Sie wurden bereits in Teil A „Grundlagen", Kapitel 3.2, beschrieben (vgl. auch Bröckermann 2003, S. 219 f.).

Neben den Schwierigkeiten der adäquaten Erfassung von Leistungen ist zu berücksichtigen, dass die Leistungsmessung – meist in Form einer subjektiven Beurteilung – keinen passiven Messvorgang darstellt, sondern ihrerseits wiederum als Intervention wirkt, mit nicht nur erwünschten Folgen (vgl. Marcus & Schuler 2001, S. 398).

Leistungsbewertungen lassen Erinnerungen an Schule, Ausbildung und Noten wach werden und sind für viele Menschen mit unangenehmen Erinnerungen und Gefühlen behaftet.

Beurteilungen wird deshalb häufig sowohl von Leitungskräften wie auch Mitarbeitern mit Argwohn und Widerständen begegnet.

Vorgesetzte scheuen sich häufig Beurteilungen abzugeben, weil ihnen die Auseinandersetzung mit dem Beurteilungssystem, die Definition der Kriterien, deren Ausprägung und schließlich eine entsprechende sachliche Argumentation schwer fällt. Wenn die Beurteilungsgrundlagen und die Beurteilungsmaßstäbe nicht genügend vertraut sind, die Kriterien zu umfangreich, unübersichtlich oder unverständlich sind, mindert das die Bereitschaft, Urteile abzugeben und zu verantworten (vgl. Oppermann-Weber 2001).

Flacher werdende Hierarchien mit zunehmender Kontrollspanne machen direkte Verhaltensbeobachtungen immer schwieriger, so dass den Vorgesetzten die Beurteilungsgrundlagen fehlen, – ein Problem, das sich vermutlich in Zukunft noch verstärken wird.

Ein weiteres Problem der Beurteilung durch Vorgesetzte besteht darin, dass die Leistung des Vorgesetzten oft selbst an den Beurteilungen der Mitarbeiter gemessen wird, d. h. Vorgesetzte haben in diesem Fall ein vitales Interesse, ihren Mitarbeitern gute Leistungen zu attestieren (Marcus & Schuler 2001).

Umgekehrt kann auch die Angst bestehen, durch gute Beurteilungen fähige Mitarbeiter/innen zu verlieren, oder es besteht das Bedürfnis, unfähige Mitarbeiter „wegzuloben".

Auf der Seite der Mitarbeiter/innen werden Bedenken geäußert, dass die Beurteilung stark subjektiv geprägt sei, unverständlich, willkürlich und wenig nachvollziehbar sei, oder dass sie als Eingriff in die Intimsphäre zu bewerten sei (vgl. Oppermann-Weber 2001).

10.4 Anwendungsfelder der Personalbeurteilung

Die Möglichkeiten der Personalbeurteilung im Rahmen der Personalauswahl wurden bereits in Kapitel 2 eingehend erörtert. In den folgenden Abschnitten wird erläutert, welche Bedeutung Beurteilungen im Rahmen der Personalentwicklung zukommt, und welche Anforderungen an Beurteilungssysteme zu stellen sind, wenn sie als Grundlage für Personalentscheidungen und Entgeltfindung genutzt werden sollen.

10.4.1 Personalförderung und -entwicklung

Viele Unternehmen setzen Beurteilungen als Instrument der Personalförderung- und -entwicklung ein, wobei die Personalbeurteilung in das periodisch angelegte Mitarbeiter- oder Zielvereinbarungsgespräch integriert wird.

Im Rahmen eines Leitungskonzeptes, das „Leiten mit Zielvereinvereinbarungen" (MbO, „Management by Objectives") in den Mittelpunkt stellt, werden das Mitarbeiterjahresgespräch und/oder das Zielvereinbarungsgespräch zum zentralen Leitungsinstrument. Es bildet die Grundlage für die Orientierung und Motivierung der Mitarbeiter/innen und stärkt über Partizipation die intrinsische Motivation.

Die Mitarbeiterbeurteilung dient in diesem Kontext der Bilanzierung der Leistungen und Arbeitsergebnisse, dem Feedback zu den Stärken und Schwächen, der Ermittlung von Potenzialen und der Entwicklung von Fördermaßnahmen. Die Beurteilungsinhalte sind Zielvereinbarungen einerseits und das Arbeitsverhalten andererseits.

Der Beurteilungsprozess dient in erster Linie dem Feedback, der Beratung und Förderung, wobei auch in diesem Rahmen standardisierte Instrumente zum Einsatz kommen können.

Verschiedene Beurteilungsquellen können zur Beurteilung der genannten Dimensionen herangezogen werden.

Wie bereits erwähnt, können objektive Leistungsindikatoren, sofern sie erfassbar und sinnvoll sind, als Beurteilungskriterien dienen. Allerdings lassen sich viele Aspekte menschlicher Leistung nur sinnvoll durch die Einschätzung von Menschen erheben.

Dabei ist der direkte *Vorgesetzte* nach wie vor die wichtigste Quelle subjektiver Beurteilung und wird von Mitarbeitern und Vorgesetzten gleichermaßen bevorzugt (Marcus & Schuler 2001, S. 406). Die möglichen Schwierigkeiten bei der Beurteilung durch Vorgesetzte wurden bereits in Kapitel 5.3 diskutiert.

Arbeitskollegen und Gleichgestellte eignen sich als potenzielle Urteilsquelle, weil sie – oft häufiger als Vorgesetzte – den zu Beurteilenden im Arbeitsalltag beobachten können. Neben den möglichen affektiven Einflüssen

(Sympathie) kann die Beurteilungssituation auch Rollenkonflikte begünstigen („Kollege" oder „Richter"). Diese Rollenkonflikte sind jedoch zu vermeiden, wenn die Kollegenbeurteilung lediglich zu Beratungs- und Förderzwecken eingesetzt wird.

Die *Beurteilung durch unterstellte Mitarbeiter* greift andere Aspekte auf als die Beurteilung durch Vorgesetzte. Sie eignet sich v.a. zur Beurteilung von interpersonalen Aspekten der Leitung, Mitarbeiterführung und -förderung. „Aufwärtsbeurteilungen" haben in erster Linie Feedbackfunktion für die Vorgesetzten. Die Qualität und Bereitschaft zur Abgabe von Urteilen bei den Mitarbeiter/inne/n steht und fällt mit der Anonymität des Verfahrens. Anonyme Mitarbeiterbefragungen eignen sich deshalb am besten zur Beurteilung des Leitungsstils, wobei die Bereitschaft zu offenem Feedback bei gutem Arbeitsklima in der Regel höher ist (Marcus & Schuler 2001).

Selbstbeurteilungen haben den Vorteil, dass der Beurteilende letztlich selbst die umfassendste Datenquelle repräsentiert. Die unmittelbare Betroffenheit vom Urteil begünstigt allerdings in hohem Maße absichtliche oder unabsichtliche Verzerrungen zu positiven Selbstbeurteilungen (Marcus & Schuler 2001).

Sinnvoll ist allerdings die Kombination von Selbst- und Fremdbeurteilung. Der Abgleich zwischen Selbst- und Vorgesetztenbeurteilung dient vor allen Dingen dem Zweck der Personalentwicklung und kann sehr fruchtbar sein im Rahmen von Mitarbeiter-, Zielvereinbarungs- oder Fördergesprächen. Die Gegenüberstellung von Selbst- und Fremdbeurteilung wirkt einer übertrieben positiven Selbstbeurteilung entgegen, da sonst im Gespräch ein peinlicher Rechtfertigungsdruck entstehen könnte.

360-Grad-Beurteilungen werden als multiperspektivische Beurteilungsform vor allem zur Beurteilung von Leitungskräften eingesetzt. Die Grundidee der 360-Grad-Beurteilung besteht darin, dass die Leitungskraft sowohl von Vorgesetzten, Kollegen, unterstellten Mitarbeitern sowie Kunden oder Kooperationspartnern mit dem jeweils spezifischen Focus eingeschätzt und beurteilt wird. Die Beurteilungen werden dann zusammengefasst und zurück gemeldet. Wesentliches Ziel dieser Maßnahme ist das Feedback und die Personalentwicklung (vgl. Berthel/Becker 2003, Marcus & Schuler 2001).

10.4.2 Personelle Entscheidungen und Entgeltfindung

Bereits im Teil A „Grundlagen" wurde darauf verwiesen, dass Beurteilungsverfahren, die die Funktion haben, Mitarbeiter zu vergleichen, zum Zweck der Entgeltfindung, der Beförderung oder im Extremfall der Kündigung oder Entlassung besonderen Qualitätsansprüchen genügen müssen.

Wenn Beurteilungen administrative Entscheidungen begründen sollen, müssen die Kriterien transparent, nachvollziehbar und akzeptiert sein. Die Verfahren müssen standardisiert sein, um die Vergleichbarkeit zu gewährleisten, und die Beurteiler/innen müssen geschult sein, so dass Beurteilungsfehler und subjektiv geprägte Urteilsverzerrungen weitgehend kontrolliert werden können.

Die Leistungskriterien müssen objektivierbar sein und es muss sichergestellt werden, dass die Beurteilungen über die zur Entscheidung anstehenden Mitarbeiter/innen absolut vergleichbar sind. Eine sehr wichtige Anforderung besteht darin, dass nur solche Leistungsergebnisse zur Beurteilung herangezogen werden dürfen, die dem Einfluss und der Kontrolle des Beurteilten unterliegen.

Stehle (1999, S. 207) verweist darauf, dass diese hohen methodischen Ansprüche in der Praxis kaum zu erfüllen sind und deswegen in der betrieblichen Praxis personelle Auswahlentscheidungen der genannten Art nur in sehr geringem Umfang auf systematischen Beurteilungsverfahren basieren.

Der Autor verweist darauf, dass die anfängliche Euphorie bei der Einführung von computergestützten Personalinformationssystemen in den 1970er und 1980er Jahren einer zunehmenden Skepsis gewichen ist. Die anfängliche Hoffnung, mittels standardisierter Verfahren einen umfassenden Überblick über die Stärken, Schwächen, Leistungs- und Entwicklungspotenziale der Mitarbeiter/innen zu bekommen, und damit eine fundierte und objektivierbare Grundlage für die quantitative und qualitative Personalplanung zu haben, hat zur Entwicklung von immer anspruchsvolleren Verfahren geführt, die sich jedoch als wenig praktikabel erwiesen. In der Konsequenz haben es viele Organisationen und Unternehmen aufgegeben, personelle Entscheidungen auf der Grundlage systematischer Beurteilungsverfahren zu treffen.

Ein Thema, das in Zukunft sehr viel größeren Stellenwert bekommen wird, ist die Verkoppelung von Leistungsbeurteilungen und Vergütung. Die Einführung einer leistungsbezogenen Vergütung basiert auf der Annahme, dass äußere Anreize, Belohnungen und Gratifikationen dazu geeignet sind, bei den Mitarbeiter/inne/n die Leistung zu steigern und die Bindung an bzw. Identifikation mit dem Unternehmen zu verbessern.

Zielvereinbarungen heben darauf ab, die intrinsische Motivation von Mitarbeiter/inne/n zu stärken, indem Mitarbeiter/innen

- sich selbst Herausforderungen setzen,
- sich mit den vereinbarten Zielen identifizieren,
- ihre individuellen Ziele mit den Organisationszielen in Einklang bringen,
- in der Einordnung der eigenen Tätigkeit in den Gesamtzusammenhang einen „Sinn" erkennen,
- und indem Globalziele in Teilziele zerlegt und damit realistisch und machbar werden.

Leistungsorientierte Vergütungen hingegen zielen auf extrinsische Motivation, d. h. durch Aussicht auf eine Prämie, einen Bonus als Zusatz zum Entgelt oder als Sachmittel soll eine Leistungssteigerung erreicht werden.

Die Etablierung von leistungsbezogenen Vergütungssystemen befindet sich in der Sozialwirtschaft noch in einem Entwicklungsstadium, wie die folgenden Befragungsergebnisse zeigen:

Abbildung 27: Variable Vergütungssysteme in der Sozialwirtschaft

Eine repräsentative Befragung des Seniorenwirtschaftszentrums/KCR in Gelsenkirchen belegt: Variable, leistungsbezogene Vergütung der Mitarbeiter wird in den nächsten Jahren ein zentrales Thema des Personalmanagements in den Einrichtungen der Sozialwirtschaft sein.

Nur 25 % der befragten Geschäftsführer, Einrichtungsleitungen, etc. von Behinderteneinrichtungen, ambulanten und stationären Pflegeeinrichtungen in NRW sind mit dem derzeit verwendeten Vergütungsmodell zufrieden; 32 % sind (sehr) unzufrieden. Und: Bereits 22 % der befragten Einrichtungen haben bereits ein variables Vergütungsmodell eingeführt.

Was besonders überrascht: Die Steuerung der Personalkosten und Kostenersparnis sind nicht die maßgeblichen Gründe für die Einführung der variablen Vergütung. An erster Stelle stehen Motivationssteigerung, leistungsgerechte Vergütung und die Bindung leistungsstarker Mitarbeiter.

Die Zufriedenheit der Befragten mit variablem Vergütungsmodell ist deutlich höher als in Einrichtungen ohne variables Vergütungsmodell. Immerhin 36 % der Einrichtungen planen die Einführung variabler Vergütungsmodelle innerhalb der nächsten 12 Monate oder darüber hinaus.

Was viele Verantwortliche aber noch mit der Einführung zögern lässt, sind arbeits- und tarifrechtliche Bedenken. Diese wurden von 64 % der Befragten als Grund genannt, der gegen die Einführung spricht. Immerhin 28 % gaben an, noch kein passendes Modell gefunden zu haben.

Quelle: http://www.kcr-net.de/ 15.2.2005

Das Thema „leistungsorientierte Vergütung" ist Teil einer allgemeinen Reformdebatte im Rahmen der Verwaltungsmodernisierung und Reform des öffentlichen Dienstes.

Wie in privatwirtschaftlichen Unternehmen sollen Organisationsformen und Personalführung unter Leistungsgesichtspunkten organisiert werden. Neben entsprechenden Leitungsinstrumenten wie Zielvereinbarungen sollen auch die Entgeltsysteme leistungsbezogen ausgerichtet werden.

Bei der Gestaltung von leistungsbezogenen Entgeltsystemen müssen zwei Entgeltsysteme berücksichtigt werden (vgl. Knorr 2001, S. 160):

- Die objektiven Arbeitsanforderungen gehen in die Stellenbewertung ein und stellen die Basis für den Grundlohn dar (Zeitlohn),
- die individuelle Ausgestaltung der Erfüllung von Anforderungen (Quantität und Qualität) bildet die Grundlage für den Leistungslohn.

Knorr (2001, S. 161) gibt eine Übersicht über die Lohnformen und deren Anwendungsvoraussetzungen:

Tabelle 20: Formen der Entgeltgestaltung

Definition		
Zeitlohn • Lohn pro Zeiteinheit ist konstant. • Lohnkosten je Leistungseinheit verändern sich nur proportional zum Zeitverbrauch	**Akkordlohn** • Der Stundenverdienst ist abhängig von der erbrachten Leistung. • Kosten pro Leistungseinheit bleiben gleich.	**Prämienlohn** • Zum Grundlohn wird leistungsabhängig eine Prämie gezahlt. • Lohnkosten sinken bei Mehrleistung pro Leistungseinheit
Anwendungsvoraussetzung		
• Besondere Bedeutung der Qualität der Arbeit für quantitativ schwer messbare Arbeit. • Wenn das Arbeitstempo nicht beeinflussbar ist. • Bei besonders gefährlichen Arbeit en	• Arbeitsleistung muss quantitativ/qualitativ messbar sein. • Arbeitstempo muss beeinflussbar sein.	• Leistung muss beeinflussbar sein. • Mengenprämie • Qualitätsprämie • Ersparnisprämie • etc.
Vorteile		
• Einfache Berechnung • Erhöhung der Qualität • Schonung der Produktionsfaktoren	• Direkter Leistungsanreiz • Einfache Erfassung der Leistung	• Direkter Anreiz • Kein Risiko bei quantitativer Minderleistung
Nachteile		
• Kein direkter Leistungsanreiz • Kostenrisiko geringerer Leistung trägt der Arbeitsgeber	• Überlastung der Produktionsfaktoren • Verminderung der Qualität • Kosten für Zeitstudien	• Wahl der Bezugsgröße, Messung der exakten Mehrleistung
Beispiel		
• Verwaltung	• Fließband	• Prämie bei erhöhter Fallzahl, Prämie bei voller Auslastung

Quelle: Knorr (2001, S.161)

Zeitentgelte sind die herkömmlichen Verfahren. Sie stellen auch die Grundlage der Angestelltenvergütung nach dem BAT dar: Arbeitnehmer/innen werden nach der Arbeitszeit bezahlt, die Entgelthöhe ist nicht abhängig von der erbrachten Leistung. Die Verpflichtung zur Leistungserbringung leitet sich aus dem Arbeitsvertrag ab.

Demgegenüber bemisst sich der *Leistungslohn* nach der Leistungsmenge oder -güte. Beim *Akkordlohn* steht die quantitative Mehrleistung im Vordergrund. Beim *Prämienlohn* kann der variable Vergütungsanteil unterschiedlich hoch angesetzt werden. Die Bemessung des Leistungszuschlags erfolgt in der Regel über Bewertungssysteme, mit denen der Grad der Zielerreichung festgestellt wird.

Um das Ausmaß der Zielerreichung bewerten zu können, müssen die Ziele operationalisiert, d. h. konkret fassbar und messbar sein. Wichtig ist darüber hinaus, dass die Ziele und Arbeitsergebnisse im Kontrollbereich des/r Mitarbeiters/in liegen, also nicht von externen Faktoren beeinflusst werden können. Quantitative Ziele sind am einfachsten zu konkretisieren und werden in der Praxis auch am häufigsten eingesetzt. Qualitative Ziele sind schwieriger zu formulieren und zu fassen, sind aber für eine sinnvolle Zielvereinbarung unverzichtbar (vgl. auch Berthel & Becker 2003).

Da soziale Dienstleistungen immer eine Koproduktion zwischen professionellen Mitarbeiter/innen und Klient/inn/en darstellt, sind die Ergebnisse in der Sozialen Arbeit nur teilweise von den Mitarbeiter/inne/n allein beeinflussbar, so dass sich als Bewertungskriterium neben quantitativen Daten v.a. das Arbeitsverhalten als Bewertungsgrundlage anbietet.

Das bisherige Entgeltsystem des Bundesangestelltentarifes beruht in erster Linie auf Dienstalterstufen und Familienstand. Im Gegensatz zum Leistungsprinzip stand bei der bisherigen Konzeption des BAT analog zur Beamtenversorgung der Sicherungsaspekt im Vordergrund – Lebenslanges Arbeitsverhältnis, ruhegehaltsfähige Zulagen, konstantes und stetig steigendes Einkommen auch bei Leistungsschwankungen (vgl. Knorr 2001, S. 157).

Die berufliche Entwicklung von Mitarbeiter/innen soll sich zukünftig an deren Befähigung und Leistung orientieren. Mitarbeiter/innen sollen durch monetäre Leistungsanreize motiviert werden, die Organisationsziele zu erreichen und die Arbeitsleistung zu steigern.

Durch das Dienstrechtreformgesetz und Besoldungsanpassungsgesetz, die zum 1.7.1997 in Kraft traten, wurde ein erster Schritt zu einer stärkeren Leistungsorientierung in der Beamtenbesoldung gesetzt. Damit werden die Länder zur Einführung von Leistungsprämien und Leistungszulagen ermächtigt. Bislang stehen drei Gestaltungselemente zur Verfügung (vgl. Knorr 2001, S. 157, http://www.beamten-informationen.de):

- Bei überdurchschnittlichen Leistungen kann die Wartezeit für die nächste Dienstalterstufe auf die Hälfte verkürzt werden (Leistungsstufe).
- Entspricht die Leistung nicht den „durchschnittlichen Anforderungen", verbleibt die Person in der bisherigen Stufe. Ein automatisches Aufrücken in die nächste Stufe soll nicht mehr möglich sein
- Maximal 10 % der Beamten können einmalige Leistungsprämien (max. Anfangsgrundgehalt) oder zeitlich befristete Leistungszulagen (max. 7 % des Anfangsgrundgehaltes) erhalten.

Die Dienstrechtsreform soll kostenneutral durchgeführt werden.

Nach der Neugestaltung des Tarifvertrages für den öffentlichen Dienst (TVöD), der zum 1.10.2005 in Kraft tritt, haben sich die Tarifparteien analog zu der genannten Regelung auf die Einführung einer variablen, leistungsorientierten Bezahlung der Angestellten im öffentlichen Dienst geeinigt. Im Jahr 2007 wird damit begonnen, wobei das Volumen der variablen Vergütung zunächst 1 % der Summe der ständigen Monatsentgelte des Vorjahres des jeweiligen Arbeitgebers betragen soll. Diese Summe soll dann allmählich auf 8 % gesteigert werden.

Was die Ausgestaltung der leistungsbezogenen Vergütung anbelangt, haben sich die Tarifparteien auf folgende Rahmenrichtlinien verständigt, die dann jeweils im Einzelfall konkretisiert und zwischen Arbeitgebern und - nehmern vereinbart werden müssen.

Wie wird die leistungsorientierte Bezahlung ausgestaltet?

Die Vorgabe der Leistungsziele, die Auswahl der zu ihrer Erreichung geeigneten Formen der Leistungsbezahlung, und die Höhe der vorgesehenen und schließlich zu gewährenden individuellen leistungsorientierten Bezahlung können in einem Tarifvertrag, der eine bundesweit einheitliche Geltung für alle Arbeitgeber des öffentlichen Dienstes beansprucht, nicht erschöpfend und abschließend geregelt werden. Deshalb haben sich die Tarifvertragsparteien darauf verständigt, im TVöD Rahmenbedingungen zu regeln, deren Ausfüllung durch diejenigen erfolgen muss, die mit der größten Sachnähe und Sachkunde die notwendigen Entscheidungen treffen können. Obwohl eine Reihe von beiderseitigen Prüfvorbehalten noch bestehen, haben sich die Tarifvertragsparteien auf folgende Bestandteile einer bundeseinheitlichen Rahmenregelung verständigt:

Zielbestimmung: Grundsätze der leistungsorientierten Bezahlung
- Durch leistungs- und erfolgsorientierte Bezahlung sollen Qualität, Effektivität und Effizienz des öffentlichen Dienstes gefördert und Motivation, Eigenverantwortung und Führungskompetenz gestärkt werden.
- Leistungs- und erfolgsorientierte Entgelte werden für besondere Leistungen von Beschäftigten bzw. Beschäftigtengruppen, die zur Steigerung der Arbeitsquantität, der Arbeitsqualität und/oder des wirtschaftlichen Erfolges beitragen, gezahlt.
- Für Frauen und Männer sollen bei gleichwertigen Tätigkeiten gleiche Verdienstchancen gewährleistet werden.

Formen der leistungsorientierten Entgelte sind
- die Leistungszulage als eine zeitlich befristete, in der Regel monatlich wiederkehrende Zahlung,
- die Leistungsprämie als eine in der Regel einmalige Zahlung, die auch in zeitlicher Abfolge gewährt werden kann und im Allgemeinen auf der Grundlage einer Zielvereinbarung (freiwillige Abrede zwischen dem Vorgesetzten und einzelnen Beschäftigten oder Beschäftigtengruppen über objektivierbare Leistungsziele und die Bedingungen ihrer Erfüllung) eingesetzt wird,

- die Erfolgsprämie als Zahlung, die in Abhängigkeit von einem bestimmten wirtschaftlichen Erfolg gewährt wird.

Methoden zur Leistungsfeststellung und Leistungsbewertung sind:

- der Vergleich der Zielerfüllung mit der Zielvereinbarung

- die Leistungsbewertung (eine auf einem betrieblich vereinbarten System beruhende Feststellung der erbrachten Leistung nach möglichst messbaren oder anderweitig objektivierbaren Kriterien oder nach aufgabenbezogener Bewertung).

Anforderungen/Modalitäten der betrieblichen Ausgestaltung:

- Die Ausgestaltung erfolgt beim Bund durch Tarifvertrag.

- Bei den anderen Arbeitgeberbereichen des öffentlichen Dienstes erfolgt die Ausgestaltung durch Betriebsvereinbarung oder einvernehmlich zustande gekommene Dienstvereinbarung bzw. wenn kein Betriebs- oder Personalrat besteht, durch eine von den Tarifvertragsparteien auf Landesebene einzusetzende paritätische Kommission.

In den Betriebs- bzw. Dienstvereinbarungen ist insbesondere zu regeln:

- die zulässigen Kriterien für Zielvereinbarungen

- die Kriterien für die systematische und die aufgabenbezogene Leistungsbewertung

- die Auswahl der Formen und Methoden der Leistungsbewertung- und Leistungsbemessung für die verschiedenen Arbeitsbereiche

- die Verfahren der Einführung von leistungs- und erfolgsorientierten Entgelten

- die Überprüfung und Verteilung des zur Verfügung stehenden Volumens der Finanzmittel und die Festlegung der Relation von Leistung und Entgelt

- die Dokumentation und der Umgang mit Auswertungen über Leistungsbewertungen

Quelle: www.gew.de/Rahmenbedingungen.html v.15.2.2005 (Stand: 21. Januar 2005)

Die Entwicklung eines konsistenten Entgeltsystems für alle Mitarbeitergruppen eines Unternehmens ist eine herausfordernde Aufgabe. Die Herausforderung für Personalverantwortliche besteht darin, ein nachvollziehbares System zu gestalten, das einen deutlichen Bezug zu den Anforderungen der Stelle, der Qualifikation und Leistung des Mitarbeiters, den Zielvereinbarungen und seinem Gehalt herstellt.

Grundsätzlich ist aus psychologischer Sicht davor zu warnen, Personalbeurteilungen mit dem Zweck der Entgeltfindung oder personellen Entscheidung mit Förder- und Entwicklungsaspekten vermengen zu wollen. Normalerweise erfolgt im Anschluss an ein Beurteilungsverfahren ein Beurteilungsgespräch, bei dem die Sichtweise des/der Mitarbeiters/in mit der Sicht des Vorgesetzten abgeglichen wird. Sind solche Gespräche mit möglichen Sanktionen belastet, wie dem Wegfall einer Leistungszulage, ist nicht davon auszugehen, dass Mitarbeiter/innen offen sind und freiwillig Schwächen eingestehen. Vielmehr werden die Beurteilten Gründe für Leistungsschwächen bei Vorgesetzten, Kollegen oder anderen, von Ihnen nicht zu beeinflussenden Quellen suchen (vgl. Stehle 1999).

10.5 Instrumente der Personalbeurteilung

Jede Form der Messung erfordert ein Messinstrument. Im Rahmen der Leistungs- und Potenzialbeurteilung unterscheiden sich die Instrumente v.a. im Hinblick auf ihre Standardisierung. So gibt es die Möglichkeit der freien Eindrucksschilderung. Sie stellt nach Marcus & Schuler (2001, S. 410) die bevorzugte Beurteilungsform für außertariflich bezahlte Mitarbeiter (i.d.R. höhere Leitungskräfte) dar und wird auch in kleinen Organisationen häufig verwandt. Der Vorteil besteht darin, dass Beurteilungskriterien sehr flexibel gehandhabt werden können und kein Zwang besteht, sich vorgegeben Schemata unterordnen zu müssen.

Vergleichende Beurteilungen müssen psychometrischen Mindestanforderungen genügen und zumindest in gewissem Maße standardisiert sein. Die gebräuchlichsten Messinstrumente basieren auf Einstufungsverfahren. Dabei werden für alle Mitarbeiter gleiche Beurteilungskriterien angelegt, der/die Beurteiler/in hat dann die Ausprägung des Merkmals einzuschätzen.

Folgende Merkmale (s. Tab. 21) werden nach Mentzel/Grotzfeld/Haub (2004) häufig in Beurteilungsbögen als Bewertungsbasis zugrunde gelegt (vgl. auch Stehle 1999, S. 210, Scholz 2000, S. 368 f., und die Auflistung von Schlüsselqualifikationen im Anhang des Buches).

Tabelle 21: Beurteilungsdimensionen

Arbeitsmenge, Arbeitsqualität	Motivation
Ausdrucksfähigkeit	Organisation
Belastbarkeit	Pünktlichkeit
Durchsetzungsfähigkeit	Qualitätsbewusstsein
Engagement	Sauberkeit
Entscheidungsfreude	Sorgfalt
Fachwissen und -kompetenz	Teamfähigkeit
Flexibilität	Termineinhaltung
Initiative	Verantwortungsfreude und -fähigkeit
Kollegialität	Weiterbildungsverhalten
Kommunikationsfähigkeit	Zielstrebigkeit
Kooperationsfähigkeit	Zusammenarbeit
Kostenbewusstsein	Zuverlässigkeit
Kundenorientierung	
Lernbereitschaft und -fähigkeit	

Bei Führungskräften werden zusätzlich folgende Kriterien herangezogen:

Delegationsbereitschaft	Kontrolle
Entscheidungsfreude	Mitarbeiterförderung
Führungsverhalten	Planung und Organisation
Information und Anleitung	Überzeugungsfähigkeit

Quelle: Mentzel/Grotzfeld/ Haub 2004, S. 134/135

Zur Sicherung der Vergleichbarkeit von Mitarbeiter/inne/n werden die Merkmale der Leistungserbringung auf Einstufungsskalen für alle Mitarbeiter/innen eingeschätzt, wobei die durchschnittlich erwartbare Leistung als Mittelwert definiert wird. Der/die Beurteiler/in hat dann einzuschätzen, inwieweit der/die zu Beurteilende die Anforderungen erfüllt, übertroffen oder nicht erfüllt hat.

Tabelle 22: Beispiel für eine Einstufungsskala mit verbaler Verankerung

Fachkenntnisse	
++ + O − − −	
++	hervorragende Fachkenntnisse, kann selbst schwierige Fragestellungen eigenständig bearbeiten
+	überdurchschnittliche Fachkenntnisse, kann schwierige Fragestellungen eigenständig bearbeiten
O	Fachkenntnisse entsprechen den Anforderungen des Arbeitsplatzes
−	Fachkenntnisse entsprechen nicht immer den Anforderungen des Arbeitsplatzes, benötigt gelegentlich Hilfestellung
− −	Fachkenntnisse entsprechen nicht den Anforderungen des Arbeitsplatzes, benötigt ständige Hilfestellung

Quelle: Stehle 1999, S. 210

Das folgende Instrument von Buschalla (1995) kann eingesetzt werden:
- für die Leistungsbeurteilung
- für die Potenzialbeurteilung
- zur Zielüberprüfung und für Zielvereinbarungsgespräche
- zur Planung von Förder- und Weiterbildungsmaßnahmen
- zur Planung von Entwicklungswegen

Es enthält vier Teilabschnitte:

Auf die Vergangenheit bezogen
A) Die Beurteilung des Zielerreichungsgrades der fünf wichtigsten Ziele
B) Die Beurteilung des Arbeitsverhaltens

Auf die Zukunft bezogen
C) Die Ziele für den nächsten Beurteilungszeitraum
D) Unterstützende Weiterbildungsmaßnahmen

Zuordnung der Zahlen zu den Skalen:

1 = deutlich unterdurchschnittlich, nicht zufrieden stellende Leistung
3 = durchschnittlich, zufrieden stellende Leistung,
5 = überdurchschnittlich, sehr gute Leistung.

Abbildung 28: Leistungs- und Potenzialbeurteilung

Jahresbeurteilung ☐   Probezeitbeurteilung ☐

Name:_____ Vorname:_____ geb.:_____

Funktion: _____ Abteilung: _____ Eintritt:_____

1. Ziele für den abgelaufenen Zeitraum

Ziele und Indikatoren	Maximale Punkte	Erreichte Punkte
Summe A		

2. Leistungs- und Potentialbeurteilung
2.1 Arbeitsweise/Arbeitsstil

Der/die Mitarbeiter/in ...	Durchschnitt 1 3 5
... entwickelt neue Konzepte und Lösungsansätze.	O – O – O – O – O
... bewältigt das Arbeitsvolumen korrekt und professionell.	O – O – O – O – O
... setzt Prioritäten problemgerecht.	O – O – O – O – O
... kontrolliert die eigenen Arbeitsergebnisse auf Form und Zielerreichung.	O – O – O – O – O
... kann den Zeitaufwand für übertragene Aufgaben richtig einteilen.	O – O – O – O – O
... arbeitet zuverlässig, auch bei hohem Arbeitsdruck.	O – O – O – O – O
... erledigt die übertragenen Aufgaben termingerecht.	O – O – O – O – O
... versteht einen neuen Sachverhalt sofort und beschreibt den nächst logischen Schritt.	O – O – O – O – O
... hat das für seinen Aufgabenbereich notwendige Fachwissen und aktualisiert es.	O – O – O – O – O
... sichert sich die notwendigen Informationen.	O – O – O – O – O

Maximale Punkte_____   Erreichte Punkte_____
Übertrag Maximale Punkte_____   Erreichte Punkte_____

2.2 Zusammenarbeit intern/extern

Der/die Mitarbeiter/in ...	Durchschnitt 1 3 5
... kommuniziert effizient in der Gruppe und mit Außenstehenden.	O – O – O – O – O

	Durchschnitt
... bringt fachbezogene Vorschläge ein.	O – O – O – O – O
... wird sofort von anderen verstanden (mündlich und schriftlich).	O – O – O – O – O
... argumentiert sach- und interessenorientiert.	O – O – O – O – O
... tritt sicher und gewandt auf.	O – O – O – O – O
... verhält sich gegenüber den Vorgesetzten korrekt.	O – O – O – O – O
... verhält sich gegenüber den Kollegen korrekt.	O – O – O – O – O
... informiert Mitarbeiter und Vorgesetzte sach- und zeitgerecht.	O – O – O – O – O
... akzeptiert gerechtfertigte Kritik und verändert sein Verhalten.	O – O – O – O – O
... unterstützt den Vorgesetzten bei der Erreichung der Ziele.	O – O – O – O – O
... unterstützt Kollegen bei der Erreichung der Ziele.	O – O – O – O – O
... wird von den Kollegen respektiert und anerkannt.	O – O – O – O – O

Maximale Punkte_____   Erreichte Punkte_____
Übertrag Maximale Punkte_____   Erreichte Punkte_____

2.3 Problemlösung und Initiative

Der/die Mitarbeiter/in ...	Durchschnitt 1 3 5
... ist flexibel bei Neuerungen.	O – O – O – O – O
... ist erfolgreich bei wichtigen Entscheidungen.	O – O – O – O – O
... erkennt die Struktur einer Aufgabe/eines Problems, ohne nachfragen zu müssen.	O – O – O – O – O
... kann zu vorgegebenen Problemen selbst Lösungsmöglichkeiten aufzeigen.	O – O – O – O – O
... löst Probleme selbständig. Die Problemlösung entspricht der Zielvereinbarung.	O – O – O – O – O
... weiß von sich aus, wann Änderungen notwendig sind.	O – O – O – O – O
... greift Aufgaben aus eigenem Antrieb auf.	O – O – O – O – O
... übernimmt die mit der Aufgabenstellung verbundene Verantwortung.	O – O – O – O – O
... arbeitet zielorientiert und konzentriert sich auf das Wesentliche.	O – O – O – O – O
... arbeitet auch länger, um eine Aufgabe zu erledigen.	O – O – O – O – O
... übernimmt auch Aufgaben außerhalb seiner Zielvorgabe.	O – O – O – O – O

Maximale Punkte_____   Erreichte Punkte_____
Übertrag Maximale Punkte_____   Erreichte Punkte_____

2.4 Management-Verhalten

Der/die Mitarbeiter/in ...	Durchschnitt 1 3 5
... plant und koordiniert sach- und zielgerecht.	O – O – O – O – O
... entscheidet problemgerecht und zuverlässig.	O – O – O – O – O
... delegiert Aufgaben und Verantwortung.	O – O – O – O – O
... kontrolliert vorgegebene Ziele, überwacht deren Durchführung und unterstützt im Ablauf.	O – O – O – O – O
... fördert und motiviert seine Mitarbeiter.	O – O – O – O – O
... führt Mitarbeitergespräche.	O – O – O – O – O
... erkennt Mitarbeiterpotentiale und fördert sie.	O – O – O – O – O
... arbeitet mit anderen Abteilungen zusammen.	O – O – O – O – O
... sorgt dafür, dass der Sinn und Zweck der Aufgabe verstanden wird.	O – O – O – O – O
... realisiert Entscheidungen des Unternehmens in seinem Verantwortungsbereich.	O – O – O – O – O
... entwickelt Strategien zur Problemlösung und setzt diese um.	O – O – O – O – O
... vertritt die Unternehmensziele inner-/außerhalb seines Verantwortungsbereiches.	O – O – O – O – O
... kontrolliert das Budget seines Verantwortungsbereiches.	O – O – O – O – O
... informiert seine Mitarbeiter über allgemeine Angelegenheiten ausreichend.	O – O – O – O – O

Maximale Punkte _____   erreichte Punkte

Summe B   Maximale Punkte _____   erreichte Punkte _____

Ergebnis der Beurteilung

maximale Punkte A) _____   erreichte Punkte A) _____
+ maximale Punkte B) _____   erreichte Punkte B) _____
Summe maximale Punkte _____   Summe erreichte Punkte _____

$$\text{Erreichungsgrad} = \frac{\text{Summe erreichte Punkte}}{\text{Summe maximale Punkte}} \times 100 \times 2 =$$

Aus der vorangegangenen Beurteilung erscheint der Mitarbeiter entwicklungsfähig, innerhalb des jetzigen Arbeitsbereiches als _____
auch außerhalb des jetzigen Arbeitsbereiches als _____

3. Ziele für den nächsten Beurteilungszeitraum

_____

_____

_____

_____

4. Unterstützende Weiterbildungsmaßnahmen

Bitte nennen Sie die für den Mitarbeiter notwendigen Trainingsmaßnahmen, resultierend aus der Beurteilung im Hinblick auf die zukünftigen Ziele.

- Basis-Training
- Fachtraining
- Führungsnachwuchs-Training
- Management-Training

Kommentar des Mitarbeiters:

_____

_____

Kommentar des Beurteilers:

_____

_____

Unterschrift Mitarbeiter_____ Datum _____

Unterschrift Beurteiler_____ Datum _____

Unterschrift Personalabteilung _____ Datum _____

Beurteilungsstufen/Erreichungsgrad

> 170 %

Der Stelleninhaber erbringt Leistungen, die ständig und beträchtlich über dem liegen, was nach den wichtigsten Zuständigkeiten seines Aufgabenbereiches von ihm erwartet wird. Er zeigt außerordentliche und hervorragende Leistungen, die nichts zu wünschen übrig lassen. Er arbeitet ständig auf diesem hohen Leistungsniveau mit sehr wenig oder gar keiner Kontrolle. (Nur sehr wenige Mitarbeiter werden dieser Beurteilung entsprechen).
(Gesamtergebnis: sehr gut)

140–169 %

Der Stelleninhaber erbringt Leistungen, die in der Regel deutlich über dem liegen, was nach den wichtigsten Zuständigkeiten seines Aufgabenbereiches von ihm erwartet wird. Er zeigt ein hohes Maß an Initiative, verfügt über ein sehr fundiertes Wissen in seinem Arbeitsbereich, entwickelt häufig gute, neue Ideen und besitzt ein ausgeprägtes Urteilsvermögen. Er arbeitet sehr effektiv und erbringt sowohl quantitativ wie qualitativ eine hohe Leistung. Er benötigt weniger als die übliche Unterstützung und Kontrolle.
(Gesamtergebnis: gut)

70–139 %

Der Stelleninhaber liegt mit seinen Leistungen häufiger über dem, was nach den wichtigsten Zuständigkeiten seines Aufgabenbereiches von ihm erwartet wird. Er besitzt gute Fachkenntnisse auch in angrenzenden Aufgabenbereichen. Er entwickelt eigene Ideen und fördert mit seinen Beiträgen auch die Gruppenarbeit. Er arbeitet sehr selbständig und benötigt nur die übliche Kontrolle.
(Gesamtergebnis: zufrieden stellend)

40–69 %

Der Stelleninhaber erbringt die Leistungen, die in der Regel dem entsprechen, was nach den wichtigsten Zuständigkeiten seines Aufgabenbereiches von ihm erwartet wird. Er besitzt recht gute Fachkenntnisse, ein zuverlässiges Urteilsvermögen und bearbeitet seine Aufgabenbereiche gründlich. Er benötigt nicht mehr als die übliche Hilfestellung und Kontrolle.
(Gesamtergebnis: fast zufrieden stellend)

0–39 %
Der Stelleninhaber erbringt im Großen und Ganzen die Leistungen, die nach den wichtigsten Zuständigkeiten seines Aufgabenbereiches von ihm erwartet werden. Er benötigt derzeit noch Unterstützung und Kontrolle. Durch Verbesserung auf bestimmten Gebieten kann der Mitarbeiter in einer angemessenen Zeit höhere Leistungen an seinem Arbeitsplatz erbringen.
(Gesamtergebnis: nicht zufrieden stellend)
Quelle: Buschalla 1995, modifiziert von der Autorin

10.6 Einführung einer Mitarbeiterbeurteilung

Die Einführung eines systematischen Beurteilungswesens muss ebenso sorgfältig geplant und durchgeführt werden wie die Einführung von Mitarbeitergesprächen. Da die einzelnen Schritte der Einführungsstrategie vergleichbar sind, soll an dieser Stelle auf Kapitel 9.3 verwiesen werden.

Eine stichwortartige, chronologische Übersicht über die wesentlichen Maßnahmen liefert die folgende Tabelle (Mentzel/Grotzfeld/Haub 2004, S. 167/168):

Tabelle 23: Checkliste zur Einführung der Mitarbeiterbeurteilung

Stadium	Maßnahmen	Begleitende Aktionen
Konzeption	• Berücksichtigen Sie die Unternehmensziele! • Ermitteln Sie das Betriebsklima und den praktizierten Führungsstil im Unternehmen! • Stimmen Sie die Beurteilungsziele mit den Unternehmenszielen ab! • Bilden Sie sich einen Überblick über die im Unternehmen bereits existierenden personalwirtschaftlichen Instrumente!	• Beziehen Sie Vorgesetzte, Mitarbeiter und Betriebsrat von Anfang an mit ein zur Sicherung der Akzeptanz!
Entwicklung	• Definieren Sie die Zielgruppe der Beurteiler und Beurteilten! • Legen Sie das Beurteilungsverfahren fest! • Bestimmen Sie die Bezugsbasis der Beurteilung! • Gestalten Sie die erforderlichen Formulare! • Legen Sie die „Spielregeln" des Beurteilungsverfahrens fest! (Vorgehensweise, Terminierung, Beurteilungsgespräche) • Erstellen Sie ein Konzept zur Auswertung der Ergebnisse! • Schließen Sie eine Betriebsvereinbarung ab!	• Bilden Sie eine Projektgruppe, die sich aus Vorgesetzten, Mitarbeitern und Vertretern des Betriebsrates zusammensetzt. • Binden Sie diese aktiv in die Ausgestaltung des Beurteilungsverfahrens mit ein. • Starten Sie mit den Schulungen für die Beurteiler! • Informieren Sie die Mitarbeiter über den aktuellen Stand!

Durchführung	• Benennen Sie konkrete Ansprechpartner zur Beantwortung von Fragen!	• Sichern Sie im Rahmen eines Workshops den Erfahrungsaustausch der Beurteiler!
Auswertung	• Überprüfen Sie die Beurteilungen inhaltlich! • Stellen Sie fest, ob die Zielsetzungen des Verfahrens erreicht wurden! • Eruieren Sie ggf. Beurteilungsfehler! • Stellen Sie fest, ob Korrekturmaßnahmen erforderlich sind! • Werten Sie die Beurteilungen aus!	• Informieren Sie Vorgesetzte, Mitarbeiter und Betriebsrat über das Ergebnis!
Maßnahmen	• Leiten Sie Maßnahmen ein, die in unmittelbaren Zusammenhang zu den Beurteilungen stehen, z.B a) „job rotation" b) Versetzung c) Beförderung d) Schulungsmaßnahmen e) Verbesserung des Arbeitsplatzes f) Verbesserung von Arbeitsabläufen • Überprüfen Sie die Einhaltung der Maßnahmen!	• Informieren Sie Vorgesetzte, Mitarbeiter und Betriebsrat über die Einleitung der Maßnahmen!

Quelle: Mentzel, W; Grotzfeld, S.; Haub, Ch.(2004) S. 167/168

10.7 Das Arbeitszeugnis

Verschiedene gesetzliche Bestimmungen (§ 630 BGB, § 73 Handelsgesetzbuch und § 109 Gewerbeordnung) sehen vor, dass bei oder nach Beendigung eines Arbeitsverhältnisses ein Zeugnis ausgestellt werden muss. Der Anspruch auf ein Arbeitszeugnis verjährt erst nach 30 Jahren, wenn Tarif- oder Arbeitsverträge nichts anderes vorsehen.

Zeugnisse haben die Funktion, eine Arbeitstätigkeit zu dokumentieren. Unterschieden wird zwischen einem einfachen Zeugnis, das auch als Arbeitsbescheinigung bezeichnet wird und einem qualifizierten Zeugnis.

Das *einfache Zeugnis* enthält folgende Angaben:

• Name und Anschrift der Organisation
• Name des/der Arbeitnehmers/in
• Geburtsdatum und -ort
• Dauer der Beschäftigung
• Als … (Funktion)
• Ausstellungsort und -datum
• Unterschrift

Das *qualifizierte Zeugnis* gibt zusätzlich Auskunft über die Aufgaben, die Leistungen und das Sozialverhalten des/der Mitarbeiters/in.

Ein qualifiziertes Zeugnis beinhaltet einen Soll- Ist -Vergleich und benennt im Einzelnen, wie der/die Arbeitnehmer/in die Anforderungen der Stelle bewältigt hat. Ein aussagefähiges Zeugnis sollte dabei Angaben zu folgenden Punkten enthalten (vgl. Möllhoff 2001, S. 2001):

- Einleitung: Name des/der Arbeitnehmers/in, Geburtsdatum und -ort, Dauer der Beschäftigung, als ... (Funktion)
- Beschreibung des Aufgabengebietes
- Benennung der fachlichen und persönlichen Voraussetzungen sowie deren Kommentierung
- Bewertung der Leistung und des Arbeitsstils
- Benennung von Sonderaufgaben/ Projekten
- Beschreibung des Entwicklungspotenzials
- Beurteilung des Sozialverhaltens
- Benennung der Austrittsgründe
- Schluss

Die Orientierung am Anforderungsprofil der Stelle ermöglicht eine sachorientierte Bewertung des/der Mitarbeiters/in und stellt sicher, dass zu allen wesentlichen Tätigkeitsaspekten Stellung genommen wird. Im Folgenden finden Sie eine Zusammenstellung der relevanten Zeugniselemente mit Beispielformulierungen (modifiziert nach Möllhoff 2001, S. 357 f.).

10.7.1 Raster für die Erstellung eines Zeugnisses

Tabelle 24: Zeugniselemente mit Beispielformulierungen

Element	Beispielformulierung
Vorname, Nachname, Geburtsname Geburtsdatum und -ort Eintrittsdatum/Funktion	Frau Maria Müller, geb. ... geb. am 30.5.1965 in Bonn, trat am 1.Januar 1998 als ... in unsere Abteilung ... ein.
(Ggf. Beschreibung der Organisation)	(Die Organisation umfasst ...)
Aufgabengebiet: Schwerpunkte	Das Aufgabengebiet von Frau Müller umfasste im Wesentlichen folgende Schwerpunkte:
Fachliche Voraussetzungen: Welche Ausbildung und Zusatzqualifikation ist notwendig, welche praktischen Erfahrungen und Kompetenzen?	Die wesentlichen fachlichen Voraussetzungen für die erfolgreiche Bewältigung der beschriebenen Aufgaben sind neben dem Studium der Sozialarbeit ... eine Zusatzqualifikation im Bereich ... und Erfahrungen in ...
Persönliche Voraussetzungen: Welche persönlichen und sozialen Kompetenzen sind notwendig?	Zu den wichtigsten persönlichen Voraussetzungen zählen ... Teamfähigkeit, Überzeugungskraft und kommunikative Kompetenz.

Kommentierung, inwieweit der/die Mitarbeiter/in die Voraussetzungen erfüllt hat.	Frau M. erfüllte die genannten Voraussetzungen von Anfang an in vollem Umfang, insbesondere …
Arbeitsstil: Arbeitsweise, -planung und -organisation, Termintreue	Sie hat ihr Aufgabengebiet übersichtlich und professionell organisiert, Vereinbarungen und Termine wurden stets eingehalten.
Sonderaufgaben/Projekte: Hat der/die Mitarbeiter/in Sonderaufgaben übertragen bekommen, an Projekten mitgewirkt?	Im Rahmen einer Projektgruppe … war Frau M. maßgeblich an der Entwicklung und Implementierung von … beteiligt.
Entwicklungspotenzial: Welche beruflichen Ziele können erreicht werden? Welche Positionen sind denkbar? Leitungskompetenz?	Wegen ihrer ausgezeichneten Leistungen, ihrer Befähigung zu … empfiehlt sich Frau M. für die Übernahme weiterer Aufgaben, etwa als Abteilungsleiterin.
Leistungsbewertung: Was sind die Stärken und Schwächen? Quantität und Qualität Ergebnisse/Kennzahlen	Frau M. hat in ihrer Tätigkeit überdurchschnittliche Leistungen erbracht. Erwähnen möchten wir v.a. … Als besondere Stärken sind ihre Überzeugungskraft und Ausdauer im Rahmen schwieriger Verhandlungen zu werten.
Sozialverhalten/Zusammenarbeit	Frau M. wurde von ihren Vorgesetzten und Kollegen fachlich und persönlich gleichermaßen geschätzt.
Austritt: Wer hat das Arbeitsverhältnis beendet? Bewertung?	Das Arbeitsverhältnis mit Frau M. endet auf eigenen Wunsch am … Wir bedauern die Entscheidung …
Schluss: Dank und Wünsche (Kann entfallen, wenn der Arbeitgeber froh ist über das Ausscheiden des/r Mitarbeiters/in.)	… und danken ihr für die geleistete Arbeit. Für ihre berufliche und private Zukunft wünschen wir ihr weiterhin alles Gute und viel Erfolg.

Quelle: Möllhoff 2001, S. 357 f.; modifiziert von der Autorin

10.7.2 Problemfelder bei der Zeugnisformulierung

Es liegt im Interesse des Arbeitnehmers/der Arbeitnehmerin, ein möglichst gutes Zeugnis zu bekommen, um damit die Chancen auf dem Arbeitsmarkt optimieren zu können. Arbeitgeber müssen einerseits diesem Interesse nachkommen, sind aber andererseits auch verpflichtet, wahrheitsgemäße Beurteilungen abzugeben. Die Zeugnisformulierung wird somit zu einem Balanceakt zwischen Wahrheit und Verpflichtung zu Wohlwollen.

Bei der Formulierung eines Zeugnisses gilt es, mehrere, unter Umständen widersprüchliche Grundsätze in eine Balance zu bringen.

a. Der Grundsatz der Zeugniswahrheit besagt, dass ein Zeugnis „sowohl berechtigte günstige, als auch berechtigte ungünstige Aussagen" (Bröckermann 2003, S. 96) enthalten sollte. Die Formulierung ungünstiger

Aussagen muss aber vor dem Arbeitsgericht Bestand haben, denn betroffene Arbeitnehmer können auf dem Klageweg die Berichtigung eines fehlerhaften Zeugnisses sowie Schadensersatz verlangen.

b. Der *Grundsatz der Wahrung der Interessen Dritter* besagt, dass nachfolgende Arbeitgeber durch das Arbeitszeugnis wahrheitsgemäß informiert werden müssen und ebenfalls auf Schadensersatz gegen den Zeugnisaussteller klagen können, falls relevante Informationen nicht oder falsch dargestellt wurden. Die Grundsätze a und b kollidieren aber möglicherweise mit dem

c. *Grundsatz des Wohlwollens:* Nach einem Grundsatzurteil des Bundesarbeitsgerichtes sollten Zeugnisaussagen immer „vom verständigen Wohlwollen für den Arbeitnehmer getragen sein und ihm sein weiteres Fortkommen nicht unnötig erschweren" (zit. nach Bröckermann 2003, S. 96).

d. Der *Grundsatz der Zeugniseinheit* besagt, dass ein qualifiziertes Zeugnis stets Aussagen zu Leistung und Sozialverhalten enthalten muss. D. h. es müssen auch Aussagen zu Leistung und Sozialverhalten gemacht werden, wenn es nichts Positives zu berichten gibt.

10.7.3 Die Formulierung eines Zeugnisses

Die genannten Anforderungen, wonach ein Zeugnis realistisch, informativ, umfassend, positiv und wohlwollend sein sollte, bereitet in der Regel keine Probleme, wenn die Leistungen und das Arbeitsverhalten tatsächlich gut waren. Fast unlösbare Schwierigkeiten tauchen auf, wenn die Leistungen oder das Sozialverhalten unbefriedigend oder problematisch waren.

Um in diesem Fall den widersprüchlichen Anforderungen gerecht werden zu können, hat sich eine *spezifische Zeugnissprache* (*Zeugniscode)* entwickelt (Bröckermann 2003, S. 98, Weuster 1994):

- Sie enthält einen spezifischen Code, der es ermöglicht, die Güte der Leistungen zu bewerten (Formulierungsskala der Arbeitsgemeinschaft selbständiger Unternehmer, standardisierte Zufriedenheitsskala des Landesarbeitsgerichtes Hamm) und

- Spezialformulierungen, die es ermöglichen, negative Merkmale des Arbeitnehmers in wohlwollende Formulierungen zu verkleiden.

- Schließlich gibt es auch die Methode des Hervorhebens oder viel sagenden Verschweigens

Methode des Hervorhebens

Wird z. B. eine selbstverständliche Qualifikation besonders hervorgehoben (z. B. bei einem Ingenieur technisches Verständnis, bei einem Sozialarbeiter Kontaktfähigkeit), ohne dass diese Eigenschaft von anderen positiven Attributen begleitet wird, ist dies ein Hinweis, dass der/die Beurteilte sonst keine besonderen Leistungen hervorgebracht hat. Wird nur das Sozialverhalten gelobt, ohne Leistungen zu benennen, liegt der Fall ähnlich.

Viel sagendes Verschweigen

Der Zeugniscode setzt nach dem Grundsatz „Man kann nicht nicht kommunizieren" auch Weglassungen sehr gezielt ein. Fehlt z. B. am Schluss die Floskel, dass der/die Mitarbeiter/in die Organisation auf eigenen Wunsch verlässt, so wurde er/sie gekündigt.

Irrelevante Urteile

Es muss im Einzelfall immer bedacht werden, welche Merkmale für welche Position relevant sind. So ist es durchaus angemessen, wenn einer Reinigungskraft „Pünktlichkeit und Ordentlichkeit" bescheinigt wird. Wird allerdings eine Leitungskraft allein mit diesen Attributen beschrieben, so entspricht es einem vernichtenden Urteil, weil diese Merkmale im Vergleich zu anderen Managementqualitäten eine völlig untergeordnete Rolle spielen.

Fehlende Urteile

Wenn zu einer relevanten Aufgabe oder Anforderung keine kommentierenden Angaben gemacht werden, ist davon auszugehen, dass der/die Mitarbeiter/in die Anforderungen nicht erfüllt hat. Wird z. B. einem Buchhalter oder einer Kassiererin keine Ehrlichkeit attestiert, ist dies eine sehr zweifelhafte Empfehlung.

Reihenfolge der Aufzählung

Auch die Reihenfolge von Nennungen hat Mitteilungswert: Wird einem Arbeitnehmer z. B. attestiert, er habe gut mit Kollegen und Vorgesetzten zusammengearbeitet, so bedeutet die Vertauschung der Reihenfolge, nach der in der Hierarchie höher angesiedelte Personen zuerst genannt werden, dass er nur mit Kollegen, aber nicht mit den Vorgesetzten gut kooperiert hat.

Tabelle 25: Zeugnistexte und ihre Bedeutung

Zeugnistext zur Gesamtbeurteilung	Bedeutung
Stets zu unserer vollsten Zufriedenheit	Sehr gute Leistungen
Stets zu unserer vollen Zufriedenheit	Gute Leistungen
Zu unserer vollen Zufriedenheit	Befriedigende Leistungen
Im Großen und Ganzen zu unserer Zufriedenheit	Mangelhafte Leistungen
Hat sich bemüht	Ungenügende Leistungen
Zeugnistext zur Leistung	Bedeutung
War für die Position die ideale Besetzung	Sehr gute Eignung
Beherrschte das Arbeitsgebiet laut Anforderung	Ausreichendes Fachwissen

Hatte ausgezeichnete Ideen und setzte sie um	Sehr gute Leistungsbereitschaft und Initiative
Umsicht, Wissen und Engagement	Befriedigende Leistungsbereitschaft
Hatte Verständnis für seine Arbeit	Ungenügende Leistungsbereitschaft
Hielt jedem Termindruck stand	Gute Ausdauer und Belastbarkeit
Bevorzugte eine gleich bleibende Tätigkeit	Schlechte Ausdauer und Belastbarkeit
Hat jederzeit unser volles Vertrauen genossen	Sehr vertrauenswürdig
War vertrauenswürdig und übernahm Verantwortung	Vertrauen und Verantwortung befriedigend
Nutzte jede Chance, Fachwissen fortzuentwickeln	Sehr gute Entwicklung
Fachwissen entsprach der Aufgabe	Ausreichende Entwicklung
Hatte Gelegenheit, sich Wissen anzueignen	Hat die Gelegenheit nicht genutzt
Zeugnistext zum Erfolg	*Bedeutung*
Erzielte selbstständig optimale Lösungen	Sehr gute Arbeitsweise mit sehr gutem Erfolg
Bemüht, den Anforderungen gerecht zu werden	Die Bemühungen führten nicht zum Erfolg
War bei unseren Kunden schnell beliebt	Machte schnell Zugeständnisse
War bei allen Problemen kompromissbereit	War besonders nachgiebig
Zeugnistext zum Sozialverhalten	*Bedeutung*
Führung der Mitarbeiter war stets vorbildlich	Hervorragende Führungskraft
Vorbild für Vorgesetzte, Kollegen und Mitarbeiter	Sehr gutes Sozialverhalten
Tadellos bei Vorgesetzten, Kollegen und Mitarbeitern	Gutes Sozialverhalten
Vorgesetzte und Kollegen schätzen die Kooperation	Probleme mit Mitarbeitern
Das Verhalten im Kollegenkreis war tadellos	Streit mit Vorgesetzten
Ein kritischer Mitarbeiter	Ein Nörgler
Für die Belegschaft großes Einfühlungsvermögen	Liebschaften
Gesellige Art zur Verbesserung des Betriebsklimas	Übermäßiger Alkoholgenuss
Aufgaben mit vollem Erfolg delegiert	War faul und ließ andere darunter leiden
Durch seine Bildung ein gesuchter Gesprächspartner	War geschwätzig, führte lange Privatgespräche
Wusste sich gut zu verkaufen	Tat selbst nicht zu viel, schmeichelte sich ein

Zeugnistext zum Grund des Ausscheidens	Bedeutung
Auf eigenen Wunsch	Kündigung durch den/die Arbeitnehmer/in
Im beiderseitigen Einvernehmen	Aufhebungsvertrag wegen Unstimmigkeiten
Aus organisatorischen Gründen	Regelmäßig ein vorgeschobener Grund
Endet umgehend mit dem heutigen Tage	Außerordentliche, fristlose Entlassung
Schlusssatz des Zeugnisses	Bedeutung
Wünschen für die Zukunft weiterhin viel Erfolg	War für das Unternehmen sehr wertvoll
Wünschen für die Zukunft alles Gute	Neutrale Formulierung
Wünschen für die Zukunft vor allem Gesundheit	War dauernd krank
Wir wünschen für die Zukunft viel Glück	Es gab Probleme in der Zusammenarbeit

Quelle: Bröckermann 2003, S. 97

Auch wenn die Formulierungen z. T. seltsam klingen und sprachlich nicht ganz korrekt sind (eine Steigerung von „voll" ist ebenso wenig möglich, wie eine Steigerung von „rund"), ist es doch wichtig, diese Ausdrucksformen zu kennen,

a. um Zeugnisse korrekt entschlüsseln zu können

b. beim Formulieren von Zeugnissen die richtigen Beurteilungen verwenden zu können und nicht – unfreiwillig – Ausdrucksformen zu gebrauchen, die dem/r Mitarbeiter/in schaden könnten.

Große Organisationen mit entsprechenden Personalabteilungen kennen und setzen die Zeugnissprache bewusst ein. Allerdings muss bei kleineren und mittleren Organisationen davon ausgegangen werden, dass die Spezialformulierungen nicht überall bekannt sind und möglicherweise Arbeitnehmer/inne/n unbeabsichtigt fragwürdige Beurteilungen zuteil werden. Wenn Sie bei der Entschlüsselung von Zeugnissen nicht sicher sind, empfiehlt es sich, beim letzten Arbeitgeber anzurufen und gezielt nachzufragen.

Anhang

Tabelle 26: Verzeichnis Schlüsselqualifikationen

Intellektuelle Fähigkeiten

Merkmal und Definition	Indikatoren	
	Positiv Die Person …	*Negativ* Die Person …
Auffassungsgabe Fähigkeit, Sachverhalte schnell zu begreifen und sich anzueignen.	• versteht auch komplexe Sachverhalte schnell • ist in der Lage, Wesentliches von Unwesentlichem zu trennen • erkennt schnell den Gesamtzusammenhang einer Aufgabenstellung.	• benötigt viel Zeit, um sich neue Informationen anzueignen • fragt bei Erläuterungen häufig nach • führt Aufgaben nur schrittweise durch und holt sich zwischendurch Unterstützung/Hilfe.
Konzentrationsfähigkeit Fähigkeit, Aufmerksamkeit auf eng umgrenzte Sachverhalte auszurichten, ohne sich durch Störungen von der Bearbeitung der Aufgabe abhalten zu lassen.	• kann längeren Ausführungen folgen • arbeitet auch unter Zeitdruck relativ fehlerfrei • kann auch unter ungünstigen Bedingungen (Lärm) effektiv arbeiten.	• lässt sich ablenken • vergisst Teilschritte einer Aufgabe.
Kreatives Denken Fähigkeit, bestehende Zusammenhänge neu zu kombinieren oder unkonventionelle bzw. neuartige Ideen zu entwickeln.	• stellt übliche Verfahrensweisen in Frage • sieht Angelegenheit unter neuem oder bisher unüblichem Blickwinkel • kann praktische Probleme lösen, wenn die dafür benötigten Gegenstände fehlen • macht unkonventionelle Lösungsvorschläge.	• findet trotz der vorhandenen Fachkenntnisse bei Problemen keine Lösungsmöglichkeiten • verfolgt eingefahrene Denkmuster • zeigt bei praktischen Problemen überwiegend funktionales Denken („ein Stuhl ist zum Sitzen da").
Problemlösefähigkeit Fähigkeit, Problem zu erkennen, zu analysieren und Lösungsmöglichkeiten zu entwickeln	• erkennt Probleme • benennt Probleme und macht Vorschläge zur Lösung von Problemen • greift Problemlösungsvorschläge von anderen auf • holt Hilfe bei Problemen, die sie nicht allein bewältigen kann.	• kritisiert, macht aber keine Lösungsvorschläge • erkennt nicht die eventuellen Konsequenzen von Problemen.

Systematisch-analytisches Denken Fähigkeit, Abläufe und Prozesse in ihre einzelnen Teile zu zerlegen und deren Zusammenwirken zu analysieren.	• argumentiert logisch und nachvollziehbar • erkennt Abhängigkeiten einzelner Teile • antizipiert eventuelle Probleme • kann mit Zahlen, deskriptiver Statistik und graphisch dargebotenem Material umgehen.	• argumentiert nur aufgrund persönlicher Erfahrungen, ohne auf allgemeine Gesetzmäßigkeiten und Zusammenhänge zu abstrahieren • arbeitet ineffizient, da Wichtiges nicht von Unwichtigem unterschieden wird und übergreifende Zusammenhänge nicht erkannt werden • plant nicht erfolgreich, da die Wirkung und Abhängigkeiten wesentlicher Elemente nicht berücksichtigt werden.

Motivation/Engagement

Merkmal und Definition	Indikatoren	
	Positiv Die Person …	*Negativ* Die Person …
Durchhaltevermögen/ Zielstrebigkeit Fähigkeit, den eigenen Standpunkt bzw. die eigenen Ziele gegen Widerstände und Probleme zu verfolgen.	• bewältigt Aufgaben auch bei Schwierigkeiten, Misserfolgen oder Zeitdruck mit Erfolg • verzichtet auf angenehme Aktivitäten, wenn ein Ziel erreicht oder eine Aufgabe erledigt werden muss • hat im Leben schon einmal ein langfristiges Ziel verfolgt und erreicht.	• gibt ein Ziel schnell auf, wenn Probleme oder Widerstände auftreten • lässt sich durch äußere Einflüsse leicht vom Ziel ablenken • springt von einer Aufgabe zur anderen.
Eigeninitiative Bereitschaft, aktiv Vorschläge und Ideen zu entwickeln, selbständig Aufgaben zu übernehmen und Projekte in Gang zu setzen	• sucht sich eigenständige Arbeitsaufgaben • schlägt neue Aufgaben/ Projekte vor oder gibt Anstöße für Veränderungen • macht Vorschläge zur Verbesserung von Arbeitsabläufen • beschafft sich alle für die Bearbeitung eines Projektes nötigen Informationen.	• bringt sich nicht aktiv selbst ein, übernimmt keine Steuerungsfunktion • benötigt den Anstoß von außen, um aktiv zu werden • fragt Details der Aufgaben nach, anstatt selbständig Entscheidungen zu treffen • stellt beim Einstellungsgespräch keine Fragen über ausgeschriebene Stelle, das Unternehmen etc.
Leistungsbereitschaft Bereitschaft, sich in hohem Maße mit der beruflichen Aufgabe zu identifizieren und damit verbundener Einsatz, selbstgesuchte oder übertragenen Aufgaben besonders gut auszuführen.	• sucht sich herausfordernde und schwierige Aufgaben • vereinbart klare Ziele, an denen der eigene Erfolg gemessen werden kann • fragt in Bewerbungs-Situationen nach Möglichkeiten der beruflichen Karriere	• stellt keine hohen Leistungsstandards an sich • achtet genau darauf, nicht zu viele Stunden zu arbeiten • vermeidet den Vergleich ihrer Leistungen mit gesteckten Zielen.

	Positiv	Negativ
	• verfügt über sehr guten Zeugnisse, sehr gute Referenzen, Promotion • hat Zusatzqualifikationen in der Berufsbiographie erworben • pflegt ein wettbewerbsorientiertes Hobby.	
Lernbereitschaft Fähigkeit, Lernsituationen einschließlich Alltagserfahrungen zu nutzen, um das eigene (Arbeits-) Verhalten zu verbessern.	• ändert ihr Verhalten, wenn altes Verhalten ineffizient ist oder zu Fehlern führt • interessiert sich für Themen außerhalb des direkten Arbeitsumfeldes • analysiert Fehler und nutzt sie als Lernchance • interessiert sich für Weiterbildungsmöglichkeiten.	• reagiert mit Desinteresse oder Ablehnung, wenn Veränderungen eingeführt werden • übt seit Jahren die gleiche Tätigkeit aus • zeigt in ihrer Biographie keine Beispiele für die Bereitschaft, neue Sachverhalte zu lernen.

Bereich Handlungskompetenz

Merkmal und Beschreibung	*Indikatoren*	
	Positiv Die Person ...	*Negativ* Die Person ...
Belastbarkeit/ Stressbewältigung Fähigkeit, belastende Situationen zu bewältigen und ökonomisch mit der eigenen Energie umzugehen.	• kennt Stressbewältigungsstrategien und wendet sie an • reagiert auf stressige Situationen äußerlich gelassen • arbeitet auch unter Belastung (z. B. Zeitdruck) gleich bleibend ruhig und zielorientiert.	• klagt häufig über Arbeitsüberlastung oder Zeitdruck • reagiert wütend/nervös, wenn andere eine Anfrage an sie richten • setzt unter Druck keine Prioritäten.
Entscheidungsfähigkeit Fähigkeit, sich für eine Alternative zu entscheiden und Bereitschaft, die damit verbundene Verantwortung zu übernehmen.	• nutzt Handlungs- und Ermessensspielräume • trifft Entscheidungen auch, wenn damit ein Risiko verbunden ist • vertritt Entscheidungen nach außen.	• ändert häufig die Meinung • sitzt notwendige Entscheidungen am liebsten aus, bis jemand anderes entscheidet oder sich die Situation ändert • zeigt Stresssymptome, wenn eine wichtige Entscheidung ansteht.
Realisierungsorientiertes Denken Fähigkeit, sich am Machbaren zu orientieren und das in Angriff zu nehmen, was unter den gegebenen Bedingungen erreichbar und zweckmäßig ist.	• kann Wünsche und Ideale zurückstellen • überprüft die Durchführbarkeit von Vorschlägen und Plänen • kann sich mit suboptimalen Lösungen abfinden.	• übernimmt Aufträge und Aufgaben, obwohl die Durchführung kaum realisierbar erscheint • hat starre Standards, die es zu erfüllen gilt • macht häufig Vorschläge, die nicht umsetzbar sind.
Selbständiges Arbeiten/ Selbst-Management Fähigkeit, sowohl die eigene Arbeit zu organisieren, als auch sich	• setzt sich eigene realistische Ziele nimmt unangenehme Teilaufgaben frühzeitig in Angriff	• ist angewiesen auf äußeren Druck, um etwas fertig zu stellen • setzt keine Prioritäten • lässt sich durch andere

	Positiv	Negativ
selbst zu motivieren und mit Schwierigkeiten umzugehen.	• hält selbstgesetzte Arbeitszeiten ein • kontrolliert selbständig den eigenen Arbeitsfortschritt • organisiert ihr Arbeitsumfeld, so dass die Aufgaben ohne Störungen bewältigt werden können • kann nach Frustration schnell weiterarbeiten • erledigt die Arbeit schnell und effizient.	Aufgaben oder durch Kollegen ablenken • verschiebt Aufgaben regelmäßig auf einen späteren Zeitpunkt.
Sorgfalt/Gewissenhaftigkeit Fähigkeit, sorgsam sowie genau zu arbeiten und dabei Fehler möglichst zu vermeiden bzw. zu beheben.	• kontrolliert die Arbeitsergebnisse erst auf Fehler, bevor sie anderen präsentiert werden • legt Wert auf möglichst fehlerfreie Ergebnisse.	• macht viele Flüchtigkeitsfehler • legt die Priorität deutlich auf schnelles statt auf genaues Arbeiten.

Soziale Kompetenzen

Merkmal und Beschreibung	Indikatoren	
	Positiv Die Person …	*Negativ* Die Person …
Durchsetzungsfähigkeit Fähigkeit, den eigenen Standpunkt auch gegen Widerstand anderer durchzusetzen.	• übernimmt in Gruppendiskussionen eine führende Rolle • setzt in kontroversen Diskussionen die eigene Meinung durch • erreicht Verhandlungsziele durch überzeugendes Auftreten oder strategisch geschicktes Argumentieren.	• ändert ihre Meinung häufig, um sie der Gruppenmeinung anzupassen • äußert in kontroversen Diskussionen keinen eigenen Standpunkt • wird von anderen ausgenutzt oder für deren Interessen vereinnahmt.
Empathie/ Soziale Wahrnehmung Fähigkeit, die Gefühle anderer wahrzunehmen und sich in die Situation des anderen hineinzuversetzen.	• nimmt Veränderungen in der Person oder der Atmosphäre eines Gesprächs wahr • erkennt, wenn eine andere Person stolz auf etwas ist und stärkt das Selbstwertgefühl dieser Person, indem sie sich über deren Leistung anerkennend äußert • hilft anderen, wenn diese Unterstützung brauchen (z. B. hilft einem Kollegen, der in Zeitdruck ist, muntert eine Kollegin auf, wenn diese eine Enttäuschung erlebt hat) • äußert Mitgefühl, wenn einer anderen Person etwas zugestoßen ist.	• nimmt nicht wahr, dass sie andere verletzt oder beleidigt hat • zeigt keine Gefühle, wenn sie vom Leid oder der Not anderer erfährt oder dieses selbst verursacht • tritt häufig in einen „Fettnapf" • zeigt kein Interesse für die Gefühle der anderen, indem sie sich über deren „Schwächen" (z. B. Übergewicht oder einen Sprachfehler) lustig macht.

Konfliktfähigkeit/ Konfliktmanagement Fähigkeit, eigene oder zwischen-menschliche Konflikte wahrzunehmen, anzusprechen bzw. die Existenz von Konflikten zu akzeptieren.	• erkennt Konflikte in der eigenen Person bzw. zwischen der eigenen und anderen Personen • spricht interpersonale Konflikte an indem sie z. B. sagt, wenn sie eine Verhaltensweise einer anderen Person wie „zu spät kommen" als störend empfindet • sagt Dinge, die negative Reaktion anderer hervorrufen können, wenn sie der eigenen Meinung entsprechen.	• leugnet oder bagatellisiert intrapsychische oder interpersonale Konflikte • ändert häufig die eigene Meinung, um sie der Gruppenmeinung anzupassen • erträgt einen unangenehmen Zustand oder die unangenehme Gewohnheit eines anderen wie z. B. „Rauchen am Arbeitsplatz" ohne dies anzusprechen • versucht, Fehler zu vertuschen.
Kooperationsfähigkeit/ Teamfähigkeit Fähigkeit, mit anderen effektiv und in guter Arbeitsatmosphäre zusammenzuarbeiten.	• geht in Gruppendiskussionen auf die Argumente anderer ein • informiert die Kollegen, wenn sie für diese wichtige oder interessante Informationen erhalten hat • verzichtet auf die Durchsetzung des eigenen Standpunktes, um die Gruppenarbeit nicht zu gefährden • hält sich an Absprachen.	• ignoriert Argumente oder Einwände anderer • hält wichtige Informationen zurück • besteht auf der Durchsetzung des eigenen Standpunktes.
Networking Wissen um die Bedeutung von Kontakten und regelmäßige Pflege derselben.	• weiß, an wen sie sich informell zu wenden hat, um bestimmte Informationen zu bekommen • kennt die aktuelle Situation der Kontaktpersonen und weiß, welche Infos, Kontakte etc. sie benötigen würden • behandelt vertrauliche Informationen diskret • bildet Koalitionen in Gruppendiskussionen.	• hat im Berufsleben kaum oder nur „offizielle" Kontakte • wendet sich nur an andere, falls sie selbst etwas aktuell benötigt • hat keine Kontakte, die über ihren unmittelbaren Arbeitsbereich hinausgehen • besucht keine Veranstaltung/Feier, bei der sie Kollegen trifft.
Soziale Unabhängigkeit/Urteilsvermögen Fähigkeit, sich ein Urteil über Sachverhalte zu bilden, ohne sich von der Meinung der Mehrheit beeinflussen zu lassen.	• informiert sich von verschiedenen Seiten, wenn eine Entscheidung getroffen werden soll • sucht die Diskussion mit Leuten, die eine andere als die eigene Meinung vertreten • äußert in Gruppendiskussionen unpopuläre Gedanken, wenn diese der eigenen Auffassung entsprechen.	• passt die eigenen Meinung der Gruppenmeinung an • glaubt Gerüchte sofort • widerspricht höhergestellten Personen nie • lässt sich von charismatisch auftretenden Personen manipulieren und für deren Zwecke missbrauchen.

Soziales Gedächtnis/ Namensgedächtnis Fähigkeit, sich Namen und Gesichter zu merken sowie wichtige soziale Informationen zu erinnern.	• erkennt Personen, die sie erst einmal gesehen hat, wieder • spricht Personen nach dem Kennen lernen mit Namen an • greift beim zweiten oder dritten Zusammentreffen mit einer Person die Inhalte des ersten Gesprächs wieder auf.	• vergisst, bei welcher Gelegenheit sie eine Person zuletzt gesehen hat • spricht Personen, die ihm vorgestellt wurden, nicht oder mit falschem Namen an • verwechselt Personen.
Soziales Wissen Wissen und Kenntnisse bezüglich der expliziten und impliziten Normen, die eine Gesellschaft, eine Gemeinschaft oder eine Gruppe teilt.	• bewegt sich bei gesellschaftlichen Anlässen sicher und ohne anzuecken • sorgt für eine angenehme Gesprächsatmosphäre, z. B. indem sie versucht, andere Personen zu integrieren • kann Konversation betreiben.	• verhält sich bei gesellschaftlichen Anlässen ungeschickt oder unsicher • kleidet sich unangemessen oder hat ein ungepflegtes Äußeres • ist in belanglosen Gesprächen wortkarg, kurz angebunden oder zu persönlich.

Kommunikative Kompetenz		
Merkmal und Beschreibung	Indikatoren	
	Positiv Die Person …	Negativ Die Person …
Fähigkeit zum sprachlichen Stilwechsel Fähigkeit, den eigenen Sprachstil im Hinblick auf Wortwahl, Komplexität und Sprechgeschwindigkeit dem Sprachniveau des Gesprächspartners anzugleichen.	• drückt komplizierte Sachverhalte einfach aus, wenn dies dem Gesprächspartner angemessen ist • verwendet keine Fachbegriffe oder seltene Fremdwörter, wenn der Gesprächspartner diese wahrscheinlich nicht kennt • verwendet präzise Fachbegriffe, wenn sie vor einem Fachpublikum spricht.	• passt ihren Sprachstil nicht ihrem Gesprächspartner an • drückt sich kompliziert aus, auch wenn der Gesprächspartner dies möglicherweise nicht versteht • verwendet viele Fachbegriffe oder seltene Fremdwörter, auch wenn angenommen werden muss, dass der Gesprächspartner diese nicht versteht • drückt komplizierte Sachverhalte vor einem Fachpublikum unnötig vereinfachend aus.
Sprachliche Ausdrucksfähigkeit mündlich Fähigkeit zum präzisen und differenzierten mündlichen sprachlichen Ausdruck, die sich in Wortwahl und Wortflüssigkeit äußert.	• bezeichnet Gegenstände oder Sachverhalte mit präzisen Begriffen • stellt komplizierte Sachverhalte differenziert, aber verständlich dar • verfügt über einen breiten Wortschatz.	• benutzt häufig gleiche Begriffe für verschiedene Sachverhalte • benutzt häufig einfache Oberbegriffe wie „Ding" oder „Zeug" • kann komplizierte Gedankengänge nicht nachvollziehbar darstellen.

Sprachliche Ausdrucks-fähigkeit Schriftlich Fähigkeit zum präzisen und differenzierten schriftlichen sprachlichen Ausdruck, die sich in Merkmalen wie Prägnanz der Wortwahl, Verständlichkeit und Logik der Textgliederung äußert.	• verfasst verständliche und übersichtlich gegliederte Texte • stellt komplizierte Sachverhalte differenziert, aber verständlich dar • verwendet Fremdwörter und synonyme Begriffe richtig • hat einen ansprechenden Schreibstil.	• benutzt in schriftlichen Ausführungen häufig einfache Oberbegriffe wie „Ding" oder „Zeug" • macht viele Rechtschreib-, Zeichensetzungs- und Wortbedeutungsfehler • schreibt nur einfache stereotyp gegliederte Sätze oder unstrukturierte, schwer lesbare Texte.
Zuhören Fähigkeit, sich auf das, was andere sagen, einzulassen, diese ausreden zu lassen und deren Gedanken oder Gefühle nachzuvollziehen.	• lässt andere ausreden • kann die Gedanken oder Gefühle, die ein anderer geäußert hat, präzise wiedergeben • knüpft mit der eigenen Argumentation an die Argumente des Gesprächspartners an.	• unterbricht andere häufig in einem Gespräch • redet „am anderen vorbei", indem sie sich z. B. in Gruppendiskussionen nur auf die eigene Argumentation konzentriert und nicht auf die Argumente anderer eingeht • kann nicht oder nur sehr ungenau wiederholen, was andere in einem Gespräch gesagt haben • nimmt sich keine Zeit für die Gespräche mit anderen.

Führung

Merkmal und Beschreibung	Indikatoren	
	Positiv Die Person …	*Negativ* Die Person …
Delegationsfähigkeit Fähigkeit und Bereitschaft, Aufgaben, die von Mitarbeitern eigenverantwortlich ausgeführt werden können, an diese zu delegieren.	• überträgt Mitarbeitern Arbeitsaufträge und überprüft nur das Arbeitsergebnis • gibt anspruchsvolle Arbeiten an Mitarbeiter weiter und überlässt diesen Entscheidungs- und Handlungsspielräume • erläutert Ziele und allgemeine Strategien und überlässt Mitarbeitern die Entscheidung über Wege der Zielerreichung.	• führt auch kleinere Arbeitsschritte selbst aus • erledigt bei Fragen des Mitarbeiters Aufgabe selbst anstatt dem Mitarbeiter die Aufgabe zu erläutern • erwartet von Mitarbeitern, bei allen Entscheidungen ihre Zustimmung einzuholen.
Fähigkeit zur Motivation der Mitarbeiter Fähigkeit, Mitarbeiter durch Überzeugung oder Anerkennung zum Verfolgen der Arbeitsziele zu motivieren.	• spricht überzeugt und überzeugend über eine Aufgabe, ein Projekt oder ein Ziel • ermutigt die Mitarbeiter zu Engagement, indem sie den Wert einer Aufgabe/eines Projektes für die Organisation betont	• versäumt es, Mitarbeitern Anerkennung auszusprechen oder Mitarbeitern das Gefühl zu vermitteln, für die Organisation wichtig zu sein • wirkt desinteressiert am Stand einer Aufgabe oder eines Projektes

	• schafft eine motivierende Arbeitsumgebung (z. B. durch Arbeitsplatzgestaltung, Entscheidungsspielräume, Entlohnungssysteme).	• verweist immer auf Probleme oder Hindernisse, die einem Projekt/ einer Idee im Wege stehen können • bindet Mitarbeiter nicht in Entscheidungsprozesse mit ein.
Feedbackfähigkeit Fähigkeit, Anerkennung auszusprechen und Kritik angemessen auszudrücken.	• drückt Mitarbeitern bei Vollendung einer Aufgabe/ eines Projektes Anerkennung aus • drückt Kritik nur unter vier Augen, verhaltensnah und situationsspezifisch aus • gibt unangenehmes Feedback ohne zu übertreiben bzw. es zu verharmlosen • erwähnt die Leistungen ihrer Mitarbeiter bei besonderen Anlässen lobend.	• versäumt es, Mitarbeitern bei guten Leistungen Anerkennung auszusprechen • kritisiert Mitarbeiter im Beisein von Dritten • kritisiert die Persönlichkeit des Mitarbeiters oder Verhaltensaspekte, die dieser nicht (ohne weiteres) ändern kann • drückt keinerlei Kritik aus und weist den Mitarbeiter auch nicht darauf hin, wenn dieser einen Fehler gemacht hat.
Verantwortungs- *übernahme* Bereitschaft, Verantwortung für die Konsequenzen der eigenen Handlungen und die der unterstellten Mitarbeiter zu übernehmen.	• gesteht Fehler ein und beteiligt sich aktiv an der Beseitigung eventueller Konsequenzen • bedenkt die langfristigen Konsequenzen ihres Handelns für die Organisation • hatte schon einmal eine verantwortungsvolle Position inne.	• sieht den Grund für Misserfolg nur in anderen Personen oder der Situation • verleugnet und verdreht Tatsachen, um einen Fehler zu vertuschen.
Zielsetzungsfähigkeit Fähigkeit, auf die individuellen Kompetenzen der Mitarbeiter abgestimmte konkrete, realistische und herausfordernde Ziele zu setzen.	• erklärt dem Mitarbeiter, bis zu welchem Zeitpunkt ein Projekt abgeschlossen oder eine Aufgabe erledigt sein soll • überprüft die Verständlichkeit von Zielen • führt regelmäßige Mitarbeitergespräche, um den Stand der Zielerreichung zu prüfen und weitere Ziele zu vereinbaren • hilft den Mitarbeitern, Prioritäten hinsichtlich ihrer Ziele zu setzen • achtet in einer Gruppendiskussion darauf, dass Ziele erreicht werden z. B. indem sie auf Einhaltung der Zeitvorgabe drängt.	• vereinbart keine Ziele • vereinbart nur unspezifische Ziele, bei denen nicht festgestellt werden kann, wann sie erreicht sind • erkundigt sich nicht nach Zielerreichung, „vergisst" vereinbarte Ziele • kennt die individuellen Kompetenzen der Mitarbeiter nicht • überfordert/unterfordert Mitarbeiter mit bestimmten Aufgaben.

Arbeitstechniken

Merkmal und Beschreibung	Indikatoren	
	Positiv Die Person …	*Negativ* Die Person …
Informationsmanagement Wissen um die Möglichkeiten der Informationsbeschaffung, sowie die Fähigkeit, zwischen wichtigen und unwichtigen Informationen zu unterscheiden.	• kennt verschiedene Informationsquellen und weiß diese zu nutzen • selektiert unwichtige Infos aus Post, E-Mail etc. sofort aus • weiß, wer welche Info benötigt und gibt diese von sich aus weiter.	• ist an Informationen, die nicht ganz direkt ihren Bereich betreffen, nicht interessiert • nutzt keine neuen Technologien zur Informationsbeschaffung, z. B. Internet • sammelt und verwaltet ungefiltert alle eingehenden Informationen, Briefe, Werbung, E-Mails.
Moderationstechniken Fertigkeit, Themen und Diskussionen in Gruppen moderieren zu können.	• beherrscht verschiedene Moderationstechniken • stößt Prozesse der Meinungsbildung in der Gruppe an • achtet darauf, dass die zentralen Punkte nicht außer acht gelassen werden.	• führt die Gruppe, statt sie zu moderieren • achtet nicht darauf, dass alle Gruppenmitglieder beteiligt werden • weist nicht auf Rahmengrößen (z. B. Zeitvorgaben) hin • äußert persönliche Meinung statt eine übergeordnete Position einzunehmen.
Präsentationstechniken Fertigkeit, Sachverhalte verständlich präsentieren zu können.	• spricht klar und deutlich • trägt auch komplizierte Sachverhalte nachvollziehbar und gut strukturiert vor • kennt und nutzt verschiedene Techniken der Präsentation • geht auf Fragen der Zuhörer ein • greift Argumente aus dem Publikum auf • hält Blickkontakt mit Zuhörern.	• vergewissert sich nicht, ob die Präsentation verständlich ist • nutzt Präsentationen nur zur Selbstdarstellung • ist mit den verwendeten Instrumenten und Geräten nicht vertraut • verliert bei Zwischenfragen den roten Faden.
Projektmanagement/ Planung Fertigkeit, Projekte in Unterziele und Aufgaben zu unterteilen und einen realistischen Zeitplan für das Projekt zu erstellen.	• entwickelt einen klar strukturierten Projektplan • steuert das Projekt zeitlich und kostenmäßig angemessen • erkennt mögliche Engpässe rechtzeitig • evaluiert den Projektablauf • informiert über den Projektverlauf.	• kann nicht professionell informieren und reflektieren • hält vereinbarte Ziele nicht ein • entwickelt bei Hindernissen keine Alternativen • sucht nicht nach Synergien zu anderen Projekten.

Zeitmanagement Fertigkeit, die eigene Zeit ökonomisch einzuteilen und Zeitvorgaben einhalten zu können.	• kann die Dauer von bestimmten Tätigkeiten realistisch einschätzen • kann Prioritäten setzen • überprüft den aktuellen Stand am Zeitplan • aktualisiert Zeitplan regelmäßig.	• unterschätzt häufig die Dauer von Arbeitsprozessen • plant keine Pufferzeiten ein • bezieht Wegzeiten, Pausen etc. nicht in den Zeitplan ein.

Quelle: Eilles-Mathiessen et al. 2002; S. 81–84; gekürzt von der Autorin

Literatur

Alterhoff, G. (1994): Grundlagen klientenzentrierter Beratung. Eine Einführung für Sozialarbeiter, Sozialpädagogen und andere in sozialen Berufen Tätige. 2. überarbeitete und erweiterte Aufl. Kohlhammer, Stuttgart

Arnold, R. (1995): Bildungs- und Systemtheoretische Anmerkungen zum Organisationslernen. In: Arnold R., Weber, H. (Hrsg.): Weiterbildung und Organisation. Zwischen Organisationslernen und lernenden Organisationen. Berlin, S. 13–29

Arnold, U., Maelecke, B. (Hrsg.) (2003): Lehrbuch der Sozialwirtschaft, 2. Aufl., Baden-Baden

ASB – Arbeiter-Samariter-Bund e.V. (Hrsg.) (2000): Das Personalentwicklungshandbuch des ASB Köln

Badelt, Ch. (Hrsg.) (2002): Handbuch der Nonprofit-Organisation. 3. Aufl., Stuttgart

Bate, P. (1997): Cultural Change: Strategien zur Änderung der Unternehmenskultur; München

Bayer, H. (1995) Coaching-Kompetenz. Persönlichkeit und Führungspsychologie. München, Basel

Beck, R., Birkle, W. (2000): Personalmanagement als quantitative und qualitative Personalarbeit. Fernstudienagentur des FVL – FWTH Berlin

Beck, R., Schwarz, G. (1997): Personalentwicklung, Alling

Beck, R., Schwarz, G. (2000): Personalentwicklung: Entwicklungsphasen – Trends – Konzepte. Fernstudienagentur des FVL – FWTH Berlin

Beck, R., Schwarz, G. (2000a): Konfliktmanagement. In: Hauser, A., Neubarth, R., Obermair, W. (2000): Sozial-Management – Praxis-Handbuch soziale Dienstleistungen. 2. Aufl. Neuwied, S. 231–255

Becker, M. (2002): Theorie und Praxis der Personalentwicklung. Aktuelle Beiträge aus Wissenschaft und Praxis; 2. Aufl., München

Bednarz-Braun, I. (2000): Gleichstellung im Konflikt mit Personalpolitik. Praxis und Theorie beruflicher Geschlechterkonkurrenz im internationalen Vergleich: USA, Großbritannien, Deutschland. Opladen

Bendl, R. (1997): Chancengleichheit am Arbeitsplatz für Frauen – Integration in die strategische Unternehmensführung, München

Berthel, J.(1995): Personalmanagement. Grundzüge für Konzeptionen betrieblicher Personalarbeit. 4.Aufl., Stuttgart

Berthel, J., Becker, F.G.(2003): Personalmanagement. Grundzüge für Konzeptionen betrieblicher Personalarbeit. 7. Aufl., Stuttgart

Birker, K. (2000): Betriebliche Kommunikation, Berlin

Bisani, F. (1997): Personalwesen und Personalführung. 4. Aufl., Wiesbaden

Bischoff, S. (1999): Männer und Frauen in Führungspositionen der Wirtschaft in Deutschland. Neuer Blick auf alten Streit. Schriftenreihe der Deutschen Gesellschaft für Personalführung 60, Köln

Böhme, K. (2003): Strategische Personalentwicklung: Nutzen sie das Potenzial ihrer Mitarbeiter, Neuwied

Brandstätter, H. (1979): Die Ermittlung personaler Eigenschaften kognitiver Art. In: Reber, G. (Hrsg.): Personalinformationssysteme, Stuttgart, S. 74–95

Brehm, J.W. (1972): Responses to loss of freedom. A theory of psychological reactance. General Learning Press, Morristown NJ

Brickenkamp, R., Brähler, E., Holling, H. (2002): Handbuch psychologischer und pädagogischer Tests. 2 Bde., Bd. 1, Göttingen

Bröckermann, R (2003): Personalwirtschaft. Lehr- und Übungsbuch für Human Resource Management. 3. Aufl., Stuttgart

Brommer, U. (1994): Konfliktmanagement statt Unternehmenskrise, Zürich

Busch, R. (2000). Mitarbeitergespräch – Führungskräftefeedback. Instrumente in der Praxis. Forschung und Weiterbildung für die betriebliche Praxis, Bd. 21, München/Mehring

Buschalla, A. (1995): Mitarbeiterbeurteilung als Instrument der Personalentwicklung. In: Geißler, Kh. A., Landsberg, G.v., Reinartz, M. (Hrsg.), 29. Erg.-Lfg., Okt. 1995, 7.1.5.0, S. 1–21

Chur, D. (2004): Schlüsselkompetenzen – Herausforderung für die (Aus-)Bildungsqualität an Hochschulen. In: Stifterverband für die Deutsche Wissenschaft (Hrsg.): Schlüsselkompetenzen und Beschäftigungsfähigkeit. Konzepte für die Vermittlung überfachlicher Qualifikationen an Hochschulen, Essen

Cohn, R. (1970): Das Thema als Mittelpunkt interaktioneller Gruppen. In: Gruppendynamik, 2/1970, S. 251–276

Comelli, G. (1999): Qualifikation für Gruppenarbeit: Teamentwicklungstraining. In: Rosenstiel L.v., Regnet, E., Domsch, M.E. (Hrsg.): Führung von Mitarbeitern. Handbuch für erfolgreiches Personalmanagement. 4. Aufl., Stuttgart, S. 405–428

Cox, T., Blake, S. (1991): Managing cultural Diversity: Implications for organizational competitiveness. In: Academy of Management Executive, 5:3, S. 45–56

Cox, T. (1993): Cultural Diversity in Organizations: Theory, Research and Practice, San Francisco

Csikszentmihalyi, M. und I.S. (Hrsg.) (1991): Die Psychologie des FLOW-Erlebnisses. Die außergewöhnliche Erfahrung im Alltag, Stuttgart

Danne, H. (1997): Personalwirtschaft. Berlin

Deutsch, M. (1976): Konfliktregelung: Konstruktive und destruktive Prozesse, München/Basel

Doppler, K., Lauterburg, Ch. (1995): Change Management. Den Unternehmenswandel gestalten. 4. erw. Auflage, Frankfurt/New York

Eckardstein, D.v. (2002a): Personalmanagement in NPO's. In: Badelt, C. (Hrsg.): Handbuch der Nonprofit Organisation. 3. Aufl., Stuttgart

Eckardstein, D. v. (2002 b): Personalmanagement In: Kasper, H., Mayerhofer, W. (Hrsg.): Personalmanagement, Führung, Organisation. 3. Aufl., Wien, S. 361–404

Eckardstein, D. v. (2003): Personalmanagement als Gestaltungsaufgabe im Nonprofit- und Public-Management. 1. Aufl., München

Eckardstein D. v., Mayerhofer, H. (2003): Personalstrategien für Ehrenamtliche in sozialen NPO's. In: v. Eckardstein, D., Ridder, H.-G. (Hrsg): Personalmanagement als Gestaltungsaufgabe im Nonprofit- und Public- Management; 1. Aufl., München, S. 77–96

Eckardstein, D. v., Ridder, H.-G. (2003): Anregungspotenziale für Nonprofit Organisationen aus der wissenschaftlichen Diskussion über strategisches Personalmanagement. In: Eckardstein, D. v., Ridder, H.-G. (Hrsg.): Personalmanagement als

Gestaltungsaufgabe im Nonprofit- und Public-Management. 1. Aufl., München, S. 11–32

Eilles-Mathiessen, C., Hage el, N., Janssen, S., Osterholz, A. (2002): Schlüsselqualifikationen in Personalauswahl und Personalentwicklung. Ein Arbeitsbuch für die Praxis, Bern

Engelhardt, H.D., Graf, P., Schwarz, G. (1996): Organisationsentwicklung, Alling

Eschenbach, R., Kunesch, H. (1996): Strategische Konzepte. Management-Ansätze von Ansoff bis Ulrich. 3.Aufl., Stuttgart

Europarat (1998): Gender Mainstreaming. Konzeptueller Rahmen Methodologie und Beschreibung bewährter Praktiken, Straßburg

Faulstich, P. (1996): Ethik und soziale Kompetenz in der Personalentwicklung. In: Geißler, Kh.A., Landsberg, G. v., Reinartz, M. (Hrsg.): Handbuch Personalentwicklung und Training. Ein Leitfaden für die Praxis, Köln, S. 1–12

Fisher, R., Ury, W., Patton, B.M. (1993): Das Harvard-Konzept. Sachgerecht verhandeln – erfolgreich verhandeln, Frankfurt

Freimuth, J. (1997): Auf dem Wege zum Wissensmanagement, Personalentwicklung in lernenden Organisationen, Göttingen

Frieling, E. (2002): Kompetenz- und Organisationsentwicklung in Non-Profit-Organisationen; Gewerkschaften, Bildungsträger und öffentliche Verwaltung im wirtschaftlichen Wandel, Münster

Gardner, H. (1993): Multiple Intelligences: The Theory in Practice, Basic Books, New York

Gehle, M., Mülder, W. (2001): Wissensmanagement in der Praxis, Frechen

Geißler, H., Behrmann, D., Petersen, J. (Hrsg.) (1995): Lean Management und Personalentwicklung. Betriebliche Bildung Bd. 6., Frankfurt

Geißler, Kh.A., Landsberg, G. v., Reinartz, M. (Hrsg.): Handbuch Personalentwicklung und Training. Ein Leitfaden für die Praxis, Köln

Gernert, W. (2000): Zur Organisations- und Personalentwicklung in allgemeinen sozialen Diensten aus der Sicht eines Landesjugendamtes; In: Mitteilungen/ Landesjugendamt, Westfalen-Lippe

Glasl, F. (1990): Konfliktmanagement. Ein Handbuch für Führungskräfte und Berater. 2.Aufl., Bern, Stuttgart

Gogoll, W.-D., (1995): Betriebliche Bildung/ Personalentwicklung einer schlanker werdenden Organisation. In: Geißler, H., Behrmann, D., Petersen, J. (Hrsg.): Lean Management und Personalentwicklung. Betriebliche Bildung Bd. 6., Frankfurt, S. 175–182

Götz, K., Lackner, C. (1996): „Zeit" und Führung – „Zeit" und Organisation. In: Organisationsentwicklung, 15:2, S. 16–28

Güldenberg, S., Meyer, M. (2002): Wissensmanagement in NPOs. In: Badelt, Ch. (Hrsg.): Handbuch der Nonprofit Organisation. 3. Aufl., Stuttgart, S. 513–546

Haug-Benin, R. (1998): Kollegiale Beratung – Ein Fall nicht nur für zwei. Heidelberger Institut Beruf und Arbeit, hiba transfer 3

Hauser, A., Neubarth, R., Obermair, W. (2000): Sozial-Management –Praxis-Handbuch soziale Dienstleistungen. 2. Aufl., Neuwied, Kriftel

Hauser, A. (1997): Management-Praxis, Handbuch soziale Dienstleistungen; 2. Aufl., Neuwied

Heeg, F.J., Münch, J. (1993): Handbuch Personal- und Organisationsentwicklung. Stuttgart, Dresden

Hilb, M. (2001): Integriertes Personal-Management. Ziele – Strategien – Instrumente. 9. Aufl., Neuwied, Kriftel

Hölterhoff, H., Becker, M. (1986): Aufgaben und Organisation der beruflichen Weiterbildung. München, Wien

Hölzle, Ch. (2004): Personalmanagement in Einrichtungen der Sozialen Arbeit. Institut für Verbundstudien NRW, Hagen

Holst, E. (2002): Zu wenig weibliche Führungskräfte unter den weiblichen Beschäftigten. In DIW-Wochenbericht, 69:48, S. 839–844

Horwat, U. (2003): Zielorientierte Führung und Personalentwicklung am Beispiel der Drogenhilfe. Unveröffentlichte Diplomarbeit. Fachhochschule Münster, Fachbereich Sozialwesen-Studiengang Sozialmanagement

Hossiep, R., Paschen, M. (1998). Das Bochumer Inventar zur berufsbezogenen Persönlichkeitsbeschreibung, Göttingen

Hossiep, R., Paschen, M., Mühlhaus, O. (1999). Persönlichkeitstests im Personalmanagement, Göttingen

Hunzinger, A. (2003): Mit Worklife-Balance wettbewerbsfähig bleiben. Personalwirtschaft 4: 52–55

Jäger, W., Buck, D. (1997): Aspekte der Personalentwicklung in der öffentlichen Verwaltung, Wiesbaden

Kadishi, B. (Hrsg.): (2001): Schlüsselkompetenzen wirksam erfassen. Personalselektion ohne Diskriminierung, Altstätten

Kastner M., Gerstenberg, B. (Hrsg.): (1990): Personalführung der Zukunft – Systemisches Denken und Handeln, München

Kastner, M. (1990): Personalmanagement heute, Landsberg/Lech

KGSt (2002): Strategische Ziele des Personalmanagements. Bericht 1/2002, Köln

Kieser, A. (1999): Die Einarbeitung neuer Mitarbeiter. In: v. Rosenstiel, L., Regnet, E., Domsch, M.E. (Hrsg.) (1999): Führung von Mitarbeitern. Handbuch für erfolgreiches Personalmanagement. 4. Aufl., Stuttgart, S. 161–172

Kieser, A., Reber, G., Wunderer, R. (Hrsg.): (1995): Handwörterbuch der Führung. 2.Aufl., Stuttgart

Kieser, A., Stegmüller, R. (1995): Neue Mitarbeiter, Führung von. In: Kieser, A., Reber, G., Wunderer, R. (Hrsg.): Handwörterbuch der Führung. 2. Aufl., Stuttgart, Sp. 1636–1642

Kießling-Sonntag, J. (2000): Mitarbeitergespräche. Führen durch Gespräche, Zentrale Gesprächstypen, Mitarbeiterjahresgespräch, Berlin

Kießling-Sonntag, J. (2002): Zielvereinbarungsgespräche. Erfolgreiche Zielvereinbarungen. Konstruktive Gesprächsführung, Berlin

Kleinmann, M. (1997): Assessment-Center. Stand der Forschung – Konsequenzen für die Praxis, Göttingen

Kleinmann, M., Strauss, B. (Hrsg.) (1998): Potentialfeststellung und Personalentwicklung, Göttingen

Kommission (1996): Mitteilung „Einbindung der Chancengleichheit in sämtliche politische Konzepte und Maßnahmen der Gemeinschaft" (KOM 96)67 v. 21.2.1996, ohne Ort

Knauth, P., Hornberger, S., Olbert-Bock, S., Weisheit, J. (2000): Erfolgsfaktor Familienbewusste Personalpolitik, Frankfurt/M., Berlin

Knorr, F. (2001): Personalmanagement in der Sozialwirtschaft. Grundlagen und Anwendungen, Frankfurt

Korintenberg, W. (1993): Anforderungen an die öffentliche Verwaltung aus der Sicht der Mitarbeiter. In: Hill, H., Klages, H. (Hrsg.): Qualitäts- und erfolgsorientiertes Verwaltungsmanagement. Speyer, Berlin, S. 127–137

Krell, G. (2004): Chancengleichheit durch Personalpolitik –Ecksteine, Gleichstellungscontrolling und Geschlechterverhältnis als Rahmen. In: Krell, G. (Hrsg.): Chancengleichheit durch Personalpolitik. Gleichstellung von Frauen und Männern in Unternehmen und Verwaltungen. Rechtliche Regelungen- Problemanalysen-Lösungen. 4. Aufl., Wiesbaden, S. 15–32

Krell, G., Mückenberger, U., Tondorf, K. (2004): Chancengleichheit (nicht nur): für Politik und Verwaltung. In: Krell, G. (Hrsg.): Chancengleichheit durch Personalpolitik. a.a.O., 4. Aufl., Wiesbaden, S. 75-92

Krell, G., Winter, R. (2004): Anforderungsabhängige Entgeltdifferenzierung: Orientierungshilfen auf dem Weg zu einer diskriminierungsfreieren Arbeitsbewertung. In: Krell, G. (Hrsg.): Chancengleichheit durch Personalpolitik. a.a.O., 4. Aufl., Wiesbaden, S. 309–332

Krüger, W. (1995): Stellenbeschreibung als Führungsinstrument. In: Kieser, A., Reber, G., Wunderer, R. (Hrsg.) (1995): Handwörterbuch der Führung. 2.Aufl., Stuttgart, Sp.1986-1995

Lange, J. (Hrsg.): (2003): Kinder &Karriere. Sozial- und steuerpolitische Wege zur Vereinbarkeit von Beruf und Familie, Rehburg-Loccum

Langer, I., Schulz von Thun, F., Tausch, R. (2002): Sich verständlich ausdrücken. 7. Aufl., München.

Laur-Ernst, U. (1988): Berufsübergreifende Qualifikationen und neue Technologien – ein Schritt zur Entspezialisierung der Berufsbildung? In: Koch, R. (Hrsg.): Technischer Wandel und Gestaltung der beruflichen Bildung. Bundesinstitut für Berufsbildung, Berlin, Bonn

Lauterburg, C. (1990): Führung in den Neunzigerjahren. Die Veränderung der Führungsfunktion im Zeitalter des raschen Wandels. In: Zeitschrift für Organisationsentwicklung, o. Jg., Heft 1, 1990, S. 7–23

Lazarus, R.S. (1999): Stress and Emotion, New York

Lenzen, A. (1998): Erfolgsfaktor Schlüsselqualifikationen. Mitarbeiter optimal fördern, Heidelberg

Locke, E.A., Latham, G.P. (1990): A theory of goal setting and task performance. Englewood Cliffs, NJ

Lotmar, P., Tondeur, E. (1991): Führen in sozialen Organisationen. 2. Aufl., Bern/ Stuttgart

Lueger, G. (1995): Beurteilungs- und Fördergespräch als Führungsinstrument. In: Kieser, A., Reber, G., Wunderer, R. (Hrsg.): Handwörterbuch der Führung. 2. Aufl., Stuttgart, Sp. 147–155

Maelicke, B. (2003 a): Personalmanagement. In: Arnold, U., Maelicke, B. (Hrsg.): Lehrbuch der Sozialwirtschaft, 2. Aufl., Baden-Baden, S.497–511

Maelicke, B. (2003 b): Grundlagen des Managements in der Sozialwirtschaft. In: Arnold, U., Maelicke, B. (Hrsg.): Lehrbuch der Sozialwirtschaft, 2. Aufl., Baden-Baden, S. 437–453

Maelicke, B. (2003 c): Innovationsmanagement. In: Arnold, U., Maelicke, B. (Hrsg.): Lehrbuch der Sozialwirtschaft, 2. Aufl., Baden-Baden, S. 543–566

Maelicke, B. (2003 d): Führung und Zusammenarbeit. In: Arnold, U., Maelicke, B. (Hrsg.): Lehrbuch der Sozialwirtschaft, 2. Aufl., Baden-Baden, S. 512–542

Maelicke, B. (2003 e): Controlling. In: Arnold, U., Maelicke, B. (Hrsg.): Lehrbuch der Sozialwirtschaft, 2. Aufl., Baden-Baden, S. 567–576

Malik, F. (2001): Führen, Leisten, Leben. 5.Aufl., München

Marcus, B., Schuler, H. (2001): Leistungsbeurteilung. In: Schuler, H. (2001): Lehrbuch der Personalpsychologie. Göttingen

Mentzel, W (1997): Unternehmenssicherung durch Personalentwicklung. 7. Aufl., Freiburg im Breisgau

Mentzel, W., Grotzfeld, S., Haub, C. (2004). Mitarbeitergespräche. Mitarbeiter motivieren, richtig beurteilen und effektiv einsetzen. 5. Aufl., Freiburg

Merchel, J. (2004): Leitung in der Sozialen Arbeit. Grundlagen der Gestaltung und Steuerung von Organisationen, Weinheim/München

Mohr, B. (1999): Qualitätssicherung durch Kooperation. Ein Leitfaden zur Zusammenarbeit von Bildungsträgern und Betrieben. In: LOEBE, H.,SEVERING, E. Wirtschaft und Weiterbildung, Bd. 17, Bielefeld

Möllhoff, D. (2001): Praxishandbuch Personalmanagement. Grundlagen und Instrumente für erfolgreiche Personalarbeit, Frankfurt

Montada, L., Kals, E. (2001): Mediation. Ein Lehrbuch für Psychologen und Juristen, Weinheim

Müller-Fohrbrodt, G. (1999): Konflikte konstruktiv bearbeiten lernen. Zielsetzungen und Methodenvorschläge, Opladen

Münch, J. (1995): Die lernende Organisation – eine Weiterentwicklung des lernorttheoretischen Ansatzes. In: Arnold, R., Weber, H. (Hrsg.): Weiterbildung und Organisation. Zwischen Organisationslernen und lernenden Organisationen. Berlin, S. 84–97

Nagel, R., Oswald, M., Wimmer, R. (2002): Das Mitarbeitergespräch als Führungsinstrument. Ein Handbuch der OSB für Praktiker. 3. Aufl., Stuttgart

Neuberger, O. (1980): Das Mitarbeitergespräch, Goch

Neuberger, O. (1991): Personalentwicklung, Stuttgart

Neuberger, O. (1992): Miteinander arbeiten – miteinander reden. Hrsg. vom Bayrischen Staatsministerium für Arbeit und Sozialordnung. 12. Aufl., München

Neuberger, O. (1998): Das Mitarbeitergespräch. Praktische Grundlagen für erfolgreiche Führungsarbeit. 4. Aufl., Leonberg

Neuberger, O. (2002): Führen und führen lassen. 6.Aufl., Stuttgart

Neumann, P. (1999): Das Mitarbeitergespräch. In: v. Rosenstiel, L., Regnet, E., Domsch, M.E. (Hrsg.) (1999): Führung von Mitarbeitern. Handbuch für erfolgreiches Personalmanagement. 4. Aufl., Stuttgart, S. 227–242

Niedermair, G. (1995): Das Mitarbeitergespräch – ein effizientes Mittel der Personalentwicklung. In: Geißler, K.A., Landsberg, G.v., Reinartz, M. (Hrsg.): Handbuch Personalentwicklung und Training. Ein Leitfaden für die Praxis. 26. Erg. Lfg., April 1995, S. 1–23

Ones, D.S., Viswesvaran, C., Schmidt, F.L. (1993): Comprehensive Meta-Analysis of Integrity-Test Validities: Findings and Implications for Personnel Selection and theories of Job Performance. Journal of Applied Psychology, 78, S. 679–703

Oppermann-Weber, U. (2001): Handbuch Führungspraxis. Führung, Führungskräfte, Führungskompetenzen – Organisation der Bereiche der Mitarbeiterführung – Zielvereinbarungen, Motivation und Delegation, Berlin

Ortner, G. (2002): Kommunikation in der Personalentwicklung. Fernuniv., Fachbereich Wirtschaftswissenschaft, Hagen

O.V. (1998): Autorenreferat: Test auf Familienfreundlichkeit. Personalwirtschaft 9, S. 26–34

Patrzek, A. (2003): Fragekompetenz für Führungskräfte. Handbuch für wirksame Gespräche mit Mitarbeitern, Leonberg

Pfeffer, J. (1998): The Human Equation: Building Profits by Putting People First, Boston

Popp, G. (1996): Personalauswahlverfahren aus arbeitsrechtlicher Sicht. Personal, 48, S. 381–382

Prohaszka J. (1999): Personalmanagement. Lerneinheit 5: Personalentwicklung, -beurteilung und -auswahl. Institut für Verbundstudien NRW, Hagen

Regnet, E. (1999): Kommunikation als Führungsaufgabe. In: Rosenstiel, L. v., Regnet, E., Domsch, M.E. (Hrsg.): Führung von Mitarbeitern. Handbuch für erfolgreiches Personalmanagement. 4. Aufl., Stuttgart, S. 217–226

Ridder, H.-G., Conrad, P., Schirmer, F., Bruns, H.-J. (2001): Strategisches Personalmanagement, Landsberg/Lech

Riekhof, H.C. (1995): Personalentwicklung als Führungsinstrument. In: Kieser, A., Reber, G., Wunderer, R. (Hrsg.) (1995): Handwörterbuch der Führung. 2. Aufl., Stuttgart, Sp. 1704–1716

Risch, S. (1999): Der Anfang, der ein Ende ist. In: Manager Magazin 29:9, S. 208–219

Rogers, C. R. (1994): Therapeut und Klient. Grundlagen der Gesprächspsychotherapie, Frankfurt/M.

Rosenstiel, L. v. (1999): Anerkennung und Kritik als Führungsmittel. In: v. Rosenstiel, L., Regnet, E., Domsch, M.E. (Hrsg.): Führung von Mitarbeitern. Handbuch für erfolgreiches Personalmanagement. 4. Aufl., Stuttgart, S. 243–254

Rosenstiel, L. v., Regnet, E., Domsch, M.E. (Hrsg.): (1999): Führung von Mitarbeitern. Handbuch für erfolgreiches Personalmanagement, 4. Aufl., Stuttgart

Rosenthal, R., Jacobsen, L. (1968): Pygmalion in the classroom: Teacher expectation and pupil's intellectual development, New York

Saldern, M. v. (1998): Führen durch Gespräche, Hohengehren

Sarges, W. (Hrsg.): (1990): Management-Diagnostik, Göttingen

Schein, E.H. (1995): Wie können Organisationen schneller lernen? Die Herausforderung, den grünen Raum zu betreten. In: Organisationsentwicklung 14:3, S. 4–13

Schmidt, S. (2003): Gender Mainstreaming als Herausforderung für eine zukunftsorientierte Personalarbeit. Gleichstellung von Mann und Frau am Arbeitsplatz im europäischen Kontext, Wiesbaden

Schmidt, V. (2001): Gender Mainstreaming als Leitbild für Geschlechtergerechtigkeit in Organisationsstrukturen. Zeitschrift für Frauenforschung und Geschlechterstudien 19:1/2, S. 45–62

Scholl, W.(1995): Philosophische Grundfragen der Führung. In: Kieser, A., Reber, G., Wunderer, R. (Hrsg.) (1995): Handwörterbuch der Führung. 2. Aufl., Stuttgart, Sp. 1749–1757

Scholz, C. (2000): Personalmanagement. 5. Aufl., München

Schön, C. (2002): Betriebliche Gleichstellungspolitik. Konzepte Strategien, Praxisbeispiele. Eine Herausforderung für Betriebsrätinnen, Unternehmensvertreterinnen und Gewerkschafterinnen. Ed. Hans-Böckler-Stiftung 76, Düsseldorf

Schöni, W. (2001): Praxishandbuch Personalentwicklung: Strategien, Konzepte und Instrumente, Chur

Schuler, H. (1996): Psychologische Personalauswahl. Einführung in die Berufsaus-wahldiagnostik, Göttingen

Schuler, H. (1999): Auswahl von Mitarbeitern. In: Rosenstiel, L. v., Regnet, E., Domsch, M.E. (Hrsg.): Führung von Mitarbeitern. Handbuch für erfolgreiches Personalmanagement. 4. Aufl., Stuttgart, S.131–160

Schuler, H. (2001): Lehrbuch der Personalpsychologie, Göttingen

Schuler, H. (2002): Das Einstellungsinterview, Göttingen

Schuler, H., Funke, U., Moser, K., Donat, M. (1995): Personalauswahl in For-schung und Entwicklung, Göttingen

Schuler, H., Stehle, W. (1990): Biographische Fragebogen als Methode der Perso-nalauswahl. 2. Aufl., Göttingen

Schuler, H., Stehle, W. (1992): Assessment Center als Methode der Personalent-wicklung. 2. Aufl., Göttingen

Schulz von Thun, F. (1994): Miteinander Reden 1. Störungen und Klärungen. Ro-wohlt, Reinbek

Schulz von Thun, F. (2000): Miteinander Reden 3. Das „Innere Team" und situati-onsgerechte Kommunikation, Reinbek

Schulz von Thun, F., Ruppel, J., Stratmann (2002): Miteinander Reden: Kommunikationspsychologie für Führungskräfte, Reinbek

Schwarz, G. (1999): Konfliktmanagement. Konflikte erkennen, analysieren, lösen. 4. Aufl., Wiesbaden

Schwarz, G., Beck, R. (1997): Personalmanagement. 1. Aufl., Alling

Schwarz, P. (1986): Management in Non-Profit-Organisationen, Bern 1986

Schwarz, P., Purtschert, R., Giroud, C., Schauer, R. (2002): Das Freiburger Mana-gement-Modell für Nonprofit – Organisationen; 4. erg. Aufl., Bern

Stangel-Meseke, M. (1994): Schlüsselqualifikationen in der betrieblichen Praxis: ein Ansatz in der Psychologie, Wiesbaden

Stehle, W., Brunöhler, A. (1992): Assessment Center als Instrument der Ausbil-dungsbedarfsermittlung und Ausbildungsberatung bei Führungskräften. In: Schuler, H., Stehle, W. (1992): Assessment Center als Methode der Personal-entwicklung. 2. Aufl., Göttingen. S. 126–137

Stehle, W. (1999): Mitarbeiterbeurteilung. In: Rosenstiel, L.v., Regnet, E., Domsch, M.E. (Hrsg.): Führung von Mitarbeitern. Handbuch für erfolgreiches Personal-management. 4. Aufl., Stuttgart, S. 205–216

Steinert, C. (2002): Emotionale Intelligenz und Personalauswahl. management und training

Tausch, R., Tausch, A-M. (1990): Gesprächspsychotherapie, Göttingen

Templar, R. (2001): Mitarbeiter beurteilen. Top-Tools fürs Jahresgespräch. Prentice Hall, München

Thomann, C. (2000): Klärungshilfe: Konflikte im Beru f. 2. Aufl., Reinbek

Walton, R. (1985): From Control to Commitment in the Workplace In: Harvard Bu-siness Review 63, 77–84

Watzlawick, P., Beavin, J., Jackson, D. (1982): Menschliche Kommunikation – Formen, Störungen, Paradoxien, Bern

Weber, M.(2000): Personalentwicklung. In: Hauser, A., Neubarth, R., Obermair, W. (Hrsg.): Sozial-Management – Praxis-Handbuch soziale Dienstleistungen. 2. Aufl., Neuwied, S. 358–378

Weidemann, A., Paschen, M. (2002): Personalentwicklung: Potenziale ausbauen, Erfolge ausbauen, Ergebnisse messen; 2. Aufl., Freiburg

Weinberger, S. (2005): Klientenzentrierte Gesprächsführung. Eine Lern- und Praxisanleitung für helfende Berufe. 10. Aufl., Weinheim.

Weinert, A.B (2004): Organisations- und Personalpsychologie –eine interdisziplinäre Wissenschaft. 5. Aufl., Weinheim, Basel

Weuster, A. (1994): Personalauswahl und Personalbeurteilung mit Arbeitszeugnissen, Göttingen

Wimmer, R. (1996): Die Zukunft von Führung. Brauchen wir noch Vorgesetzte im herkömmlichen Sinn? In: Organisationsentwicklung 15, S. 46–57

Zauner, A., Simsa, R. (2002): Konfliktmanagement in NPO's. In: Badelt, Ch. (Hrsg.): Handbuch der Nonprofit Organisation. 3. Aufl., Stuttgart, S. 443–456

Züchner, I., Cloos, P. (2002): Das Personal der Sozialen Arbeit. Größe und Zusammensetzung eines schwer zu vermessenden Feldes. In: Tholew (Hrsg.): Grundriss Soziale Arbeit. Ein einführendes Handbuch, Opladen, S. 705–724

Zuschlag, B., Thielke, W. (1989): Konfliktsituationen im Alltag, Stuttgart